신비한 동양철학 · 39

내가 보고 내가 바꾸는 DIY사주

石梧 錢 洸 著

삼한

이 책은 명리학을 전혀 알지 못하는 사람도
부담없이 쉽고 흥미롭게 읽어 의미하는 바를 깨달을 수 있고,
명리학을 공부한 사람은 자신의 이론과 대조해 가면서
새롭게 음미해 볼 수 있는 케이스 스터디 북이다.

■ 머리말

나는 경북 문경에서 태어났다. 자그마한 산골마을 출신이다. 그곳에서 초등학교와 중학교를 다녔다. 내가 다닌 중학교는 우리 반 학생 수가 60명밖에 되지 않았다. 수업의 상당 시간은 학교의 좁은 운동장을 넓힌다고 흙을 파서 나르는 작업에 동원되었고, 학교의 여러 가지 농사일에도 자주 참여해야만 했다. 도회지 일류 고등학교로 진학을 꿈꾼다는 것은 어려웠다.

그러나 나는 청운의 뜻을 품고 새벽 일찍 일어나 호롱불 밝히고 이웃해 있는 절 종소리에 정신을 가다듬으며 열심히 공부했다. 그 결과 부산의 경남고등학교에 거뜬히 합격할 수가 있었다. 사람들은 나에게 경북 출신이 왜 부산까지 갔느냐고 묻는다. 그 당시 우리 집안 어른들은 부산으로 나가 기반을 잡고 사시는 분들이 많았기 때문이었다.

부모님들은 장남인 나를 적극적으로 뒷받침해 주셨다. 참으로 고마우신 부모님, 지금 돌이켜 생각해보면 정말로 눈물겹다. 편하라고 하숙까지 시켜주시고. 그것도 하숙비 찾으러 우체국에 가려면 공부하는데 방해될까봐 학교로 현금을 우송해 주시던 그 정을 어찌 잊을 수 있을까.

그 정성에 힘입어 제때에 서울법대를 무난하게 합격했다. 그러나 사법시험과는 인연이 없어 기업체로 진출했다가 공직계통인 공무원연금관리공단으로 자리를 옮겼다. 당시 공무원연금관리공단은 공무원 후생복지 시설로 수안보 상록호텔을 운영하고 있었다. 수안보는 내 고향 문경과 이웃에 있다. 많은 문경 분들이 나를 찾아 들러주셨고, 나 역시 고향에 자주 들러 옛날의 정취를 흠뻑 느끼곤 했다. 그리고 수안보 사택에서 혼자 지내면서 많은 시간을 염불과 독서로 보내면서 늘 시골의 맑은 풍광에 젖어 살 수 있었다. 더구나 아침 저녁으로는 그 유명한 수안보 온천욕을 마음껏 즐겼으니 그야말로 신선이 따로 없는 생활이었다. 그렇게 지내길 10년. 이 세상은 그 어떤 신비스러움으로 가득차 있다는 것을 조금씩 느끼게 되었다.

어느날 내가 지내던 사택 안방에 걸어둔 아버님 친필 족자의 뜻을 해석할 수 없어서 고심하다 고향에 들렀더니, 난데없이 동생이 아버님께서 생전에 그 친필 족자에 대해 해석해두신 해설서를 내미는 것이 아닌가. 마치 돌아가신 아버님께서 직접 주시는 것 같았다. 그리고 사택에서 잠을 자다 꿈 속에서 어떤 이상한 한문을 보았는데, 그 다음날 문경에 있는 아버님의 옛 서재에 들러 집안의 족보를 보다가 바로 그 한문이 가까운 직계 어른의 이름자임을 보고 깜짝 놀랐다. 아버님과 조상님들이 가까이 계심을 느꼈다.

대학교 재학 시절, 산사에서 성철 큰스님을 만나 뵙고 전생, 금생, 내생이 어떻게 다르냐고 여쭈었더니 스님께서는 모든 것이 찰나에 불과하고 결국은 다 같은 것이라고 말씀하셨다. 그러한 성철 스님이 돌아가시던 날 나는 어떤 큰 어른이 돌아가셨다고 세상이 야단법석인 꿈을 꾸었으니 그것도 참 희한한 일이다.

그러한 순수한 시골생활의 바탕 위에서 나는 아버님께서 즐기시던 고전학문에 관심을 갖게 되었다. 아버님은 한시에도 능하셔서 이승만 전 대통령이 친서까지 보내올 정도였고, 주역, 명리학, 관상학 등에도 상당한 경지를 지니고 계셨다. 더 놀라운 것은 지금으로부터 50년 전인데도 아버님은 혼자 영어회화를 익히셔서 한국전쟁이 터져 미군들이 들이닥치자 그들과 유창하게 대화를 하시더라는 것이다. 그 외에도 일어, 독어, 불어 등을 접하고 계셨다.

아버님은 평소 말씀하시기를 당신이 어느 해를 넘기지 못할 것 같은데 만일 그 해를 넘기면 한참더 살 것이라고 하시더니, 말씀하신 그 해를 넘기지 못하셨다. 나는 퇴직한 후 아버님에 대한 추모의 정을 담아 당신께서 친히 접하시던 학문 중의 하나인 명리학을 계승발전시켜 보려고 「동방명리학연구원」을 개설하게 되었다.

현재 세상을 주도하고 있는 컴퓨터는 0과 1을 기초로 그 모든 조화를 일으킨다. 이것은 동양의 음양철학과 같은 이론인데 서양이 그만 멋있는 꽃송이로 활짝 피워버린 것이다. 그러나 동양의 선현들께서 이룩하신 명리학은 음양이론에 오행을 추가해서 구사한 이론이니 동양의 명리학은 서양의 컴퓨터 이론보다 더 정교한 학설이다.

나는 어려서부터 아버님의 영향을 받아 명리학과 친근하게 되었고, 산사에서 많은 생활을 하면서 이 세상 모든 것은 세세생생 함축된 인과의 귀결임을 깊게 느꼈다. 모래알 하나에도 우주의 신비가 깃들어 있다. 우리가 어느 특정한 시점에 이 세상과 인연을 맺고 태어났다는 사실은 그 자체가 부정할 수 없는 어떤 인과의 귀결이며 하늘의 명이다.

나는 명리학 공부를 해오면서 나의 사주부터 정밀하게 분석해보았다. 그리고 다른 사람의 사주를 보고 그의 과거와 미래를 추리해주었다. 그 결과 우리 선현들께서 이룩하신 명리학의 정확함에 경탄했다. 예를 들어 친구의 사주를 간명하면서 "자네의 모친께서는 자네

부친 때문에 상심하여 눈이 멀어지셨겠다."고 했더니 깜짝 놀라는 것이 아닌가. 또 어떤 친구에게는 감옥에 갈 것 같다고 했더니 얼마 후에 그런 일이 벌어졌다.

그리하여 명리학 전반에 대한 체계적이고 심오한 저술은 좀더 시간을 두고 해나가기로 하고, 우선 그동안의 사주간명 체험기를 먼저 출간하여 이 학문에 대한 세인의 관심을 불러일으키고 싶었다.

이 책은 명리학을 전혀 알지 못하는 분들도 아무 부담없이 쉽고 흥미롭게 읽어 그 의미하는 바를 깨달을 수 있고, 명리학을 공부하신 분들은 자신의 이론과 대조해가면서 새롭게 음미해볼 수 있는 케이스 스터디 북이다.

생각컨대 명리학은 수신학이다. 우리는 선현들의 이런 깊은 뜻을 헤아려 스스로 심상을 잘 갈고 닦아 주어진 운명에 속박되지 말고 자신의 의지를 펼쳐나가도록 해야 할 것이다. 「DIY」라는 책 제목은 바로 이것을 뜻한다.

마침 뜻을 같이하는 삼한출판사 김충호 사장님을 만나 이 책을 발간하게 됨을 소중하게 생각하며, 이 책이 독자들에게 작은 보탬이라도 되어 사랑을 받았으면 좋겠다.

2000년 가을

동방명리학연구원 사무실에서

石梧 錢 洸

■ 일러두기

1. 우선 이 책의 머리말을 빠뜨리지 말고 잘 읽어주길 바란다.

2. 이 책은 명리학을 전혀 알지 못하는 사람도 쉽고 흥미롭게 읽어 그 의미하는 바를 깨달을 수 있고, 명리학을 공부하신 분들은 자신의 이론과 대조해가면서 새롭게 음미해 볼 수 있는 사주간명 체험기이다.

3. 사주간명의 각 케이스마다 법륜도를 곁들였다. 일반독자는 이 그림을 짚어가면서 해설을 찬찬히 따라 읽다보면 '아, 사주란 이런 것이구나' 하고 금방 이해할 수 있을 것이다.

4. 법륜도에서 본인별을 정하는 방법은, 만일 양력으로 1944년 8월 27일에 태어났으면 만세력에 그날이 계해(癸亥)라고 되어 있는데 그 중 앞 글자인 계(癸) 자가 물에 해당되기 때문에 본인별은 수성(水星)이 된다. 계(癸) 자가 왜 물에 해당하는지는 본문에 설명되어 있다.

5. 본인별은 법륜도에서 작은 네모칸으로 표시해놓은 1번 비견 위에 하나의 별로 배치시켰다. 명리학을 공부하신 분들도 이 점을 잘 이해해주기 바란다.

6. 법륜도에서 1번 비견과 2번 겁재는 모두 그 위의 큰 네모칸에 표시해놓은 사항과 인연이 있고, 3번과 4번, 9번과 10번은 각각 그 옆의 큰 네모칸 사항과 인연이 있으며, 5번과 6번, 7번과 8번은 각각 그 밑의 큰 네모칸 사항과 인연이 있다. 그리고 법륜도에 관한 그 외의 설명은 본문에 상세하게 설명되어 있다.

7. 명리학을 공부하신 분들 중에서 특히 지장간의 정기를 위주로 간명하시는 분들은 이 책의 본문에 기재되어 있는 땅 속 일에 관한 논쟁편을 잘 참조하고 자신의 이론과 비교해보기 바란다.

차 례 ❶

차 례 ❷

6장. 사주간명 — 52

7장. 대통령의 사주 — 73

차 례 ❸

8장. 국회의원의 사주 — 84

9장. 매화마을 사람들 — 94

10장. 기업인의 사주 — 108

11장. 난초마을 사람들 — 118

17장. 청솔마을 사람들 — 210

18장. 의료인의 사주 — 224

19장. 복사꽃마을 사람들 — 242

20장. 군인의 사주 — 256

21장. 느티마을 사람들 — 264

22장. 종교인의 사주 — 278

23장. 양지마을 사람들 — 286

24장. 숨어 있는 대가들의 사주 — 300

25장. 하늘인들 또 나를 어찌하랴 — 316

부록

1장. 이태백(李太白) 선생과 나

1. 산중 답 속인(山中 答 俗人)

당대(唐代) 제일의 시인이었던 이태백 선생은 그의 산중 답 속인(山中 答 俗人)이라는 시에서 다음과 같이 노래했다.

어떤 사람이 나에게 묻기를, 무슨 까닭에 초목이 무성한 푸른산 속에 사느냐고 하나, 나는 다만 미소를 지을 뿐 대답을 하지 않았다. 그렇지만 내 마음은 역시 한가하다. 복숭아꽃을 띄우고 흘러가는 물은 옛날 도화경의 물 그대로인데, 이 산중이야말로 바로 무릉도원같은 별천지요, 인간세상은 아니다.

나는 대학을 졸업한 후 오래도록 공사직(公私職)에서 근무하다가 퇴직한 후 서울 마포구 공덕동에 「동방명리학연구원」을 개설하였다. 사람들은 명리학이란 무엇이며, 무엇 때문에 서울법대 졸업생이 이런 일을 하느냐고 물어온다. 그러나 나는 이태백 선생과는 달리 자세하게 대답해준다.

"명리학(命理學)은 사주학(四柱學), 추명학(推命學), 자평학(子平學)이라고도 한다. 이는 음양오행(陰陽五行) 학설에 근거를 두고 개인의 생년월일시를 기초로 생극화합(生剋化合)의 관계를 파악하여 절대중화와 순리의 견지에서 평생 운로(運路)를 파악하는 학문이다.

현 시대를 주도해가는 컴퓨터는 0과 1을 기초로 조화를 일으킨다. 이것은 동양의 음양철학과 같은 이론인데 서양이 뒤늦게 이러한 이론을 멋있는 꽃송이로 활짝 피워버린 것이다. 그런데 우리 동양의 선현들께서 이룩한 명리학은 이 음양에 오행을 추가해서 구사한 이론이니, 서양의 컴퓨터 이론보다 더 정교한 학설이라고 볼 수 있다.

모래알 하나에도 우주의 신비가 깃들어 있다. 우리가 어느 특정 시점에 이 세상과 인연을 맺고 태어났다는 사실은 그 자체가 부정할 수 없는 어떤 인과의 귀결이며 아울러 하늘의 명(命)이지 않은가. 나는 이러한 관점에서 우리 동양의 선현들께서 이룩해오신 이 학문을 좀더 체계적으로 계승 발전시켜 보고 명리학자로서의 긍지를 가지고 세파에 시달리는 수많은 인생들을 위하여 그들의 카운슬러로서 만년을 보내고자 한다."

많은 분들이 나를 찾아오고 가족처럼 지내고 있다. 모교의 노교수님도 부부동반으로 들러주시고, 지방에 사시는 분들까지도 방문해주신다. 때로는 내가 소파에 앉아 있는 분들을 향하여 그들은 서로 다름 아닌 같은 고향 사람들이라고 알려주면 그들은 서로 반갑게 인사하고 담소를 나눈다. 이 얼마나 즐거운 일인가. 친구들은 나를 부러워한다. 이태백 선생은 자기가 푸른산 속에 사니 그곳이 별천지이고 인간세상은 아니라고 노래했다. 그러나 나는 이곳이 도심이고 인간과 더불어 희로애락을 나누고 있으니 그 경지는 비록 다르더라도 즐거운 심정은 매 한가지 아니겠는가.

2. 월하독작(月下獨酌)

이태백 선생은 또 월하독작(月下獨酌)이라는 시에서 다음과 같이 노래했다.

꽃이 만발한 나무 밑에 술 한 단지를 놓고 친한 상대도 없이 혼자서 술을 마신다. 술잔을 드는 동안에 밝은 달이 솟아오르니 달과 나와 달빛을 받은 내 그림자까지 모두 세 사람이 되어 자리가 제법 어우러졌다.

그러나 달은 진작부터 술을 마시지 못하고 그림자는 내 몸을 따라 술을 마시는 시늉만 할 뿐이다. 하지만 당분간은 달과 그림자를 벗하여 마실밖에 도리가 없으니 즐거움은 봄날의 좋은 때를 맞춰서 해야 하기 때문이다.

내가 몸을 흔들며 노래를 부르면 달도 또한 배회하는 것 같고, 내가 춤추면 내 그림자도 또한 어지러히 요동한다. 술을 마시고 취할 때는 달과 그림자와 내가 같이 즐거움을 나누지만 술에 취해 무심의 경지에 있을 때에는 모두가 각각 따로 따로이다. 이리하여 우리들은 이해관계 없는 교유를 맺으면서 아득히 먼 곳에 있는 은하수 저 편의 달에 대해서 재회를 기약하며 헤어지노라.

나 역시 「동방명리학연구원」을 개설하기 전부터도 그러했고, 연구원을 개설한 이후에도 달을 벗삼아 아파트 공원에서 홀로 술을 마시며 깊은 사색에 빠지는 시간을 많이 가졌다.

퇴직 후 내가 해야 될 일이 무엇일까? 나의 안사람은 나를 보고 내가 아버님의 뒤를 이어 그분께서 친히 접하셨던 명리학을 계승발전시키고, 여러 사람을 위한 카운슬러로서 만년을 보내는 것이 오늘날의 개성시대에는 특색이 있지 않겠느냐고 한다. 참으로 용기가 가상한 여인이다. 안사람은 항상 나보다 생각이 앞선다.

좋다! 서양인들은 0과 1의 음양이론만 갖고도 컴퓨터라는 꽃을 피웠는데 우리 동양인들은 무엇인가. 우리에게는 음양이론에다 오행까지 추가해서 구사할 수 있는 명리학이 있다. 그러나 발전하지 못한 것은 사회적인 인식과 지성인들이 앞장서지 않았기 때문이다. 그렇다면 내가 한 번 앞장서보자.

나는 드디어 연구원을 개설하였고, 그 반향 또한 아름다우니 참으로 잘 된 일이다. 그러나 여기서 그치면 안 된다. 마침 나는 컴퓨터를 활용해서 나를 찾아오신 분들의 사주명식을 보존하고 있고, 간명하면서 주요사항들을 기록해놓은 차트까지 가지고 있으니 이것을 활용하여 사례집을 만들자. 우리 나라 영어교육이 늦었던 것도 문법위주의 교육때문이었다.

기존의 명리학을 이론을 위한 이론으로 그치게 해서는 안 된다. 법학공부에도 판례집이 필요한 것이다. 명리학을 전혀 알지 못하는 사람도 부담없이 흥미롭게 읽어 그 의미하는 바를 깨달을 수 있고, 명리학을 공부한 분들은 자신의 이론과 대조해가면서 새롭게 음미해 볼 수 있도록 사주간명 체험기를 발간하자. 그래서 명리학에 대한 대중의 관심을 불러일으켜야겠다.

이태백 선생은 달과 본인과 그림자의 외적인 삼합(三合)으로 달밤을 즐기셨는데, 나는 달과 자신과 정열의 내적인 삼합(三合)으로 달밤을 더욱 빛나게 했던 것이니, 비록 그 내외의 경지가 다르다 하나 그 달밤이 아름다운 것은 매 한가지가 아니겠는가.

2장. 수업(修業)

명리학은 결국 수신학이기 때문에 청정심에서부터 출발되어야 한다. 연구자의 마음이 맑아야 대상을 똑바로 투영해 볼 수 있는 것이다. 사주에서 일어나는 천변만화의 양상은 이를 수평저울로 가늠해 보듯이 찬찬히 비교하지 않으면 전혀 반대의 결론을 내리게 된다.

물론 나도 속인에 불과하다. 다행이라 할까. 자그마한 산골마을 출신이라 때묻지 않았고, 일찍부터 할머니를 따라 이웃 절에 다니면서 스님의 법문을 듣고 마음을 닦을 기회가 많았다. 더구나 사법시험 준비기간에는 산사와 많은 인연을 맺어 이 세상 모든 것은 세세생생 함축된 인과의 귀결임을 깊이 느낄 수 있었다.

명리학 연구에는 비상한 노력이 필요하다. 산에서 몇십 년 동안 홀로 공부해서 좋은 경지를 터득할 수도 있지만 그것은 현실적으로 어려운 일이다. 이것은 비상한 노력이라고 보기 어렵다. 자신의 비상한 노력에는 우선 단기간이라 하더라도 집중된 정열이 있어야 할 것이고 좋은 스승을 만나야 한다. 내 경우는 어려서부터 선친의 영향을 받아 사주가 무엇인지 정도는 알고 있었다. 그러나 집중적인 노력을 기울인 것은 수안보 생활 10년 중에서 그 후반기이다. 그때는 서울에 머물 기회가 많았기 때문에 국내외의 좋은 서적과 여러 훌륭한 분들을 접하면서 비약적인 발전을 할 수 있었다.

명리학은 또한 실천학이다. 실제로 이론을 적용해서 결과가 옳아야 한다. 이론을 위한 이론은 의미가 없다. 나는 공부를 하면서 사주를 간명해줄 때는 그 사람 사주와 관련되는 것이 어느 책에 어떻게 기술되어 있느냐를 파악하느라고 엄청난 시간을 보냈다. 그리하여 실제 적용결과가 맞는 이론을 위주로 정리해나갔다.

명리학은 간명자의 폭넓은 사회경험과 연륜을 필요로 한다. 이 점에 대해서 나는 지금도 부단한 노력을 하고 있다. 방문자들의 다양한 상담내용을 잘 이해하여 그에 합당한 조언을 해야하지 않겠는가. 요즈음은 세계화, 과학화, 전문화가 되어 있어 산 속의 지식만으로는 현실을 따라갈 수 없다. 명리학을 좀더 현대적인 감각으로 계승발전시키려면 시대의 흐름을 두루 살필줄 알아야 되겠기에 여러 방면에 걸쳐 자신을 향상할 수 있는 공부를 계속하고 있는 중이다.

3장. 사주가 똑같은 두 여인

— 한 사람은 무당, 또 한 사람은 고전무용가

내가 여기서 두 여인을 앞세운 것은 우선 독자들에게 사주에 대한 신뢰도를 높여 명리학에 대한 관심을 집중시켜 나가고자 함이다. 이 책은 내가 명리학을 공부하게 된 동기, 배경을 설명하고 간단한 이론을 소개한 뒤 각 케이스별로 독자들의 흥미를 돋구어 궁금증을 해소해 나가면서 명리학에 대한 신뢰도를 높여 관심을 집중시킨 후 명리학을 연구하고 활용해서 뜻있는 인생을 살아보자는 취지에서 저술되었다.

명리학연구원을 개설하기 전의 일이다. 멀쩡한 한 친구에게 감옥에 갈 것이라고 예언했는데 그것이 적중했다. 이 사실이 다른 친구들에게 알려져 너도나도 간명을 요청해왔다. 그런데 자세한 간명을 받은 친구들 중 몇 명은 그것도 부족해서 무당을 찾아다녔다. IMF시절이었으니 그럴만도 했다. 어떤 무당은 사람을 보지 않고 이름만 듣고도 알아맞힌다고 한다. 친구들이 그 무당에게 내 이름을 알려주었더니, "그 어른은 신기(神氣)가 있는 분이다. 매우 현명한 동자신(童子

神)이 그 분을 밝혀드리고 있다. 그 분 눈에는 푸른기가 감돌 것이다." 라고 하더라는 것이다. 그러면서 친구들은 내 눈빛을 살살 살피는 것이 아닌가.

그러나 나는 결코 신기로 사주를 본 것도 아니었고 나의 눈에 푸른기가 도는 것도 아니다. 어쨌든 그런 일이 계기가 되어 그 친구들은 나와 그 무당을 함께 하는 자리까지 만들었다. 그런데 그 무당의 초청에 중간 역할을 한 여인이 있었다. 그녀도 그 자리에 참석했다.

먼저 무당의 이야기를 청했다. IMF한파에 시달리는 우리들의 앞날이 어떠할까 잘 좀 가르쳐 달라고 했다. 그런데 그 무당은 지금 이 자리에 참석한 분들 중에 염력이 높은 분이 한 분 계시니 도저히 말문이 열리지 않는다는 것이다. 그러면서 자꾸 나를 바라보는 것이 아닌가. 다급해진 친구들이 나를 가리키며 이 친구가 사주를 좀 볼 줄 아는데 염력은 높은 것 같으나 사람은 따뜻하다고 하니, 무당도 역시 그렇게 느꼈다며 드디어 이야기를 시작했다. 다음은 그 사례로 내가 그들의 사주를 간명해주기로 했다. 그러나 어찌된 일인가. 공교롭게도 무당과 초청의 중간역할을 한 여인은 사주가 똑같은 게 아닌가(乙巳년 己丑월 庚午일 戊寅시) . 친구들은 매우 흥미로워 했다.

나는 우선 두 사람 사주의 공통점과 차이점에 대해서 이야기했다. 똑같은 사주임에도 두 사람의 출생지가 다르고 출생시간이 다르다는 점에 착안한 것이었다. 한 사람은 남쪽 섬에서 태어났고, 한 사람은 휴전선 부근에서 태어났다. 또 두 사람의 출생시간은 45분의 차이가 있었다. 무당한테는 신이 들린 나이를 이야기해 주었고, 다른 여인에게는 그녀의 아버지 본부인의 성씨까지 추리해주었는데 모두 적중했다. 모두들 입을 모아 명리학자와 무당이 자리를 같이 했다는 것과 사주가 똑같은 두 여인이 한 자리에 모인 것은 텔레비전 방영감이라 했다.

사주가 똑같은 두 여인의 공통점은 다음과 같다.

① 둘다 춤을 추면서 살아간다. 한 사람은 작두 위에서 칼춤을 추는 무당이고, 또 한 사람은 고전무용을 전공하여 학원에서 춤을 추는 무용가이다.
② 아버지가 일찍 돌아가셨다.
③ 어머니가 후처이다.
④ 남편과 인연이 없다. 한 사람은 이혼했고 한 사람은 미혼이다
⑤ 자식과 인연이 없다. 이혼한 사람은 자식과도 헤어졌다.
⑥ 이름에 제비연(燕) 자가 있다.
⑦ 다리에 질환이 있다.
⑨ 이외에 신체적인 공통점이 많다.

두 사람의 차이점은 휴전선 부근에서 태어난 사람이 45분 빨리 태어났다. 다른 여인보다 수기(水氣)가 더 왕성하여 자식을 둘 가능성이 더 높다는 것이다. 과연 그랬지만 자식과 헤어졌다. 휴전선 부근에서 태어난 여인은 좀더 유족한 가정에서 태어나 대학까지 나왔다. 이것은 전생의 공덕이 다른 여인보다 조금 더 나았던 것이 아닌가 생각한다.

무당은 '무속인' 이라 부르지 말고 '무당' 으로 불러주는 것이 더 좋다고 했다. 그러면서 나를 보고 10년 이내에 자기는 나를 능가하는

큰 국사무당이 되겠다는 것이다. 무당은 나에게 매우 위축되어 있었고, 명리학의 광범위한 터치와 섬세한 적용방식에 경탄했다. 무당도 기분이 좋아서 하루종일 함께 놀자고 청해왔다. 우리는 자리를 옮겨가며 하루종일 시간가는 줄 모르고 놀았다.

그 무당은 바로 우리의 형제 자매이다. 앞으로 자신이 바라는 큰 국사무당이 되어 이름을 떨치기를 진심으로 기원한다. 관상학상 무당의 눈에 푸른기가 감돌면 좋은데 그 무당의 두 눈의 흰자위에는 푸른기가 서려 있었다.

이상의 사실로 미루어 보아 우리는 사주가 맹탕이 아니고 합리성과 타당성이 있는 것이며 명리학은 연구해볼 가치가 있는 학문임을 깊이 느끼게 되는 것이다.

4장. 쌍둥이의 사주

여기서 쌍둥이의 사주를 논하는 것은 독자들의 사주에 대한 신뢰도를 한층 더 높여 명리학에 대한 관심을 계속 집중시키기 위함이다.

쌍둥이의 사주는 지대한 관심사가 아닐 수 없다. 여기 기술한 것들은 연구원을 개설한 후 간명한 쌍둥이들의 사주인데 이 책을 쓰면서 사주의 모양새를 그림으로 분석해보고, 사주가 뜻하고 있는 바에 대하여 참으로 경탄을 금하지 못했다.

결론부터 이야기하면 쌍둥이 사주를 그림으로 그려보면 양등분되어 마치 두 사람이 나란히 있는 형상이다. 그리고 쌍둥이와 관련된 여러 경우(예를 들어 쌍둥이의 어머니)도 마찬가지 형상이다.

그런데 쌍둥이 사주를 파악하려면 합(合)과 충(沖)의 이론을 알아야 한다. 합(合)은 서로 끌어안고 포용한다는 뜻이고, 충(沖)은 서로 밀어내고 거부한다는 뜻이다.

■ 괄호 안의 글자들은 서로 끌어안고 포옹하는 합(合)의 관계이다.

(甲己), (乙庚), (丙辛), (丁壬), (戊癸), (子丑), (寅亥), (卯戌), (辰酉), (巳申), (午未), (亥卯未), (寅午戌), (巳酉丑), (申子辰), (亥子丑), (寅卯辰), (巳午未), (申酉戌)

■ 괄호 안의 글자들은 서로 밀어내고 거부하는 충(沖)의 관계이다.

(甲庚), (甲戊), (乙辛), (乙己), (丙壬), (丙庚), (丁癸), (丁辛), (戊壬), (己癸), (子午), (丑未), (寅申), (卯酉), (辰戌), (巳亥)

독자들은 +-는 서로 합(合)하고, ++와 --는 서로 충(沖)한다고 이해하면 된다. 다시 말해 이성끼리는 서로 합(合)하고, 동성끼리는 서로 충(沖)하는 것이다.

1. 남 · 남 쌍둥이의 사주

한 사람은 을유(乙酉)년 경진(庚辰)월 신유(辛酉)일 임진(壬辰)시에 태어났고, 한 사람은 계사(癸巳)시에 태어났다. 그림으로 보면 다음과 같다.

■ 형의 사주

년	합	乙	酉	합
월		庚	辰	
일		辛	酉	합
시		壬	辰	

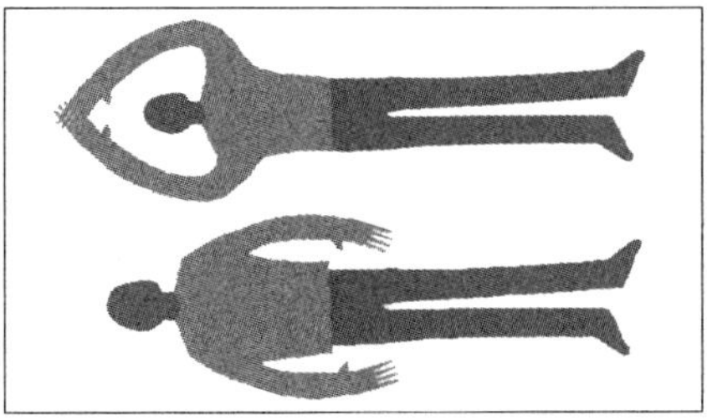

■ 동생의 사주

년	합	乙	酉	합
월		庚	辰	
일		辛	酉	합
시		癸	巳	

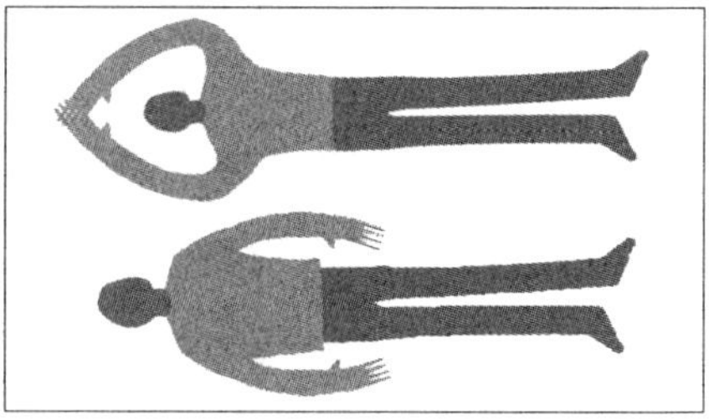

형과 동생의 사주가 모두 양등분되어 있다. 마치 두 사람이 나란히 있는 형상이다. 동생의 사주에서 점선부분도 합(合)을 나타내는데 정도는 약간 약하다.

2. 남 · 여 쌍둥이의 사주

남자와 여자 모두 신유(辛酉)년 병신(丙申)월 정축(丁丑)일 을사(乙巳)시로 같은 시에 태어났다.

■ 남자의 사주

년	합	辛	酉	합
월		丙	申	
일		丁	丑	합
시		乙	巳	

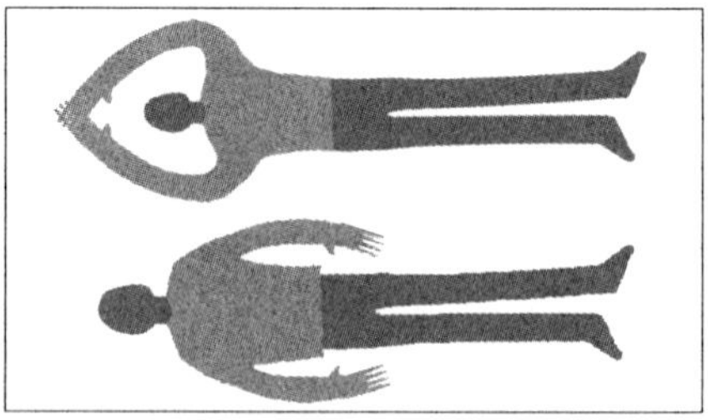

사주의 모양이 양등분되어 있다. 앞의 사주와 마찬가지로 두 사람이 나란히 있는 형상이다. 점선부분은 약한 합(合)의 표시이다. 이들은 한날 한시에 태어났지만 남자는 +이고 여자는 -이기 때문에 운

로는 같지 않다.

■ 여자의 사주

년	합	辛	酉	합
월		丙	申	
일		丁	丑	합
시		乙	巳	

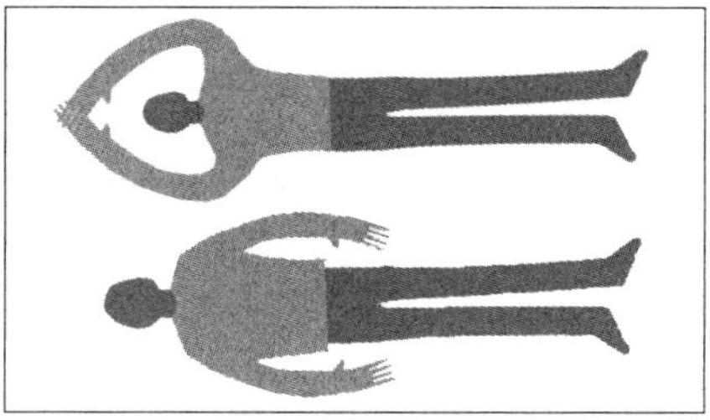

3. 한쪽의 성별만 알고 있는 경우

이 사람은 쌍둥이인데 경술(庚戌)년 무자(戊子)월 병인(丙寅)일 임진(壬辰)시에 태어났다. 명문가 출신으로 남자이다. 한쪽의 성별은 물어보지 못했다.

년		庚	戌	
월	충	戊	子	합
일	충	丙	寅	합
시		壬	辰	

왼쪽은 충(沖), 오른쪽은 합(合)으로 양등분되어 있다. 마치 두 사람이 나란히 있는 형상이다. 점선부분은 약한 합(合)을 나타내는 것이다.

4. 남 · 여 쌍둥이를 낳은 어머니의 사주

이 여인은 남녀 쌍둥이를 낳은 사람으로 신묘(辛卯)년 정유(丁酉)월 갑인(甲寅)일 임신(壬申)시에 태어났다. 쌍둥이를 낳은 사주답게 충(沖)으로 분리되어 있다.

년	충	辛	卯	충
월		丁	酉	
일		甲	寅	충
시		壬	申	

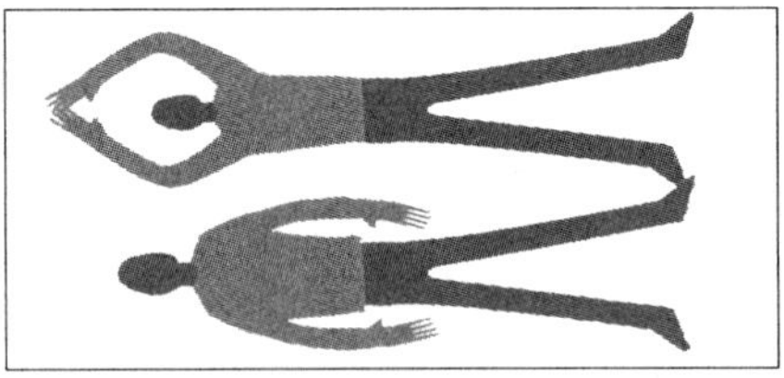

※ 여자 사주에 인신사해(寅申巳亥) 네 글자가 모두 있으면 쌍둥이를 낳고, 해(亥)가 3개 있으면 아들 쌍둥이를 낳으며, 사(巳)가 3개 있으면 딸 쌍둥이를 낳는다고 한다. 그리고 쌍으로 된 산봉우리가 있는 마을에는 쌍둥이가 많다고 한다. 이것은 텔레비전에서 방영한 내용인데, 쌍으로 있는 산봉우리가 마음 속에 항상 새겨져 있기 때문이 아닐까. 어쨌든 텔레비전 방영내용은 지금껏 그림으로 분석한 내용과도 통하고, 나아가 여러 방면으로 암시하는 것이 많다.

5. 사주가 똑같은 사람끼리 친구가 된 경우

을사(乙巳)년 기축(己丑)월 경오(庚午)일 무인(戊寅)시에 태어난 두 사람이 있다. 이 두 사람은 다름 아닌 앞에서 본 사주가 똑같은 무당과 고전무용가이다.

년		乙	巳	합
월	합	己	丑	
일		庚	午	합
시		戊	寅	

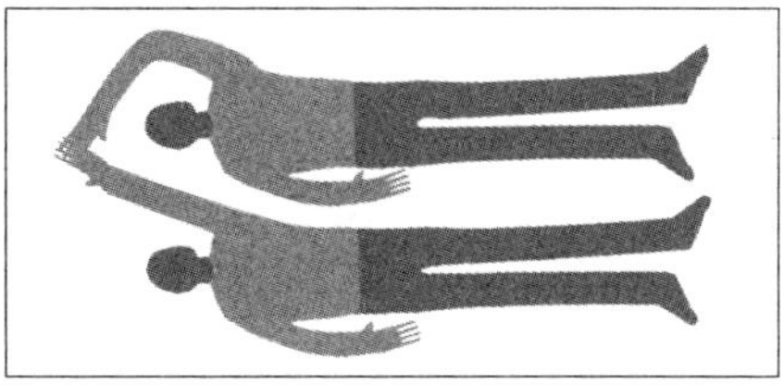

이 그림은 쌍둥이의 사주와는 다르다. 쌍둥이 그림에서는 왼쪽과 오른쪽 양쪽 모두에 걸쳐 같은 거리로 묶여져 있는 것이 꼭 하나 이상씩은 있다. 그러나 이 그림에서는 그렇지 않다는 것이다. 오른쪽만 같은 거리로 묶여져 있고 왼쪽은 거리가 멀다. 왼쪽에서 먼 거리로 합(合)하고 있다. 그러므로 쌍둥이가 아니라 친구관계이다. 점선 부분은 약한 합(合)의 표시이다.

이 두 사람은 사주가 똑같으니 공통점이 많다. 두 사람이 모두 남자라도 마찬가지이다. 두 사람의 성별이 다르다면 운로가 다르다. 왜냐하면 남자는 +이고 여자는 -이기 때문이다.

6. 기타

시골의 한 동네에서 같은 날 태어난 남자와 절친하게 지내고 있는 여자가 있는데, 정유(丁酉)년 을사(乙巳)월 병신(丙申)일 경자(庚子)시에 태어났다. 여자는 카페에서 일하고 있고 남자는 대학교수라고 하는데 생시는 확인하지 못했다.

년		丁	酉	합
월		乙	巳	
일	합	丙	申	합
시		庚	子	

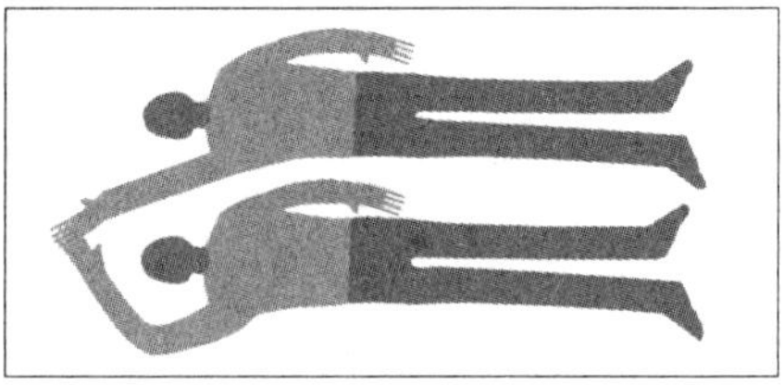

위의 그림을 보면 쌍둥이의 사주와는 차이가 있다. 오른쪽만 같은 거리로 묶여 있고 왼쪽은 거리가 멀다. 왼쪽에서 먼 거리로 합(合)하는 것으로 보아 두 사람은 쌍둥이가 아니라 친구이다. 점선부분은 약한 합(合)을 나타낸다.

아래 그림은 같은 날 태어난 여고 동기생의 사주이다. 한 반에서 가까이 지냈다고 한다. 임진(壬辰)년 기유(己酉)월 임신(壬申)일 갑진(甲辰)시 인데 한 친구의 생시는 확인하지 못했다.

년		壬	辰	합
월		己	酉	
일	합	壬	申	합
시		甲	辰	

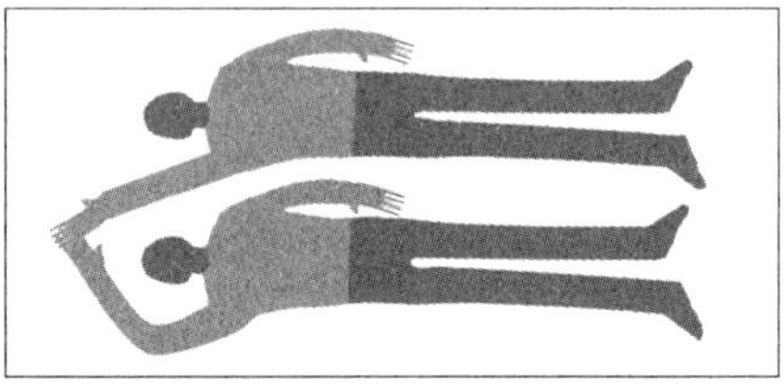

신기하게도 바로 앞의 경우와 흡사하다. 간명 당시에는 확인하지 못하고 지나쳤는데 다음날 기록을 정리하다 보니 의심이 생겼다. 그녀의 집으로 전화를 해서 혹시 같은 날 태어난 사람과 친구가 되어 잘 지내지 않느냐고 물었더니 깜짝 놀라며 그렇다고 한다.

앞에서 예를 든 여러 경우를 보면 사주라는 것은 무언가 명확하고도 합리적인 공식, 운동법칙, 방정식같다는 생각이 들어 선현들의 예지에 경탄을 금할 수 없다. 내가 이 책을 쓰면서 그 동안 쌍둥이라고 기록해놓은 자료들을 모두 뽑아 그림으로 분석해보니 하나도 빠짐없이 사주의 생김새가 쌍둥이처럼 양등분되어 있는 형태라 무섭다는 생각까지 들었다. 추후 기회가 닿으면 다음과 같은 사항들도 파악해보고 싶다. 만일 독자들께서 좋은 자료를 갖고 계시면 협조를 부탁드린다.

① 사주가 같은 동성 쌍둥이의 운명은 공통점이 얼마나 되는가.
② 쌍둥이들은 서로 사이좋게 지내는가.
③ 쌍둥이 부부도 있는가. 있다면 서로의 궁합은 어떠한가.

5장. 명리학(命理學)과 사주(四柱)

1. 명리학

명리학은 사주학, 추명학, 자평학이라고도 한다. 이는 음양오행 학설에 근거를 두고 개인의 생년월일시를 기초로 생극화합의 관계를 파악하여 절대 중화와 순리의 견지에서 평생의 운로를 파악하는 학문이다. 옛 선현들께서는 음양(-,+)과 오행으로 천지만물의 형성과 그 순환상생의 흐름을 고찰했다. 이는 삼라만상을 요약 대별해서 판단한 것으로 그 구체적 적용에 이르면 천변만화가 일어나는 것이다.

사실 오늘날의 컴퓨터는 0과 1을 기초로 그 모든 조화를 일으키고 있다. 이것은 바로 동양의 음양철학과 같은 이론이다. 그런데 우리 동양의 선현들께서 이룩하신 명리학은 이 음양이론에 오행을 추가해서 구사하신 이론이니 동양의 명리학은 서양의 컴퓨터 이론보다 더 정교한 학설이라고 볼 수 있다. 모래알 하나에도 우주의 신비가 깃들어 있다. 우리가 어느 특정한 시점에 이 세상과 인연을 맺고 태어났다는 사실은 그 자체가 부정할 수 없는 어떤 인과의 귀결이며 하늘의 명이라고 할 수 있다.

불란서 작가 베르나르 베르베르의 〈타나토 노트〉와 인도인 스승 파드마 삼바바의 〈티벳 死者의 書〉에는 매우 흥미로운 장면들이 나온다. 천상인들은 지상의 일을 과거, 현재, 미래에 걸쳐 모두 꿰뚫어 알고 있다는 것이다. 그런데 지상인도 비록 소수이지만 평소 천상세계를 자유롭게 왕래하며 천상인들과 같은 능력을 지녔다는 것이다. 나는 명리학 이론의 체계를 이룩하신 옛 선현들의 지혜를 믿는다.

음양오행설은 전설 속의 복희시대부터 이어져 내려와 동양문화권에서 꽃을 피워왔다.

※ 자평학이란 자(子)는 북방 수(水)로 천지를 구성하는 가장 핵심적인 물질인데, 이는 항상 수평을 이루려는 성정을 갖고 있으므로 궁극에는 명경지수가 되니 파란많은 우리들이 참으로 동경하는 무한평정의 경지인지라 이를 목표로 삼는 우리들이 지녀야 할 수신학이라는 의미이다.

2. 사주

명리학은 한 사람이 어머니로부터 독립하여 이 세상과 첫 호흡의 인연을 맺은 시점을 기준으로, 그때의 종합된 기를 파악하여 평생의 운로를 추리하고 탐구하는 학문이다. 따라서 명리학은 어느 시점에 태어났느냐를 문제로 삼는다. 그 시점은 생년, 생월, 생일, 생시의 4

가지에 의하여 구성된다.

그런데 명리학에서는 생년을 년기둥(年柱), 생월을 월기둥(月柱), 생일을 일기둥(日柱), 생시를 시기둥(時柱)이라 하여 이 네 기둥을 사주(四柱)라고 하는 것이다. 예를 들어 양력으로 1944년 8월 27일 16시에 태어났으면 1944년은 년기둥이 되고, 8월은 월기둥, 27일은 일기둥, 16시는 시기둥이 되는 것이다. 이 네 기둥을 세우는 방법은 뒤에 설명되어 있다.

그러면 흔히 팔자라고 하는 것은 무엇인가. 생년, 생월, 생일, 생시의 네 기둥은 각각 두 글자씩으로 이루어지니 4×2=8이 되어 여덟 글자 즉 팔자(八字)가 되는 것이다. 따라서 앞에서 예를 든 1944년은 갑신(甲申)년이 되고, 8월은 임신(壬申)월이 되고, 27일은 계해(癸亥)일이 되고, 16시는 경신(庚申)시가 되어 이 여덟 글자가 팔자(八字)가 되는 것이다.

이상과 같이 네 기둥과 여덟 글자가 확정되면 이것은 명리학상 어떤 의미를 갖게 되는가. 명리학에서는 우리가 어느 특정한 시점에 이 세상과 인연을 맺고 태어났다는 사실을 부정할 수 없는 어떤 인과의 귀결이며 하늘의 명이라고 본다. 예를 들어 대포를 쏘면 각도와 화약과 포신의 크기 등에 따라 포탄의 운동곡선과 낙하지점 및 시점이 다르듯이 사주 또한 그 사람의 세세생생 함축된 인과를 표현하는 하나의 법륜 즉, 법의 수레바퀴라고 보는 것이다. 그러면 이런 법의 수레바퀴를 그림의 형태인 법륜도로 그려보고 간단한 설명을 하기로 한다.

3. 법륜도(法輪圖)

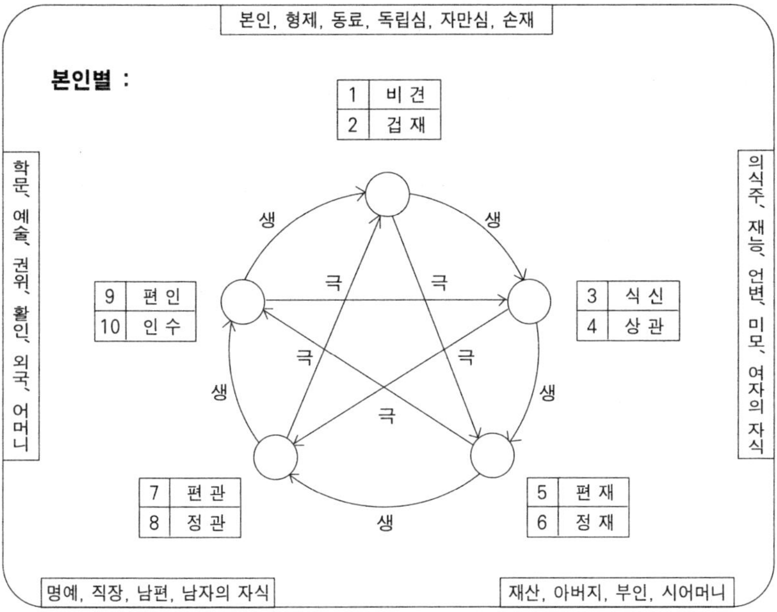

이 책에서는 각 케이스별로 위와 같은 법륜도를 곁들여 설명했으니 내용을 잘 파악해 둘 필요가 있다. 이 법륜도에는 세상의 이치가 모두 담겨 있다. 그리고 타인과의 대화 중에 나의 사주에는 인수라는 별이 빛나고 있으니 나는 학문과 예술 방면에 인연이 많고 어머니의 도움 또한 많다 등등 재미있는 화법을 구사할 수 있다.

법륜도를 보는 방법은 1번인 비견과 2번인 겁재는 모두 그 위의 큰 네모칸에 표시해놓은 사항과 인연이 있고, 3번과 4번, 9번과 10번은 각각 그 옆의 큰 네모칸 사항과 인연이 있으며, 5번과 6번, 7번과 8번은 각각 그 밑의 큰 네모칸 사항과 인연이 있다.

(1) 비견(比肩)

① 나와 어깨를 나란히 하는 성별이 같은 형제, 동료를 뜻한다. 즉 내가 남자이면 남자 형제나 남자 동료가 비견이 된다.

② 엄격히 말하면 나 자신인 본인별은 이들과는 구별되는 것이지만 세력의 균형을 표시하기 위해 나 자신인 본인별을 이들 속에 포함시켜 배치했다.

③ 비견이 너무 적으면 형제나 동료가 부족한 형상이니 외롭고 약하다. 반대로 지나치게 많으면 나에게 부담이 된다.

④ 비견은 독립심과 자존심을 나타낸다.

⑤ 직업은 독립적인 사업이나 큰 조직체의 구성원이 적합하다.

(2) 겁재(劫財)

① 형제나 동료이지만 나와는 성별이 다르다. 예를 들어 여자에게는 남자 형제나 남자 동료가 겁재에 해당한다.

② 겁재가 너무 적으면 외롭고 약하나 많아도 손해가 된다. 겁재는 재물을 겁탈한다는 뜻이다. 이성친구가 있으면 돈쓸 일이 많을 것이 아니겠는가.

③ 겁재는 자만심과 자기 중심적임을 나타낸다.

④ 직업은 비견과 마찬가지로 독립적인 사업이나 큰 조직체의 구성원이 적합하다.

(3) 식신(食神)

① 나의 기를 적당하게 발휘한 결과이다. 남녀 모두 재능발휘에 해당하고, 여자에게는 자식이 된다.

② 식신이 너무 적으면 재능발휘가 미약하니 재물이 따르지 않고, 지나치게 많으면 정력을 과다하게 소모하는 것이니 건강이 나빠진다.

③ 식신은 명랑함과 온후함을 나타낸다.

④ 직업은 학문, 예술, 기술, 의식주에 관한 사업이 적합하다.

(4) 상관(傷官)

① 나의 기를 심하게 발휘한 결과이다. 남녀 모두 전문적인 재능발휘에 해당하고, 여자에게는 식신처럼 자식이 된다.

② 상관이 미약하면 전문적인 재능을 발휘하기 어려우니 재물이 따르지 않는다. 그러나 지나치게 많으면 식신의 경우보다 내가 더 약해진다.

③ 상관은 총명하며 비밀이 없음을 나타낸다.

④ 직업은 전문직이 적합하다.

(5) 편재(偏財)

① 내가 거느리고 소유하기에는 다소 부담스러운 것이다. 남녀 모두 재산과 아버지에 해당하고, 남자에게는 편처가 된다.

② 편재가 없으면 무리하게 재물을 탐하지 않고, 많으면 내가 이를 소유할 수 없다.
③ 편재는 활발한 대인관계를 나타낸다.
④ 직업은 사업가나 큰 조직체에 종사하는 것이 적합하다.

(6) 정재(正財)

① 내가 자연스럽게 거느리고 소유할 수 있는 것이다. 남녀 모두 재산에 해당하고, 남자에게는 아내가 된다.
② 정재가 너무 적으면 재산이 부족하고, 지나치게 많으면 내가 소유할 수 없으니 남의 것이 된다.
③ 정재는 정직과 성실을 나타낸다.
④ 직업은 봉급생활이나 기업을 경영하는 것이 적합하다.

(7) 편관(偏官)

① 나를 기속하는 정도가 매우 강한 것을 말한다. 남녀 모두 직업에 해당한다. 남자에게는 자식이고, 여자에게는 편부가 된다.
② 편관이 없으면 모험을 하지 않고, 많으면 큰 피해를 입는다.
③ 편관은 모험심과 특이성을 나타낸다.
④ 직업은 남보다 다소 강한 것을 선택하게 된다.

(8) 정관(正官)

① 나를 적당하게 기속하면서 명예를 부여하는 것을 말한다. 남녀 모두 직장에 해당한다. 남자에게는 자식에 해당하고, 여자에게는 남편에 해당한다.

② 정관이 없으면 직장운이나 명예운이 약하고, 많으면 이것이 오히려 나를 기속하고 해를 준다.

③ 정관은 정직과 온후함을 나타낸다.

④ 직업은 명예직이나 고위직이 적합하다.

(9) 편인(偏印)

① 나를 도와주기는 하나 따뜻한 정이 결여되어 부담스러운 것을 말한다.

② 외국과 연관된 것을 말한다.

③ 편인은 때로는 필요하지만 많으면 눈치만 빠르게 된다.

④ 편인은 요령을 나타낸다.

⑤ 직업은 활인업(活人業)이나 기예(技藝) 방면이 적합하다.

(10) 인수(印綬)

① 나를 따뜻한 정으로 도와주는 것을 말하고, 남녀 모두 어머니에 해당한다.

② 인수는 결재권을 뜻하는 인장을 상징하니 권위로도 본다.

③ 인수가 없으면 자신의 힘으로 살고, 많으면 나약해진다.
④ 인수는 어진 사람이나 덕이 많음을 나타낸다.
⑤ 직업은 학문을 바탕으로 한 지적인 분야에 적합하다.

비견과 겁재를 합쳐 비겁(比劫), 식신과 상관을 합쳐 식상(食傷), 정재와 편재를 합쳐 재성(財星), 정관과 편관을 합쳐 관성(官星), 인수와 편인을 합쳐 인성(印星)이라 한다.

(11) 생(生)

생은 도와주고 일으켜 세워준다는 뜻이다. 목(木)은 화(火)를 생해주고, 화(火)는 토(土)를 생해주고, 토(土)는 금(金)을 생해주고, 금(金)은 수(水)를 생해주고, 수(水)는 다시 목(木)을 생해준다.

나무(木)에서 꽃이 피면 꽃은 화(火)요, 꽃이 지면 이는 땅으로 떨어져 흙(土)이 되고, 흙은 자체적으로 광물질(金)을 형성하고, 광물질은 녹아서 물(水)이 된다. 물은 다시 나무(木)를 생하여 순환상생을 거듭한다.

(12) 극(剋)

극이란 제압하고 억제한다는 뜻이다. 나무(木)는 흙(土)을 파고들고, 흙(土)은 물(水)의 흐름을 막고, 물(水)은 불(火)을 꺼버리고, 불(火)은 쇠(金)를 녹이고, 쇠(金)는 나무(木)를 다치게 한다.

(13) 본인별

본인별이 목성, 화성, 토성, 금성, 수성 중 어디에 해당하느냐는 만세력에 표시된 내가 태어난 날의 일진을 보고 판단한다. 일진은 두 글자로 되어 있는데 첫 글자가 갑(甲)이나 을(乙)이면 목성이고, 병(丙)이나 정(丁)이면 화성이고, 무(戊)나 기(己)이면 토성이고, 경(庚)이나 신(辛)이면 금성이고, 임(壬)이나 계(癸)이면 수성이다.
이 책에서 본인별은 법륜도에 표시했다. 그리고 편의상 작은 네모 칸으로 표시한 1번의 비견 위에 하나의 별로 배치시켰다.

이상과 같이 법륜도는 이미 자체에서 상생상극관계를 형성하고 있지만 그때 그때의 운을 맞이하여 각양각색의 기상도를 만들어 나간다. 이 운에는 10년 단위로 관찰한 대운(大運)과 그 대운 내에서의 년운(年運)이 있다.
그리고 법륜도에서 2번의 겁재 오른쪽 옆의 「!」 표시는 양인(羊刃)을 나타낸 것으로 칼로 해석하면 된다. 이 칼은 잘 쓰면 보도(寶刀)가 되지만 잘못 쓰면 흉검이 된다.

4. 입춘절입(入春節入) 시각에는 계란이 똑바로 서는가

만세력을 보고 년기둥인 년주(年柱)를 세울 때는 입춘이 들어오는 시각을 기준으로 한다. 일반적으로 1년의 기준을 1월 1일부터 12월 말일까지로 보고 있으나, 명리학에서는 입춘이 시작되는 시각부터 다음 입춘이 시작되기 직전까지를 1년으로 본다.

이것이 정말 타당한 이론일까. 이 점에 의문을 품고 음력 1월 1일을 기준으로 생각하는 사람도 있는데, 지금까지의 정통적인 이론은 입춘을 기점으로 하는 것이 기의 변화에 정확하고 논리적이라고 본다.

그렇다면 입춘절입 시각에는 기가 어떻게 된다는 것인가. 그때는 하늘의 기가 똑바로 뻗어내려와 새로운 출발점의 기준이 된다는 것이다. 따라서 입춘이 들어오는 시각을 한 해의 출발 기준점으로 보는 것이다.

그런데 이것을 좀더 과학적인 방법으로 검증해보기 위해 희한한 방법을 동원한 명리학자가 있었다. 그 사람의 생각은 입춘절입 시각에 하늘의 기가 똑바로 뻗어내려온다면 평소에는 서지 않던 계란이 똑바로 서야 된다는 것이었다. 그래서 실험해보았더니 입춘절입 시각에는 계란이 똑바로 서더라는 것이다.

나는 금년인 경진년(庚辰年 : 2000년) 입춘절입 시각(양력 2월 4일 21시 37분)에 만사를 제쳐놓고 확인하기로 했다. 그 시각에 축원제를 올리면 금년 한 해가 운수대통할 것이라는 어느 분의 말씀이 있었으나 계란을 세워보기로 한 것이다. 여러 번 시도했으나 계란은 계속 뒹굴기만 했다. 그러나 어느 시점에서 계란이 정말 반들반들한 상 위에 똑바로 서는 것이 아닌가! 소리를 질러 가족들을 불렀다. 모두들 너무 놀라며 너도 나도 다함께 시도했다. 우리 가족은 모두 빠짐없이 계란을 똑바로 세우는 쾌거를 이룩했다. 장남은 6개나 세웠다. 우리 가족이 세운 것이 전부 11개나 된다. 그날은 마치 계란이 바로서기 경쟁을 하는 것 같았다. 그러나 나는 이에 만족하지 않고 입춘이 들어오는 시각이 훨씬 지난 그 다음날에도 같은 실험을 해보았다. 잘 되지 않았고 6개나 세웠던 장남도 1개밖에는 세우지를 못했다.

입춘절입 시각과 그 외의 시간에는 하늘의 기가 어떻게 뻗어내려 오는가를 좀더 과학적인 방법으로 엄밀하게 계측해볼 수 있는 방법이 없으니 아쉬울 뿐이다. 어쨌든 선현들께서는 명리학의 이론을 전개함에 있어 세밀한 부분에 이르기까지 관찰과 논쟁을 이룩하신 것이니 새삼 머리가 숙여질 뿐이다.

우리 조상님들은 입춘이 가까워지면 대문에 입춘대길(入春大吉)이라고 크게 써붙이고, 입춘을 새해의 출발점으로 삼았다. 그리고 새해를 주관하는 신에게 축원제를 올렸던 것이다. 축원제를 올릴 때는 축원문을 쓴다. 이때 새해가 경진(庚辰)년이면 「祝 庚辰神之位」라고 쓰고, 그 아래에 입춘절을 맞이하여 흉액과 질병을 물리쳐 주실 것과 신수대길, 가내태평, 자손만대의 번영과 만사여의를 축원드린다는 내용을 포함시켰다. 맑은 물과 녹차, 그리고 향과 양초를 갖추어 입춘이 들어오는 시각에 동쪽을 향하여 축원문을 세 번 읽고 세 번 절하였다.

5. 땅 속 일에 관한 논쟁 : 지장간(支藏干) 고찰

이 부분은 일반 독자들이 이해하기에는 다소 힘든 코너일 수도 있다. 그러나 명리학에서도 이렇게 깊은 논쟁이 벌어지고 있구나 하는 정도로 생각하고 부담없이 읽어주기 바란다.

사주는 하늘과 땅으로 구성되는데, 하늘에는 10개의 천간(天干)이 있고 땅에는 12개의 지지(地支)가 있다. 이것들이 배합하여 풍운조화를 일으킨다. 그 중에서도 땅 속의 일을 어떻게 다룰 것인가가 본 논쟁이다.

사주의 네 개 땅 속에는 각각 두세 개의 기가 간직되어 있다. 이것은 하늘로부터 부여받아 간직된 하늘의 기이다. 같은 달에 태어났어도 어느 시점에 태어났느냐에 따라 그 힘을 받는 기가 달라진다. 예를 들어 중국이 세계에서 인구가 가장 많지만 세계의 역사를 움직인 것은 작은 섬나라인 영국이나 일본인 경우도 있었다. 이와 같이 그때 그때를 움직이는 주인공이 달라진다.

명리학에서는 땅 속에 간직되어 있는 하늘의 기를 지장간이라 하여 각각의 기가 가장 주된 역할을 하는 활동기간을 설정하여 놓았다. 그런데 그 계산이 복잡한 탓인지 소홀하게 다루고 있다. 고서(古書)에서도 깊게 논한 예를 찾아볼 수 없다. 그저 사주의 월(月) 부분에서만 조금씩 다루고 있는 정도이다. 이에 대해서 국내와 일본의 일부 학자는 그 정확성을 기하고자 예리한 분석의 칼날을 들이댔다. 사주의 월(月) 뿐만 아니라 년(年), 일(日), 시(時)도 그와 같은 분석을 해서 주권을 잡고 움직이는 기를 발굴해서 그놈한테 힘을 실어주자는 것이다.

다시 말해 월 뿐 아니라 년일시에도 각각 땅(地支)이 있는데 년(年)에 속하는 땅(年支)이라고 해서 일년을 말하는 것도 아니고, 일(日)에 속하는 땅(日支)이라고 해서 24시간을 말하는 것도 아니며, 시(時)에 속하는 땅(時支)이라고 해서 특정한 시점을 말하는 것도 아니다. 이 네 개의 땅은 모두 같은 월(月 : 30일 전후 기간)의 개념이라는 것이다.

년월일시(年月日時) 네 개는 모두 어우러져 합심합작하여 어떤 시점을 형성한다. 그것으로부터 절입일시(節入日時)를 빼낸 기간은 월 하나의 경우에만 적용시킬 것이 아니라, 네 개의 땅(地支) 모두에 공통으로 적용시키고 그로 말미암은 주권신(主權神)을 찾아 활용해야 한다. 여기서 주권신이란 주권을 잡고 움직이는 기를 말한다. 만일 월의 경우에만 국한해서 경과시간을 논한다면 년지(年支), 일지(日支), 시지(時支)는 아예 지장간 자체도 논하지 말아야 한다.

나는 위와 같은 논리로 간명한다. 따라서 이 책에서 왜 정기(正氣) 위주로 지장간을 표시하지 않느냐는 의문을 갖지 않기 바란다. 그리고 각 케이스별로 마지막 부분에 「전문가를 위한 코너」를 설정해놓았다. 여기서 경과시간이 정기와 다른 것은 해당 지지(地支)에 주권신으로 기록해놓았다.

다시 요약하면 이 책에서는 월지(月支) 뿐 아니라 년지(年支), 일지(日支), 시지(時支)도 각각 주권신을 찾아서 사용했다. 찾는 방법은 모두 하나의 공통된 경과시간을 기준으로 했다.

이상의 방법들은 컴퓨터를 활용하면 금방 해결될 수 있는 간단한 문제이다. 학문은 발전되어야 한다. 기존의 정기 위주의 간명을 하고 있는 분들은 이 책에 실린 이론과 자신의 이론을 비교하면서 검토해보기 바란다.

6장. 사주간명(四柱看命)

1. 인조반정(仁祖反正)과 사주간명

조선조 15대 임금인 광해군 말년 때의 일이다. 당시는 대북파가 권력을 전횡하여 인목대비를 서궁에 유폐하고, 적자인 영창대군을 강화도 교동에서 증살(烝殺:쪄서 죽임)하는 등 악정을 거듭하고 있었다. 이에 현실 정치에서 소외된 서인의 거두 김유, 이귀, 신경진(신립장군의 아들), 심기원 등이 난정을 바로잡기 위하여 반정을 도모한다.

그러나 반정 주모자들은 거사를 주도하면서도 성패를 알 수 없어 불안할 수밖에 없었다. 신경진과 심기원 등은 당시 장안에서 명리학의 대가로 이름이 높은 김치 선생을 찾아갔다. 김치 선생은 안동 출신으로 호는 남봉이며, 그 유명한 진주대첩의 용장 김시민 장군의 후손으로 선조 30년 알성시에 급제하였다. 신경진, 심기원 등은 김치 선생에게 자신들이 장차 임금으로 받들 정원군의 아들 능양군의 사주와 그밖의 김유, 이귀 등의 사주를 보이며 장래의 운세를 알려 달라고 하였다.

김치 선생은 먼저 능양군의 사주를 한참 들여다보더니 아무 말 없이 일어나 소반 위에 홍보(붉은 보자기)를 깔고 그 위에 사주단자를 놓은 다음 네 번 절하였다. 이에 놀란 신경진과 심기원 등이 그 연유를 묻자, 김치 선생은 정색을 하며 "나에게 주인공의 사주가 어떠한가, 또 내가 왜 절을 하였는가를 묻기 전에 먼저 그대들이 여기 오게 된 동기를 일러주시오. 그렇지 않으면 나도 말을 할 수가 없소이다." 하더라는 것이다.

이리하여 신경진, 심기원 등은 마지못해 반정의 대계를 발설하게 되었다. 그 말을 들은 후 김치 선생은 능양군의 사주가 후일 반드시 군왕이 될 것임을 확언하고, 함께 가지고 간 김유와 이귀의 사주도 모두 재상의 지위에 이를 귀인의 사주임을 알려주었다. 반정인사들은 용기백배하여 거사를 신속하게 진행시켜 성공했다. 이런 일로 인하여 김치 선생은 정사공신(靖社功臣)에 봉해지고, 후일에는 관찰사에까지 이르렀다.

2. 사주간명과 검토사항

내가 사주를 감정한다고 하지 않고 간명한다고 하는 것은, 사주는 누구의 것이든 하늘로부터 부여받은 독특한 사명을 지니고 있는 것이기 때문에 그 자체가 하나의 훌륭한 인격체이니 감정한다는 표현이 이상하다고 생각하기 때문이다. 하늘이 인격체에게 부여한 명을 조심스럽게 읽어본다는 뜻에서 간명이라는 표현을 쓰는 것이다.

사주를 간명할 때는 다음의 사항들을 두루 살펴야 한다.

① 사주 여덟 글자의 음양오행과 배치상태를 살핀다.
② 땅 속의 주권신은 무엇이고 나머지 지장간의 활동을 살핀다.
③ 각 별들의 왕쇠강약을 살핀다.
④ 사주가 화평한 지 풍파가 있는 지를 살핀다.
⑤ 신살(神殺)을 살핀다.
⑥ 공망(空亡), 양인(羊刃), 원진(元辰), 명궁(命宮), 조후(調候) 등을 살핀다.
⑥ 대운(大運 : 10년씩 지배하는 운)과 년운(年運 : 대운 내에서의 매년운)을 살핀다.

여기서 신살이라는 것에 관하여 간단히 살펴보자. 신살은 길신(吉神)과 흉신(凶神)을 합해서 부르는 말이다. 신(神)은 길신으로 부르고, 살(殺)은 흉살로 부르는 것이 마땅하다. 신살은 명리학의 이론이 체계화되기 전에 단식사주법(單式四柱法)으로 등장한 것인데, 사주 간명을 할 때 참고자료로 활용된다.

① 도화(桃花) : 복숭아꽃을 일컬음이니 아름다운 용모나 주색과 인연이 있다.
② 역마(驛馬) : 정거장과 말을 일컬음이니 이동, 변동, 여행, 분주함과 인연이 있다.
③ 지살(地殺) : 역(驛)에다 비상사태를 선포하고 말에다 채찍을 가함을 일컬음이니 역마보다 강하고 외국과 인연이

있다.

④ 양인(羊刃) : 칼을 일컬음이니 잘 쓰면 보도(寶刀)가 되고 잘못 쓰면 흉검(凶劍)이 된다.

⑤ 괴강(魁罡) : 하늘의 우두머리 별을 일컬음이니 극과 극을 치닫게 된다. 여자의 사주에 있으면 남편의 횡사, 납치, 감금, 이성문제 등이 발생하고, 고독하거나 직장생활을 하거나 사업을 경영한다.

⑥ 화개(華蓋) : 총명하며 학문이나 기예(技藝) 방면에 소질이 있고 종교심이 있다.

⑦ 문창귀인(文昌貴人) : 인격이 높고 총명하며 학문이나 예술 방면에 뛰어난 재능이 있다.

⑧ 학당(學堂) : 세상 사람들을 가르침을 일컬음이니 교수, 학자, 연구가가 된다.

⑨ 장성(將星) : 우두머리를 일컬음이니 장(長)이 된다.

⑩ 금여록(金輿祿) : 금수레에 태워줌을 일컬음이니 부와 귀를 동시에 누릴 수 있고, 좋은 배우자를 만난다.

⑪ 명위록(名位祿) : 명성과 지위를 일컬음이니 매스컴을 타는 사람이 된다.

⑫ 원진(元辰) : 원수지간을 뜻하니 싫어하고 싸운다.

⑬ 고신(孤神) : 홀애비팔자가 된다.

⑭ 과숙(寡宿) : 과부가 되거나 부부간에 공방수가 있어 정이 없다.

3. 사주를 간명할 때의 자세

송나라 소강절(邵康節)은 그의 시 청야음(淸夜吟)에서 다음과 같이 노래했다.

월도천심처(月到天心處) 풍래수면시(風來水面時)
일반청의미(一般淸意味) 요득소인지(料得少人知)

달이 하늘의 중심되는 곳에 이르고 바람이 수면 위에 잔잔할 때, 그 맑고 높은 풍정을 아는 이 드물다는 뜻이다. 그러나 이 시는 단순히 천지의 청고한 풍광을 노래한 것이 아니라 명리(名利)를 떠난 도심(道心)의 청명을 풍광에 비유하여 토로한 것으로 볼 수 있다. 청허한 심경과 자연의 청미가 잘 어우러져 달인의 경지가 선뜻 느껴진다.

「청야음(淸夜吟)」을 언급한 것은 사주 간명자의 자세가 달인의 경지를 지녀야 한다는 것이다. 앞에서 명리학을 자평학이라고 기술한 바 있다. 그런데 위의 시에서는 자평(子平) 즉, 명경지수의 경지를 노래한 것으로 마치 사주 간명자가 지녀야 할 자세를 이야기하고 있는 것 같다.

명리학을 공부해도 다른 사람의 사주를 제대로 간명한다는 것은 정말 어렵다. 명리학은 정확한 계량을 필요로 하는 수리학(數理學)이기도 하므로 우선 간명하는 사람의 마음이 지평(子平)처럼 맑고 고요해서 사주에 나타나는 운의 길흉을 잘 가늠할줄 알아야 하기 때문이다.

나는 간명해줄 내용을 순서적으로 체계화하고, 논리와 표현력을 갖추어 상대방에게 잘 전달될 수 있도록 노력한다. 총평, 성격, 건강, 육친, 직업, 운, 주의사항, 가능성 검토의 순으로 이야기해주면서 좋은 논리와 훌륭한 표현을 갖추려고 애를 쓴다. 생활에 지쳐 있는 사람들에게는 다가올 좋은 운을 알려주어 희망을 갖게 하고, 자만에 가득차 있는 사람들에게는 운세는 변화될 수 있음을 경고해주고, 판단하기 어려운 부분에 대해서는 운의 양면성을 거론하여 반대의 경우도 상정해 볼 수 있도록 한다.

그렇다면 자신의 사주를 간명받는 사람의 자세는 어떠해야 할까. 고요하고 진지한 자세로 간명자의 청야음(淸夜吟)을 듣는 자세로 간명자와 일심동체가 되어야 한다. 어디 잘 알아맞히나 두고보자 하는 태도로 비협조적이라면 간명자의 기가 끊어져 좋은 간명을 할 수 없다. 묻는 말에 솔직하게 대답하고, 과거지사에 대해서도 허심탄회하게 이야기하면 훨씬 좋은 효과를 볼 수 있다. 우리는 의사 앞에서 병력과 증상을 이야기하면서 앞으로의 대책을 함께 세우지 않는가.

4. 사주를 간명하다 함께 울어버린 사연

어느날 강남에서 참한 아가씨 한 분이 찾아왔다. 4남매 중 장녀로 태어나 직장생활을 하고 있는데 결혼도 하고 싶고 공부도 더 해보고 싶다고 한다.

사주를 보니 신해(辛亥)년 계사(癸巳)월 임자(壬子)일 계묘(癸卯)시생이다. 이 사주는 본인별이 수성인데 너무 강해서 다른 별들이 빛을 잃고 있다. 원래 물(水)은 나무(木)가 잘 자라도록 수생목(水生木)해주는 것이지만, 나무(木)가 너무 크면 물(水)은 그만 메말라 능력을 상실한다. 그런데 이 사주에서도 이와 같은 현상이 일어나고 있다. 다시 말해 본인별인 수성이 너무 강하면 도와주는 금성이 수성한테 빨려들어가 기진맥진해진다. 광물질(金)은 물(水)을 만들어 금생수(金生水) 해주는 것인데 이 물(水)이 지나치게 많으면 광물질(金)이 빨리 용해된다.

이 사주에서는 금(金)이 어머니에 해당한다. 물(水)을 만들어주는 것이 금(金)이고, 물(水)은 이 아가씨이니 금(金)은 어머니가 되지 않겠는가. "어머니께서 매우 기진맥진해 계신 상태군요." 했더니 그만 울음을 터뜨렸다. 어머니는 지금까지 장녀인 자기를 위해서 평생 고생만 해오셨다는 것이다. 지금도 노안으로 바느질을 하고 계신단다. 너무나도 슬프게 우는 모습을 보니 나도 어머니에 대한 여러 생각이 떠올라 함께 울어버렸다.

나는 원래 눈물이 많다. 텔레비전을 보다가도 조금만 슬픈 장면이 나오면 눈물을 훔친다. 그리고 어머니 생각을 하면 울지 않을 사람이 어디 있으랴. 한참을 그렇게 울다보니 우리는 더욱더 인간적인 관계가 될 수 있었다. 이 아가씨는 다음날 직장 사람들을 데리고 왔고, 그 다음날도 그랬다. 비가 오는 날씨에도 불구하고 말이다. 마치 큰 강남이 작은 마포로 이동하는 것 같아 이곳이 자랑스럽게 느껴졌다. 착한 아가씨의 앞날에 행복이 가득하기를 기원한다.

5. 사주간명과 관상

지금은 관상학(觀相學)이라는 용어보다 인상학(人相學)이라는 표현을 많이 사용한다. 좀더 신선하고 부드러운 느낌을 주는 것 같다. 이 책에서는 편한대로 적절하게 표현하기로 한다.

(1) 공자(孔子)와 한고조(漢高祖)

공자의 아버지는 숙양흘(叔梁訖)이요 어머니는 안(顔)씨였으니 공구(孔丘)라는 성명은 양친의 성과는 무관하다. 그렇다면 어떻게 공구(孔丘)라는 성명을 갖게 되었을까.

당시 고포자경(姑布子卿)이라는 뛰어난 관상가가 있었다. 공자의 관상을 보니 머리의 중심부가 오목하게 패여 있고, 머리 주위가 볼록하게 나와 있었다. 눈에서는 영롱한 광채가 빛나며, 귀는 짚신만하고, 입은 한일 자로 꽉 다물고 있었다. 모두가 준수했다. 머리의 중심이 오목하다 하여 성을 공(孔)씨로, 머리 주위가 볼록하다 하여 이름을 구(丘)라 지었다고 한다. 그리고 장래에 대성인이 될 것이라고 예언했다.

진나라를 쓰러뜨리고 다시 초나라 항우와 겨루어서 천하를 통일시킨 한나라 고조 유방은 관상학과 특별한 관계가 있었다. 그는 황제에 오른 후 관상학을 장려했고, 궁중에 관상가의 출입을 허용했다.

유방이 청년이었을 당시 여공(呂公)이라는 관상가가 있었다. 어느 날 여공은 한중 땅을 지나다 밭을 일구고 있는 한 젊은이를 보았다.

여공은 길도 묻고 아픈 다리도 쉴 겸 정자나무 그늘에 앉아 젊은이를 불렀다. 젊은이가 괭이질하던 손을 멈추고 돌아보았을 때 여공은 깜짝 놀랐다.

“앗! 저 눈…”

부리부리하게 치솟은 양쪽 눈에서 서기가 빛났고, 홍조띤 두 뺨에는 구슬땀이 흐르고 있었다. 육척장신에 떡 벌어진 어깨, 새까만 눈썹 사이로 흘러내려와 우뚝 솟은 코, 긴 인중 밑에 두툼한 입술로 덮인 한일 자 입.

“이는 필경 천자가 될 상인 걸…”

여공은 넋을 잃고 유방을 쳐다보다가

“젊은이, 이리 나와 쉬었다가 하구려!”

하고 딴청을 부렸다.

유방도 마침 쉬려던 참인지라 손에 묻은 흙을 툭툭 털고 정자나무 밑으로 나왔다. 몇 마디 말이 오간 후 여공은

“젊은이, 내 말을 명심해서 듣게.”

하고 다짐을 둔 다음, 장차 천자의 지위에 오를 상이니 절대 발설하지 말고 무예를 익히라고 했다. 그리고 자기에게 과년한 딸이 있으니 정혼하자고 제의했다. 유방은 그 길로 괭이를 집어던지고 창과 칼을 잡고 무예를 익히는데 전념했다. 그리고 여공의 딸을 맞아 장가를 들었다. 과연 유방은 천하를 통일하여 한나라를 세웠고, 그 여공의 딸은 황후가 되었다. 이 여인이 여태후(呂太后)이다.

(2) 관상과 음양오행

우리 나라에는 1400여 년 전인 신라 선덕여왕 때 승려들이 중국을 왕래하면서 관상학을 들여온 것으로 전해진다. 정사에는 이렇다할 기록이 없으나 야사로 전해지는 바에 의하면 이때 달마대사의 관상법과 마의 선생의 관상법이 함께 들어왔다고 한다.

관상학은 명리학의 기본 이론인 음양오행 철학을 주요내용으로 담고 있다. 관상학은 머리털에서 발 끝에 이르기까지 몸 전체를 대상으로 한다. 여기에는 말과 행동, 그리고 버릇까지도 포함된다.

우선 음양론에 따라 남녀를 구분해서 본다. 예를 들어 임신했을 때 여자의 오른쪽 와잠(눈의 아래 부위)이 더 부풀어 오르고 윤기가 있으면 아들이고, 왼쪽 와잠(눈의 아래부위)이 더 부풀어 오르고 윤기가 있으면 딸로 본다. 남자의 경우에는 여자와 반대로 본다.

그리고 관상학은 사람을 목(木), 화(火), 토(土), 금(金), 수(水)의 다섯 가지 형으로 나누어 판단하는데 이것은 오행론에 바탕을 둔 것이다.

① 목형(木型) : 얼굴은 길고 몸집은 가느다란 타입이다. 목형(木型)이 금형(金型)인 사람과 결혼하면 좋지 않다. 쇠는 나무를 다치게 하기 때문이다.

② 화형(火型) : 얼굴은 삼각형이고 모든 것이 격렬한 양상의 타입이다. 화형(火型)이 수형(水型)인 사람과 결혼하면 좋지 않다. 물(水)은 불을 꺼버리기 때문이다.

③ 토형(土型) : 몸에 살이 많아 통통하고 수족이 짧은 타입이다. 토

형(土型)이 목형(木型)인 사람과 결혼하면 좋지 않다. 나무는 흙을 파고들어 양분을 빼앗아가기 때문이다.

④ 금형(金型) : 얼굴은 사각형으로 희며 귀가 단단하고 견실한 타입이다. 금형(金型)이 화형(火型)인 사람과 결혼하면 좋지 않다. 불은 쇠를 녹여버리기 때문이다.

⑤ 수형(水型) : 얼굴이 둥글고 어느 부분을 보더라도 지방질이 많아 마치 돼지처럼 살찐 타입이다. 수형(水型)이 토형(土型)인 사람과 결혼하면 좋지 않다. 흙은 물의 흐름을 가로막기 때문이다.

이상에서 고찰한 바와 같이 관상학도 음양오행론에 바탕을 두고 있어 명리학과 같은 기초를 갖고 있다고 볼 수 있다. 그러므로 사주간명은 사주 여덟 글자의 문자를 통해서 운명을 추리하는 것이고, 관상 즉, 인상을 보는 것은 눈과 느낌을 통하여 운명을 추리한다는 방법론적 차이가 있을 뿐이다. 물론 인상이 같은 사람은 거의 없기 때문에 관상의 관찰대상은 항상 특별한 존재이나 사주는 같은 것이 존재할 수 있다.

이 책에서는 주권신의 개념을 도입하기 때문에 사주의 종류가 기존 방법보다 세 배나 늘어난다. 따라서 무려 77,760,000조(組)의 사주가 이루어진다. 년월일시에서 각각 육십갑자가 이루어지는 것이고, 남녀의 경우가 다르므로 60×60×60×60×2인데 주권신의 개념으로 한 달을 3등분 하는 것이니 그 세 배가 되는 것이다. 사실 엄밀하게 따지면 같은 사주가 있겠는가.

(3) 관상과 연령별 운세판단

관상학에는 연령별 행운도(行運圖)가 있다. 양쪽 귀로는 14세 때까지의 운을 판단하고, 이마로는 15세부터 30세까지의 운을 판단하고, 눈썹과 눈동자로는 31세부터 40세까지의 운을 보고, 코로는 41세부터 50세까지의 운을 보고, 코 밑에서 입술로는 51세부터 60세까지의 운을 보고, 입술 아랫부분으로는 61세부터 70세까지의 운을 본다.

이것은 사주를 간명할 때 대운과 년운을 적용시켜 나가는 것과 같다. 대운은 10년마다 펼쳐지는 새로운 운이고, 년운은 대운 중에 전개되는 매년운이다. 대운(10년) 세 개가 모이면 커다란 30년 운을 형성한다. 이것은 명리학상 봄, 여름, 가을, 겨울 중의 어느 계절을 뜻한다. 30년 계절운이 바뀔 때의 운을 접목운이라 한다. 이것은 마치 나무를 기후와 풍토가 다른 곳으로 옮겨 심는 형상과 같기 때문이다. 접목운에는 파란이 많고, 특수한 나무는 적응하지 못하여 죽어버린다. 이상과 같이 관상은 연령별로 운을 판단하는 것은 사주와 궤를 같이 한다.

(4) 관상과 심상(心相)

관상학은 관상에 곁들여 심상(心相)의 중요성을 더욱더 강조한다. 유형의 상은 무형의 마음에 지배되어 변한다고 한다. 관상이 비록 부귀공명할 길상이라도 마음쓰기에 따라 빈천해질 수 있고, 빈천하고 단명할 상이라도 마음쓰기에 따라 부귀장수할 수 있다는 것이다.

따라서 자신의 운명을 관상의 길흉에만 의존하지 말고 마음을 잘 다스려 운명을 개척해나가야 할 것이라고 한다. 마음이 착하고 착하지 않은 것도 이미 관상에 의하여 정해진 것이 아닌가 하는 의문이 있을 수 있다. 그러나 천부적으로 타고난 것은 각 개인의 개성이고, 마음 자체는 자유자재한 것으로 타고 나는 것이 아니라고 한다.

나 역시 인간은 결정당하는 동시에 스스로 결정해나가는 존재라고 본다. 따라서 사주는 인간의 운명을 기속하는 결정적인 것이 아니라 무심코 살다보면 정해진 운로대로 흘러버릴 수 있다는 경고 메시지라고 이해하는 것이다. 이 메시지는 "언제 비가 올 것이다. 그러니 외출하지 말고 집에 있거라. 외출을 하려면 기상의 상황에 따라 우산이나 우의를 준비해서 나가라." 라는 등의 주의를 담고 있는 기상 예보라고 볼 수 있는 것이다. 사람은 누구나 불성(佛性)을 지니고 있고, 이 불성을 맑고 투명하게 갈고 닦으면 험난한 운이 오더라도 피해갈 수 있는 지혜가 생길 것이다.

6. 사주간명과 천문(天文)

(1) 사주간명은 천문관측이다

천문학이란 우주의 구조, 천체의 현상과 운행, 다른 천체와의 거리와 관계 등을 연구하는 학문이다. 앞에서 사주는 하나의 법륜이고, 법륜은 본인별을 중심으로 여러 개의 별들이 배치되어 있는데 이것이 그때 그때의 운을 맞이하여 시시각각 다른 그림을 펼쳐 나간다고 설명했다. 따라서 사주간명은 천문관측과 같다고 본다.

(2) 태양계

우리가 살고 있는 지구는 태양계에 속하고, 태양계는 태양을 중심으로 운동하고 있는 모든 천체들, 즉 행성 9개, 위성 44개 이상, 수많은 소행성, 혜성, 그리고 별똥별과 행성간의 물질들을 포함한다. 이들은 태양과 상호간의 만유인력으로 유지된다. 달은 지구의 위성이고 지구를 중심으로 공전하면서 자전하고, 지구는 태양을 중심으로 공전하면서 자전한다. 지구의 자전축은 약간 기울어져 있다.

지구의 공전과 자전

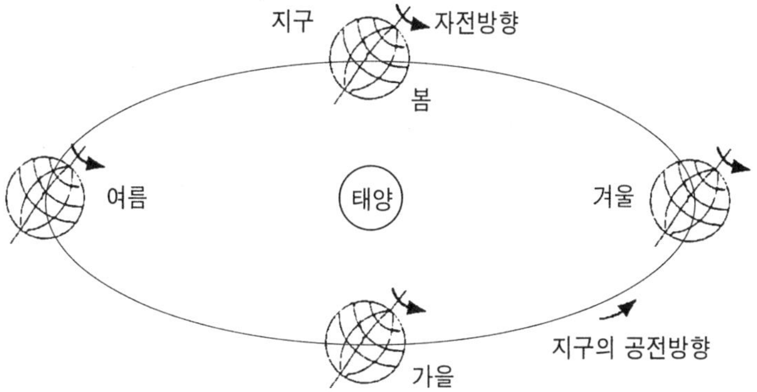

계절의 변화는 지구의 자전축이 기울어 자전하면서 태양 주위를 공전하는 동시작용으로부터 나타난다. 이 동시작용으로 말미암아 같은 지역에서도 계절에 따라 태양의 고도차와 온도차, 밤낮의 길이변화가 발생한다.

흑점의 극대극소 년도

년	흑점수	년	흑점수	년	흑점수	년	흑점수
1886	25.4	1910	18.6	1934	8.7	1958	184.6
1887	13.1	1911	5.7	1935	36.1	1959	158.8
1888	6.8	1912	3.6	1936	79.7	1960	112.3
1889	6.3	1913	(1.4)	(1937)	114.4	1961	53.9
1890	7.1	1914	9.6	1938	109.6	1962	37.6
1891	35.6	1915	47.4	1939	88.8	1963	27.9
1892	73.0	1916	57.1	1940	67.8	1964	(10.2)
(1893)	84.9	(1917)	103.9	1941	47.5	1965	15.1
1894	78.0	1918	80.6	1942	30.6	1966	47.0
1895	64.0	1919	63.6	1943	16.3	1967	93.8
1896	41.8	1920	37.6	1944	(11.0)	(1968)	105.9
1897	26.2	1921	26.1	1945	33.2	1969	105.5
1898	26.7	1922	14.2	1946	92.6	1970	104.5
1899	12.1	1923	(5.8)	(1947)	151.5	1971	66.6
1900	9.5	1924	16.7	1948	136.2	1972	68.9
1901	(2.7)	1925	44.3	1949	134.7	1973	38.2
1902	5.0	1926	63.9	1950	83.9	1974	34.5
1903	24.4	1927	69.0	1951	69.3	1975	15.5
1904	42.0	(1928)	77.8	1952	31.5	1976	(12.6)
(1905)	63.5	1929	65.0	1953	13.9	1977	27.5
1906	53.8	1930	35.7	1954	(4.4)	1978	92.8
1907	62.0	1931	21.2	1955	38.0	(1979)	155.4
1908	48.5	1932	11.1	1956	141.7	1980	154.6
1909	43.9	1933	(5.7)	(1957)	189.9		

지구는 태양 주위를 돌면서 태양으로부터 강한 영향을 받는데, 태양의 활동강약은 흑점의 많고 적음으로 측정된다. 흑점이 많다는 것은 태양의 활동이 심하다는 것을 의미한다. 흑점이 극대극소가 되는 것은 약 10년 주기이다. 흑점이 극대가 되면 지구상에는 자기 폭풍으로 인하여 나침반이 심하게 움직이므로 정밀한 항로가 요구되는 비행기의 운항 등에 많은 문제가 발생하고, 통신이 두절되는 현상도 나타난다. 또한 극지방에서는 많은 오로라가 관측된다.

태양과 내행성(태양과 지구 사이의 행성) 및 지구가 일직선상에 있을 때를 합(合)이라고 하고, 태양과 외행성(태양으로부터 지구 바깥쪽에 있는 행성) 사이에 지구가 일직선상에 있을 때를 충(沖)이라고 한다.

(3) 하늘과 땅

천문관측은 하늘과 땅, 다시 말해 우주와 지구를 연관지어 연구하고 관찰하는 것을 말한다. 사주를 간명하는 것도 마찬가지이다. 예를 들어 양력으로 1944년 8월 27일 16시에 태어난 남자는 갑신(甲申)년 임신(壬申)월 계해(癸亥)일 경신(庚申)시생이 된다. 이것은 아래와 같이 하늘과 땅으로 구성되어 간명된다.

구분	생년(년주)	생월(월주)	생일(일주)	생시(시주)
천간	甲	壬	癸	庚
지지	申	申	亥	申

① 천간(天干)은 하늘이고 지지(地支)는 땅이다.
② 생년의 천간은 년간(年干), 생년의 지지는 년지(年支)라고 한다.
③ 생월의 천간은 월간(月干), 생월의 지지는 월지(月支)라고 한다.
④ 생일의 천간은 일간(日干 : 본인별), 생일의 지지는 일지(日支)라고 한다.
⑤ 생시의 천간은 시간(時干), 생시의 지지는 시지(時支)라고 한다.

(4) 명리학과 천문학

우리 선현들은 인간도 하나의 소행성이라는 인식에서 명리학의 많은 이론들을 천문학에 근거를 두고 꽃피웠다. 인간도 지구와 마찬가지로 태양계에서 태어나 태양의 주위를 맴돌다 사라지는 하나의 소행성이다. 따라서 한 인간이 어느 달에 태어났느냐는 태양과의 관계에서 매우 중요한 의미를 갖는다.

명리학에는 조후(調候)라는 것이 있다. 오늘날 더욱 각광받고 있는 이론이다. 이 이론을 접하고 있으면 그 정교함과 감미로움이 마치 멘델스존이나 파가니니의 바이올린 협주곡을 듣고 있는 것 같기도 하고, 별들의 속삭임을 엿듣는 것 같기도 하다. 이 이론은 기후의 조화를 강조한다. 예를 들어 겨울에 태어난 사람은 따뜻한 운이 좋고, 여름에 태어난 사람은 서늘한 운이 좋다는 것이다. 사람은 출생할 때 그 당시의 기후를 타고 태어나는데 이것이 운명에 지대한 영향을 미친다는 이론이다.

따라서 명리학은 한 사람의 운의 흐름을 고찰할 때 봄, 여름, 가을, 겨울의 사계절 이론을 활용한다. 이 사계절 운은 각 계절이 한 사람의 운명을 30년씩 지배한다고 한다. 그런데 각 계절 운은 다시 10년 단위의 3개의 대운으로 나뉘어진다. 이것은 각 계절이 석 달간임을 뜻한다. 각 대운은 10년씩을 지배한다. 이것은 운이 10년마다 크게 바뀜을 의미한다. 10년마다 운이 바뀌는 것은 태양의 흑점이 10년 주기로 크게 변하는 것에 기초를 두고 있다.

합(合)과 충(沖)도 천문학과 관계가 있다. 쌍둥이의 사주를 설명하는 과정에서 거론한 자축합(子丑合), 해자축합(亥子丑合), 자오충(子午沖)의 경우를 보자.

① 자축합(子丑合)은 육합(六合)이라고도 한다. 지구가 태양의 둘레를 자전과 공전을 거듭하는 과정에서 이루어지는 변화상태이다. 다시 말해 태양과의 접점이 합치되는 점을 채용한 것이다.
② 해자축합(亥子丑合)은 방합(方合)이라고도 한다. 자(子)는 정북(正北)이고 해(亥)와 축(丑)은 그 양 옆의 방향이라 세 개가 모여 북쪽을 형성한다는 것이다.
③ 자오충(子午沖)은 자(子)는 정북(正北)이고 오(午)는 정남(正南)이라 서로 반대라는 것이다.

그러나 선현들께서 이룩하신 학문이라도 더욱더 연구하고 발전시켜 나가야 한다. 예를 들면 위에서 언급한 육합(六合)의 경우이다.

육합(六合)에는 자축합(子丑合), 인해합(寅亥合), 묘술합(卯戌合), 진유합(辰酉合), 사신합(巳申合), 오미합(午未合)이 있다. 그러나 이 육합(六合)이 이루어지면 어떤 결과가 발생하는 지 지금까지 정론이 없다.

① 합(合)이 이루어지면 변한다. 예를 들어 자축합(子丑合)은 토(土)로 변한다는 이론이 있다.

② 육합(六合)을 나누어서 보는 이론이 있다. 인해합(寅亥合), 진유합(辰酉合), 오미합(午未合)은 생합(生合)이 되어 변화하지만 그 나머지는 극합(剋合)이 되어 변화하지 않는다는 것이다.

③ 육합(六合)은 합(合)하는 양자의 힘을 각각 더 증가시켜 준다는 이론이 있다.

④ 육합(六合)은 단지 충(沖)을 해소하는데 그친다는 이론이 있다.

⑤ 육합(六合)은 믿을 것이 못된다는 이론이 있다.

지금은 과거보다 천문학이 더욱 발전했으니 위에서 거론한 내용들은 우리 스스로가 해결할 문제가 아닐까.

(5) 제갈공명과 천문

우리는 삼국지가 그 대단원의 막을 내릴 즈음에 제갈공명과 천문에 관한 이야기를 접한다. 그 순간 한 인간의 운명과 하늘의 뜻을 생각해보면서 가슴 설레였을 것이다.

밤이 되자 공명은 장막을 나가 가만히 천문을 살폈다. 얼마나 되었을까. 그윽히 밤하늘을 올려다보던 공명은 놀라고 황황한 얼굴로 장막 안으로 들어가 강유를 찾았다.

"내 목숨이 아침 저녁하고 있으니 이를 어찌한단 말인가!"

공명이 그렇게 탄식하자 강유가 놀라 물었다.

"승상께서는 무슨 까닭으로 그같이 말씀하십니까?"

"내가 삼대성(三臺星)을 살펴보니 객성(客星)은 배나 밝은데 주성(主星)은 어둡고 흐렸다. 서로 나란히 비쳐도 주성(主星)은 그 빛이 꺼질듯 희미하니 나의 운명도 다해가는구나."

하고 공명이 힘없이 대답했다. 강유가 그런 공명의 힘을 돋워주듯 권했다.

"비록 천상이 그러하다 해도 하늘에 빌어 그걸 돌려놓는 법도 있습니다. 어찌하여 그 법을 써보지 않으십니까?"

"나도 그 법을 알고 있기는 하나 하늘이 그걸 들어줄 지 모르겠구나. 북두칠성께 목숨을 빌어보기로 하자. 만약 이레 동안 으뜸되는 등잔의 불이 꺼지지 않는다면 내 목숨은 열두 해가 늘어날 것이다. 그러나 그 등잔불이 꺼지면 나는 틀림없이 곧 죽고 말 것이다."

하면서 공명은 기도에 들어갔다.

때는 마침 8월 한가위였다. 그날 밤 은하수는 빛나고 이슬은 방울방울 맑게 맺혔다. 바람 한 점 없어 깃발도 펄럭이지 않았다. 공명은 장막 안에서 향을 사르고 제물을 차려 하늘에 목숨을 늘여주기를 빌었다. 바닥에는 일곱 개의 큰 등잔을 밝히고 둘레에는 다시 마흔 아홉 개의 작은 등잔을 밝혔는데, 그 한가운데 공명의 목숨을 뜻하는 주등을 세웠다. 이윽고 공명이 배축을 드리기 시작했다.

"이제 뜻밖에도 장성이 떨어지려고 하여 제가 하늘로부터 받은 목숨이 끝나려 합니다. 삼가 글을 올려 푸른 하늘에 빌고 엎드려 그 자비로움을 구하오니 부디 이 목숨을 늘여주옵소서. 그리하여 위로 임금의 은혜에 보답하고 아래로 백성들의 목숨을 구해주며, 옛 것을 되살려 한실을 길이 이어나갈 수 있도록 해주옵소서"
공명은 엎드려 북두칠성에 빌기를 그치지 않았다.

자기 자신을 우주 속의 하나의 별로 이해하는 제갈공명의 사상을 잘 엿볼 수 있는 대목이다.

(6) 별들의 속삭임

사주와 천문을 논하다보니 밤하늘에 빛나는 무수한 별들을 바라보면서 우주의 신비에 감동하고 매료되었던 어린시절의 기억이 새롭다. 이러저러 세상살이를 해오다보니 그 아름다운 밤하늘은 나의 마음 밖에서 홀로 찬란하였겠구나. 이제는 나도 나의 마음이 우주 속으로 돌아가야 한다. 저 우주 속에는 돌아가신 아버님도 하나의 별이 되어 나를 향해 속삭이고 계시지 않겠는가.

나는 그 동안 명리학 공부를 해오면서 어렴풋하게나마 별들의 속삭임을 들을 수 있었다. 사주간명이라는 것 자체가 바로 별들의 속삭임을 듣는 것이 아니겠는가. 우리 모두 명리학을 통해서 별들의 속삭임을 들어보자. 오늘날은 개성의 시대이고, 개성은 고전학문을 통해서 더욱 빛날 수 있다.

후학들이여!

컴퓨터를 통해 명리학을 좀더 체계화시키고, 현대 천문학을 통해 그 이론의 경지를 드높여 보라. 그대들이 저술한 명리학 서적이 세계 각국어로 번역되어 전 인류가 애독하는 수신서가 될 수 있도록 하는 것이 어떻겠는가.

7장. 대통령의 사주

사람의 복과 재앙은 다 마음으로써 이루어진다.
불교에 말하기를 「이욕이 타오르면 이것이 곧 불구덩이요
탐애에 빠지면 문득 고해로다.
한 생각 청정하면 사나운 불꽃도 연못이 되고
한 마음 깨달으면 배가 저 언덕에 오른다」 하였으니
한 생각 겨우 다르면 그 경계가 아주 다른지라
가히 삼가지 않을까보냐.

1. 박정희 전 대통령

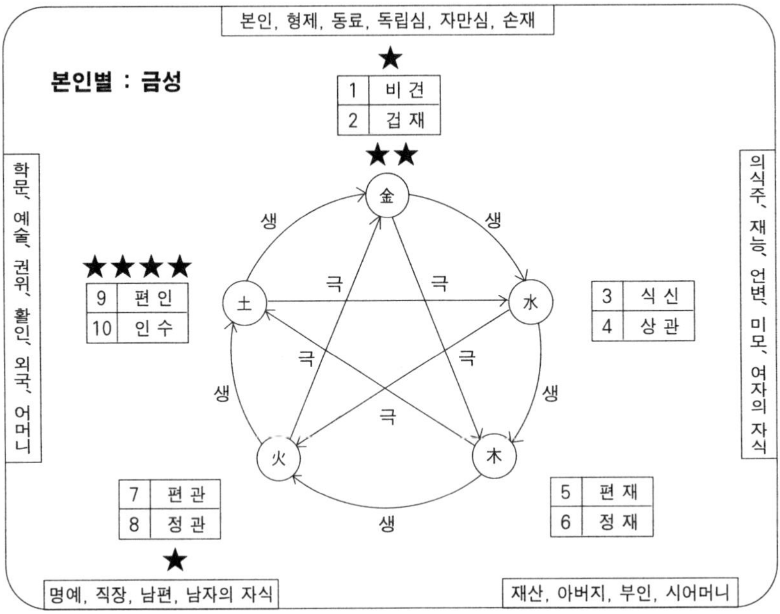

박정희 전 대통령은 인시(寅時)에 태어났느냐 사시(巳時)에 태어났느냐를 놓고 주장이 엇갈린다. 그러나 여기서는 좀더 신빙성이 있다고 판단되는 사시(巳時)를 근거로 간명한다. 박정희 전 대통령의 사주는 한마디로 모든 권력이 본인에게 집중되어 있는 형태이다. 또한 용이 여의주를 희롱하며 하늘 높이 날아오르는 형상이라고도 볼 수 있다.

본인별은 금성이다. 1번 비견 위에 하나의 별로 소속되어 있고, 2번 겁재 밑에 있는 별 2개 역시 금성인데 이것들은 본인별의 형제별로 함께 금성을 빛나게 해준다. 그런데 9번 편인 위에 있는 4개의 별들이 모두 본인별을 향하여 쏠리고 있다. 토성이 금성을 생해주므로 금성은 매우 밝아진다. 이런 사주를 특수 강왕격(强旺格) 사주라고 한다.

금성은 그 위쪽 큰 네모칸을 보면 본인, 형제, 동료, 독립심,자만심, 손재와 인연이 있다고 표시되어 있다. 토성은 그 왼쪽 큰 네모칸을 보면 학문, 예술, 권위, 활인(活人), 외국, 어머니와 인연이 있다고 표시되어 있다. 그 결과 박정희 전 대통령은 이런 사항들과 인연이 많았다. 독립심이 강하여 혁명을 주도했고, 학문에 인연이 있어 교직생활을 했으며, 권위를 지니고 장기간 통치하면서 외국으로의 수출에 주력했던 것이다.

이 분은 양력 11월 14일에 태어났으니 따뜻한 화운(火運)을 만나면 크게 발전한다. 이른바 조후(調候) 이론이다. 1961년 5월16일 군사혁명을 성공시킨 시기와 1963년에 대통령으로 당선된 시기는 모두 매우 강한 화운(火運)의 기간이었다(丙午대운).

앞에서 이 사주를 특수 강왕격이라고 언급했다. 이런 특수 강왕격 사주는 계절운(30년간을 지배함)이 바뀌는 시점이 운명의 고비가 된다. 왜냐하면 특수 희귀종 수목은 개성이 강하여 기후의 변화에 잘 적응하지 못하기 때문이다. 이승만 대통령 시절 제2인자로 군림했던 이기붕 씨는 사주가 특수 강왕격인데 계절운이 바뀌는 1960년 4월에 총탄을 맞고 사망했다. 박정희 전 대통령 역시 1979년이 바로 그 시점으로 그해 10월 26일 흉탄을 맞고 서거했다.

이와 같이 특수 강왕격 사주를 가진 사람은 한 때는 비상한 발전을 이룩할 수 있으나, 추락할 때는 너무도 어이없게 사라져 버릴 수 있다는 것을 명심해야 한다. 강하면 부러지는 법이다. 박정희 전 대통령의 사주를 그림으로 나타내면 다음과 같다.

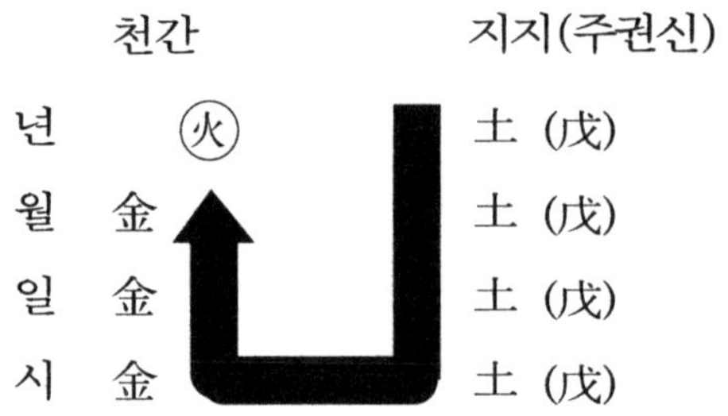

사주는 전체의 모양새도 중요하다. 위의 그림을 보면 토(土)는 금(金)을 생하고 있다. 발전하는 모습이 마치 한 마리의 용이 여의주를 희롱하며 승천하고 있는 형상이다. 여의주는 화성인데 법륜도에서는 8번 정관이고, 이것은 바로 박정희 전 대통령이 누렸던 명예가 된다.

■ 전문가를 위한 코너

① 성별 : 남

② 명식 : 丁巳년 辛亥월 庚申일 辛巳시

③ 경과 : 6일 1시간 53분

④ 주권신 : 년지(戊) 월지(戊)일지(戊) 시지(戊)

⑤ 조후 : 丁, 丙

2. 대통령 I

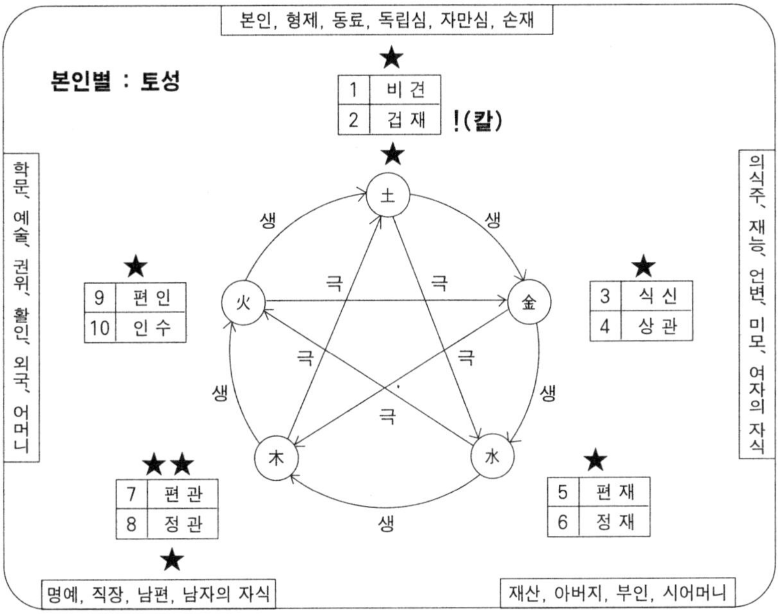

이 사주의 본인별은 토성이고, 1번 비견 위에 하나의 별로 배치되어 있다. 2번 겁재 밑에 있는 별 1개 역시 토성인데 이것은 본인별의 형제별로 함께 토성을 빛나게 해준다. 그리고 2번 겁재의 오른쪽에는 칼이 하나 그려져 있다. 이것은 사주간명 편에서 설명한 양인인데 잘 쓰면 보도(寶刀)가 되지만 잘못 쓰면 흉검이 된다. 이 사주에서는 미(未)가 여기에 해당한다.

이 사주를 살펴보면 5개의 별이 빠짐없이 배치되어 있다. 다시 말해 토성, 금성, 수성, 목성, 화성을 모두 갖추었다는 뜻이다. 이런 사주는 통변성이 주류(周流)되었다고 하여 매우 귀격으로 보고, 평생 복덕이 후하고 건강하다고 한다. 그리하여 이 분은 최연소 국회의원이 되었고, 평생 큰 막힘이 없었다. 나이가 들어서도 등산과 조깅을 즐길 정도로 건강하다.

이 사주의 또 하나의 특징은 명장(名將)이 보도(寶刀)를 잡고 권세와 위엄이 당당한 형상인 것이다. 목성(7번, 8번)이 명예와 명장에 해당하고, 보도는 2번 겁재 오른쪽에 놓여 있는 칼(!)이다. 대통령 임기당시 추상같은 사정의 칼날을 휘둘러 국민들로부터 적극적인 인기를 얻었다.

이 분은 추운 겨울(양력 1월 14일)에 태어났으니 화운(火運)이 오면 크게 발전할 수 있다. 화(火)대운이 지배하는 계유(癸酉)년에 대통령으로 당선되었는데, 년운이 수(水)운이라 여러모로 많은 어려움을 겪었다. 대운이 좋고 년운이 나쁘면 그런대로 애로를 극복해 나갈 수 있는 것이다.

명리학자 중에는 이 사주가 대부분이 토(土)로 구성되어 대귀격이고, 작은 나무(乙) 한 그루가 방해가 되었는데 이것을 잘라주는 신미(辛未)대운이 오자 대통령이 되었다고 하는 사람도 있다. 화격(化格) 이론을 취한 것인데 좀더 섬세함이 요구되는 사항이다.

어쨌든 이 분은 화(火)를 필요로 하므로 따뜻한 남쪽 지역이 큰 정치적 뒷받침이 될 것이다. 남쪽 지방은 태양(丙)이 작열하여 화(火)를 더욱 북돋워줄 것이니 그러하지 않겠는가. 이 분에게는 태양(丙)이 어머니에 해당하는데 사주에 병(丙)이 없어 어머니를 일찍 잃으셨다. 태양(丙) 대신 인공적인 불(丁)이 있는데 이것은 친어머니가 아닌 다른 어머니를 뜻한다. 이 분은 병(丙)이 그리워 높은 산을 좋아하는 것이다. 밤이 오면 캠프파이어(丁)도 좋을 것이다. 그리고 조깅을 즐기는데 이것은 화기(火氣)를 더욱 증가시켜 건강관리에 많은 도움이 될 것이다. 넥타이는 태양을 상징하는 붉은빛의 밝은색을 착용하는 것이 좋을 것이다.

중국 명나라 시조 주원장은 사주에 진술축미(辰戌丑未) 네 글자를 모두 갖추었다. 이 네 글자는 모두 토(土)로 동서남북 사방의 광활한 영토를 뜻한다. 그래서 중국대륙을 다스리는 천자가 된 것이고, 이 사주 역시 위의 네 글자를 모두 갖추어 대한민국 영토를 통할하는 대통령이 된 것이다.

■ 전문가를 위한 코너

① 성별 : 남

② 명식 : 戊辰년 乙丑월 己未일 甲戌시

③ 경과 : 8일 16시간 7분

④ 주권신 : 년지(乙) 월지(癸) 일지(丁) 시지(辛)

⑤ 조후 : 丙, 甲, 戊

⑥ 기타: 이 분의 사주명식은 세간에 알려져 있는 자료를 채택한 것이다. 특수 화토격(化土格)으로 보면 토(土)의 형성을 방해하는 나무(木) 3그루가 문제가 된다. 여기서 나무는 지장간에 있는 것 2개를 포함한 것이다.

3. 대통령 Ⅱ

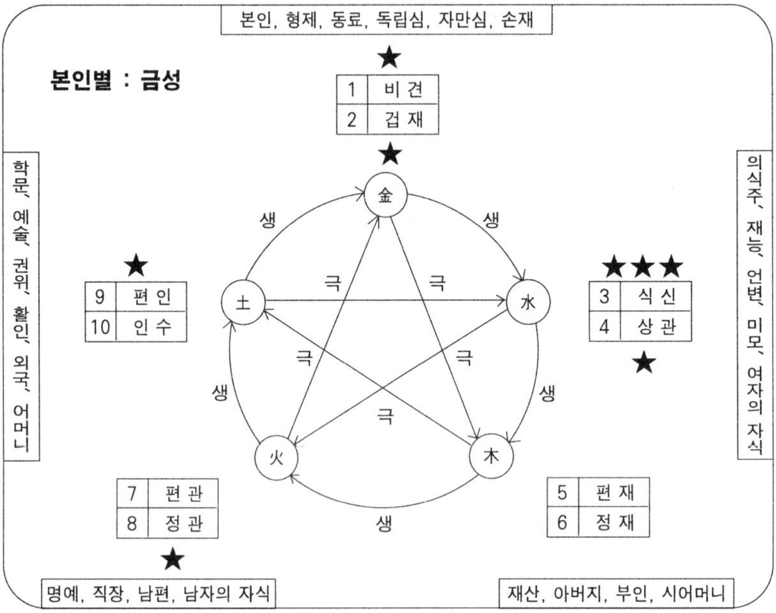

이 사주의 본인별은 금성인데 1번 비견 위에 하나의 별로 배치되어 있다. 2번 겁재 밑에 있는 별 1개 역시 금성인데 이것은 본인별의 형제별로 함께 금성을 빛나게 해준다. 그런데 이 사주는 수성이 너무 강하다. 3번 식신 위에 수성이 3개 있고, 4번 상관 밑에 또 1개의 수성이 있어 수성이 모두 4개나 된다. 여기서 이 수성은 무엇과 인연이 있을까. 그 오른쪽 큰 네모칸을 보면 의식주, 재능, 언변, 미모를 나타내고, 여자는 자식을 나타낸다. 그리하여 이 분은 재능이 있어 명문고등학교와 육군사관학교를 졸업했고, 언변과 용모가 뛰어났다. 그러나 재능이 너무 강하면 기존의 질서에 변화를 일으켜 혁신을 도모하려고 한다. 이 분은 재능을 더욱 강하게 만드는 수운(水運)인 계축(癸丑)대운에서 새로운 질서를 확립하였다.

그리고 수성이 너무 강하면 본인별인 금성이 약해진다. 이것은 물(水)이 지나치게 많으면 광물질(金)은 빨리 용해되어 버리기 때문이다. 따라서 본인별인 금성을 도와주고(생), 너무 강한 수성을 적당히 견제해주는(극) 운을 만나야 크게 발전할 수 있다. 그렇다면 여기에 해당하는 운은 무엇일까.

위의 법륜도를 보면 9번과 10번의 토성이 금성을 생해주고 수성을 극한다고 되어 있다. 따라서 이 사주는 토운(土運)을 만나면 길한데 토성이 강해지는 1988년 무진(戊辰)년에 대통령선거에 당선되었다. 이런 사주를 상관패인격(傷官佩印格)이라고 하는데 극히 귀한 몸이 되어 최고위에 오른다. 북한의 김일성 전 주석도 사주에 식신과 상관이 매우 강하기 때문에 새로운 이념으로 기존질서에 커다란 변화를 일으킨 것이다.

■ 전문가를 위한 코너

① 성별 : 남

② 명식 : 壬申년 戊申월 庚戌일 丁丑시

③ 경과 : 8일 22시간 58분

④ 주권신 : 년지(壬) 월지(壬) 일지(辛) 시지(癸)

⑤ 조후 : 丁, 甲

⑥ 기타 : 이 분의 사주명식은 세간에 알려져 있는 자료를 채택한 것이다.

4. 대통령 영부인

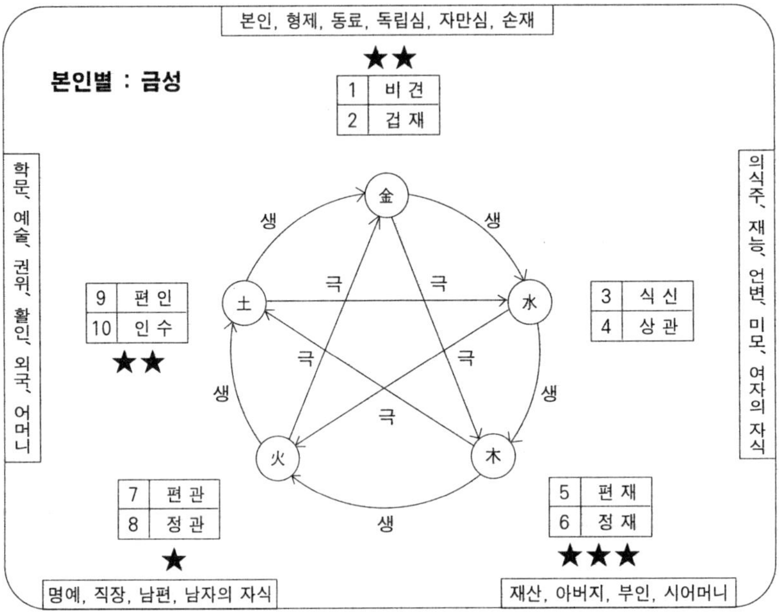

본인별은 본인이 어느날에 태어났느냐로 판단한다. 이 분은 경신(庚申)일에 태어났고, 그중 앞 글자 경(庚)이 금(金)에 해당하여 본인별은 금성이 되었다. 그런데 금성 중에서도 경(庚)은 강한 쇠나 원광석으로 본다. 다시 말해 경(庚)은 강한 금(金)이다. 같은 금성 중에서도 신(辛)은 약한 금속이나 세공을 거친 금속으로 본다.

그렇다면 강한 금(金)은 어떻게 하면 좋아질 수 있을까. 이것은 매우 간단하다. 불(火)로 제련시켜 금(金)을 기물로 만들면 된다. 그러므로 불(火)이 필요한데 불(火)에도 두 가지 종류가 있다. 하나는 태양의 빛(丙)이고, 또 하나는 인공적인 불(丁)이다. 그렇다면 이 두 가지 불(火) 중에서 강한 금(金)을 기물로 만들어줄 수 있는 불은 어느 것일까. 태양의 빛은 금(金)을 그저 뜨겁게만 할 뿐이고, 인공적으로 피워올린 불만이 금(金)을 기물로 만들 수 있으니 정화(丁火)가 필요하다.

마침 이 분은 정묘(丁卯)월에 태어나 정(丁)을 갖추고 있다. 이것은 8번 정관이고 남편에 해당한다. 그러므로 이 분은 남편에 의해 제련되어 큰 그릇이 된다. 남편이 1979년에 막강한 권력을 장악하고 1981년에는 대통령으로 당선되어 본인 또한 대통령 영부인의 자리에 올랐는데 모두 불(火)이 강한 30년 계절운에 일어난 일이다.

이 사주는 명관과마(明官跨馬)라 하여 남편을 출세시킨다는 사주이다. 왜냐하면 이 사주에서는 8번 정관이 남편에 해당하는데, 목성(5번, 6번) 3개가 이 정관을 잘 생해주고 있기 때문이다.

그리고 이 사주는 형(刑), 충(沖), 파(破), 해(害)가 하나도 없으니 매우 깨끗하고 단아하다.

■ 전문가를 위한 코너

① 성별 : 여

② 명식 : 己卯년 丁卯월 庚申일 己卯시

③ 경과 : 17일 10시간 3분

④ 주권신 :

⑤ 조후 : 丁, 甲, 庚

⑥ 기타 : 이 분의 사주명식은 세간에 알려져 있는 자료를 채택한 것이다.

8장. 국회의원의 사주

부귀와 명예가 도덕으로부터 온 것은 숲 속의 꽃과 같으니

저절로 잎이 피고 뿌리가 뻗을 것이요,

공덕으로부터 온 것은 화단 속의 꽃과 같으니

이리 저리 옮기고 흥패가 있을 것이며

권력으로부터 얻은 것이면 화병 속의 꽃과 같으니

뿌리를 심지 않은지라 시듬을 가히 서서 기다릴 수 있으리라.

1. 국회의원 Ⅰ

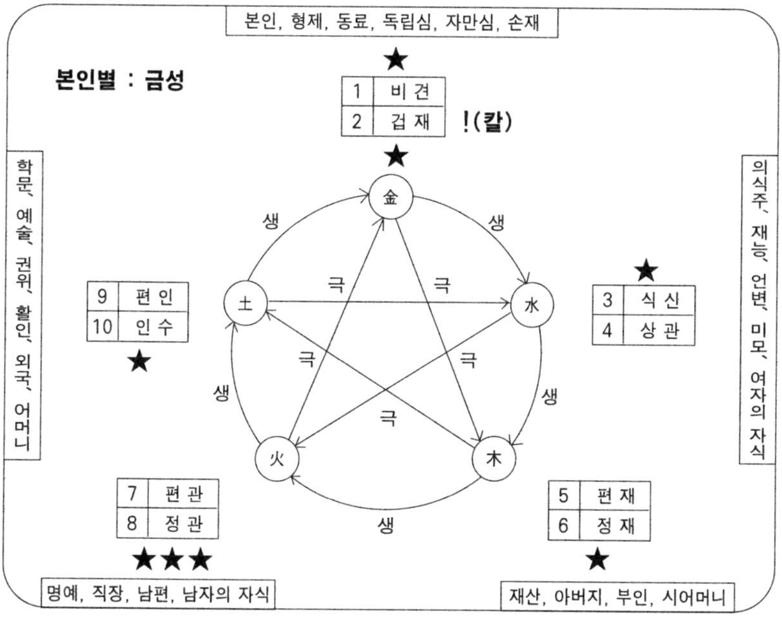

이 분은 대학교를 졸업한 후 텔레비전 방송계통에서 전국적으로 명성을 날린 사람이다. 청와대와 안기부 등의 요직을 거쳐 48세에 국회의원에 당선되었다. 이처럼 이 사람이 명성과 인연이 많은 이유를 살펴보기로 하자.

이 사주에는 명성을 날릴 수 있는 별이 3개나 있다. 8번 정관 밑에 별 3개가 빛나고 있는데 바로 그 밑의 큰 네모칸을 보면 명예에 해당하니 명성과 명예는 타고난 사람이다. 명문고등학교를 다닐 때도 학생회 간부로 이름을 날렸다고 한다.

그리고 이 분은 명장이 보도를 잡고 권세와 위엄이 당당한 형상이다. 위의 그림을 보면 화성은 명예이다. 이는 즉 명장이 되는 것이고, 2번 겁재 오른쪽에 있는 칼(!)은 보도가 된다.

그리고 이 사주에는 사주간명 편에서 언급한 명위록(名位祿)이 있다. 명위록은 명성과 지위를 뜻하는데 이것이 사주에 있으면 매스컴을 타는 사람이 된다. 예전에 갓난아기의 사주를 간명한 적이 있었다. 명위록이 있길래 매스컴을 좀 타겠다고 했더니 태어난 지 얼마 되지 않아 그런 일이 있었다고 한다. 그 아기의 사진이 크게 실린 우유광고가 전국 최다 구독 일간지에 계속 실리고 있었다.

이 분은 더운 계절(양력 6월 30일)에 태어났으니 물(水)이 필요하고 수운(水運)이 길하다. 이 분이 국회의원에 당선된 해는 바로 물(水)이 강해지는 임신(壬申)년이었다. 물(水)은 지혜를 뜻하는데 이 분이 개운하려면 슬기를 발휘해야 한다.

지금 우리 민족은 지역감정을 탈피하지 못하고 쓸데없는 갈등에서 허우적거리고 있다. 민족정통사학을 주장하는 선가(仙家)에서는 우리 민족은 유구한 역사를 지닌 지구내 동방세계의 커다란 한 뿌리 인류라고 한다.

신라의 성인 안함(安含) 스님이 쓴 삼성기(三聖記)와 표훈 대사가 쓴 표훈천사(表訓天詞)를 들어 한인(桓因) 하느님은 B.C. 7797년에 지금의 바이칼호 부근인 천산(天山) 아래에 한국(桓國)을 열었으며, 그후 그의 아들 한웅을 지상에 내려보내 신시(神市)를 열었다고 한다. 한(桓)은 하나, 으뜸, 가장 큰 것 등의 의미를 내포하고, 우주만물을 주재하는 하느님이라고 한다. 한(桓)을 「환」으로 발음하는 것은 조선시대 사대주의자들이 제멋대로 만들어낸 발음법이라고 하며, 동양의 한(漢), 한(韓), 한(汗), 간(干)은 모두 이 한에서 유래되었다고 한다. 그래서 서기 2000년은 한기(桓記) 9797년이고 신시(神市) 5898년이며 단기(檀記) 4333년이라고 한다. 아울러 한국, 신시, 청구, 주신, 대부여, 북부여(고구려)로 내려오는 우리 민족의 정통 선(仙) 사상은 한인, 한웅, 한임검의 천신(天神) 지신(地神), 인신(人神)의 삼신(三神)이 곧 일신(一神)이라는 삼신(三神) 일체 사상에서 나온 것이라고 한다.

생각컨대 분별과 대립은 일시적인 허상에 불과하다. 오늘날의 정치가들은 이러한 민족정통사학을 존중하여 지역갈등의 분별과 대립을 해소해서 민족 대화합을 이룩하는데 앞장서야 할 것이다.

■ 전문가를 위한 코너

① 성별 : 남

② 명식 : 乙酉년 壬午월 庚午일 丁丑시

③ 경과 : 23일 14시간 34분

④ 주권신 :

⑤ 조후 : 壬, 癸

2. 국회의원 Ⅱ

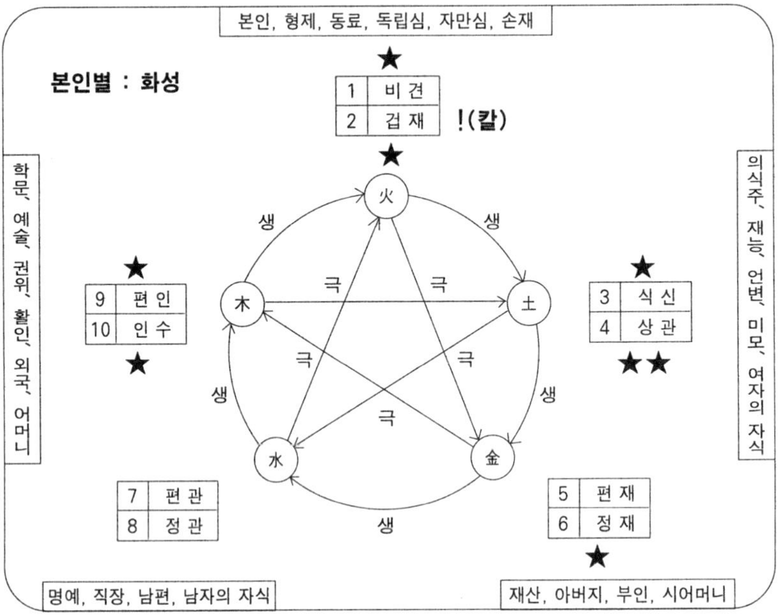

이 분은 법대 출신이 아니면서도 사법시험에 합격한 후 일반행정 계통에 종사했다. 그러나 그것도 시련이 많아 사직하고 한동안 그러저러한 세월을 보냈다. 그러다 경진(庚辰)년인 2000년에 국회의원에 출마하여 당선의 기쁨을 누렸다. 이 사람은 왜 사법시험에 합격하고도 다른 길을 걸었으며 시련을 겪었는가를 살펴보자.

공직으로 출세하려면 우선 명예에 해당하는 관성(7번, 8번)이 뚜렷해야 한다. 대만 장개석 총통도 이 관성이 뚜렷하지 않아 끝내 중국대륙을 다스리지 못한 것이고, 이 사람도 관성이 뚜렷하지 않아 사법시험에 합격하고도 다른 길을 걸었으며 시련을 겪은 것이다.

그러나 관성이 뚜렷하지 않아도 관성(7번, 8번)운이나 이를 뒷받침해주는 재성(5번, 6번)운이 오면 관운(官運)을 누릴 수 있다. 이 사람이 일반행정 계통에서 요직을 지낸 것은 임오(壬午)대운 관성운 때이었고, 국회의원에 당선된 것은 경진(庚辰)년 재성운 때이었다.

이 분이 개운하려면 물(水)과 인연을 맺어야 한다. 국회의원 선거 출마 전에 나는 이 분에게 이 점을 지적하고 해변쪽 지역구를 선택할 것을 권유했다. 앞으로 재선의 영광을 누리려면 지역구에 대한 수재예방책 등 물(水)과 관계 있는 방면에 깊은 노력을 기울여야 할 것이다. 사주 천간에 갑을병정(甲乙丙丁)이 모두 있어 모양새가 돋보이는 만큼 품행이 반듯하면 큰 명성을 누릴 것이다.

■ 전문가를 위한 코너

① 성별 : 남

② 명식 : 乙未년 丙戌월 丁巳일 甲辰시

③ 경과 : 13일 21시간 52분

④ 주권신 : 일지(庚)

⑤ 조후 : 甲, 庚, 戊

3. 국회의원 Ⅲ

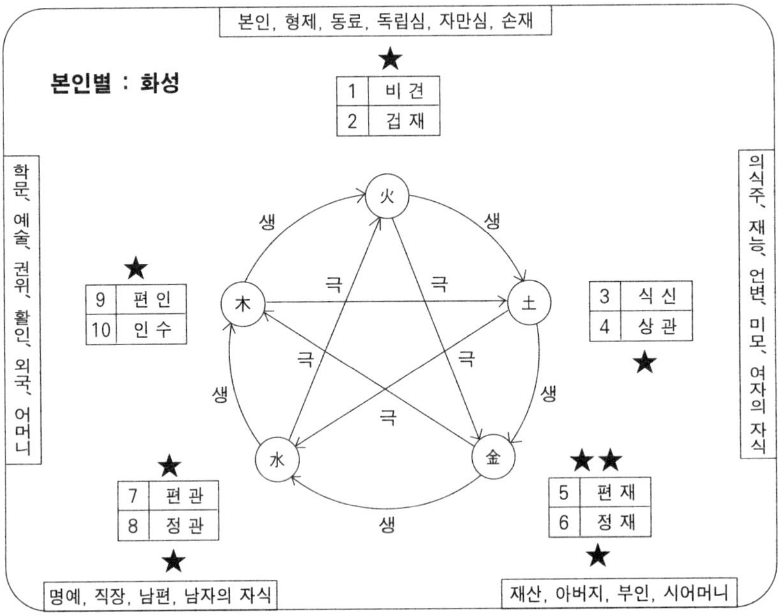

이 분은 우리 나라에 널리 알려졌던 모 광산업 재벌회장의 아들이다. 명문학교를 졸업하고 인품도 훌륭하여 그 그룹의 후계자로 각광받았다.

이 사주는 화성, 토성, 금성, 수성, 목성의 5개의 별이 모두 빛나고 있다. 좋은 사주가 되려면 일단 모든 별이 빠짐없이 있는 것이 좋다. 그런데 이 사주는 재물을 상징하는 재성(5번, 6번)이 특히 강하여 재벌가에서 태어난 것이다.

이 분이 태어난 날은 병신(丙申)일이다. 그러므로 본인별은 앞 글자 병(丙)이다. 이 병(丙)은 화성인 동시에 하늘의 태양이다. 하늘의 태양은 지상의 호수와 어우러질 때 빛이 반조(反照)되어 더욱 아름답고 찬란하다. 명리학에서 임(壬)은 호수를 상징하는데 임(壬)운을 만나면 길하다. 이 분은 49세 때 국회의원에 당선되었는데 그 해가 바로 임신(壬申)년이었다.

그리고 이 분의 아버님은 생전에 어려운 사람들을 위하여 지대한 공덕을 베풀었다. 적선지가(積善之家)에는 필유여경(必有餘慶)이라 했으니 이 분의 앞날에 좋은 일이 많을 것이다.

본인의 사주 역시 명식과 운로가 잘 어우러져 있다. 이 사주는 특히 재성에 해당하는 금성이 밝게 빛나고 있으므로 더욱 조화를 이루려면 운이 수목화(水木火)로 흘러야 기쁜데 본인의 사주가 일생동안 그러한 흐름을 타고 있으니 참으로 아름답다.

■ 전문가를 위한 코너

① 성별 : 남

② 명식 : 甲申년 癸酉월 丙申일 己亥시

③ 경과 : 21일 18시간 34분

④ 주권신 :

⑤ 조후 : 壬, 癸

4. 국회의원 부인

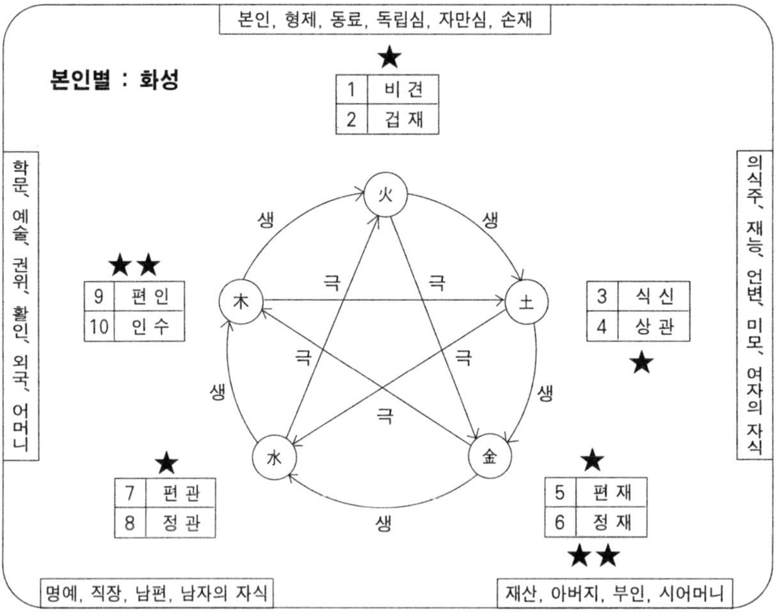

이 분은 바로 앞에 나온 국회의원의 부인이고, 아버지는 장관 위에 군림하던 유명한 고관이었다.

이 사주도 화성, 토성, 금성, 수성, 목성의 5개의 별이 모두 빛나고 있다. 좋은 사주가 되려면 우선 모든 별이 빠짐없이 있는 것이 좋다고 했다. 특이한 것은 사주의 모습이 남편의 경우와 흡사하다는 것이다. 본인별이 화성이고 다른 별을 모두 갖추고 있다. 그리고 재물을 상징하는 재성(5번, 6번)이 특히 강한 점도 같다. 남편과는 천생연분으로 재벌가의 며느리가 된 것이다.

이 사주에서는 수성(7번, 8번)이 남편이다. 8번 정관이 남편에 해당하지만 정관 대신 편관이 있으면 이 편관을 남편으로 본다. 어쨌든 이 사주에서는 수성이 강해지는 시점에 남편이 출세하여 명예를 날리게 된다. 이 분의 남편은 임신(壬申)년에 국회의원으로 당선되었다. 이 임신(壬申)년은 바로 수성이 강해지는 때이다. 임(壬)은 바로 수(水)가 아닌가.

이 분은 정사(丁巳)일에 태어났으니 본인별은 정(丁)인데 이는 어둠을 밝혀주는 등대불이다. 가정에서는 현모양처이고 사회적으로는 천사의 역할을 하고 있다. 이 등대불을 더욱 밝히기 위해서는 나무(木) 즉, 갑(甲)이 필요하다. 큰 숲 속에서 산림욕으로 정기를 얻고, 잣이나 산수유같은 열매를 상식하면 좋을 것이다.

■ 전문가를 위한 코너

① 성별 : 여

② 명식 : 乙酉년 庚辰월 丁巳일 癸卯시

③ 경과 : 12일 17시간 38분

④ 주권신 : 일지(庚)

⑤ 조후 : 甲, 庚

9장. 매화마을 사람들

하늘의 기틀은 이루 헤아릴 수가 없다.
눌러서 펴고 펴서는 눌리니
이 모두가 영웅을 장난감처럼 주무르고
호걸을 엎어지고 고꾸라지게 만든다.
그러나 군자는 천운(天運)이 역(逆)으로 오면 순(順)으로 받고
편안할 때는 위태로움을 생각하는지라
하늘도 재주를 부릴 수가 없다.

1. 결혼을 세 번 실패한 여인

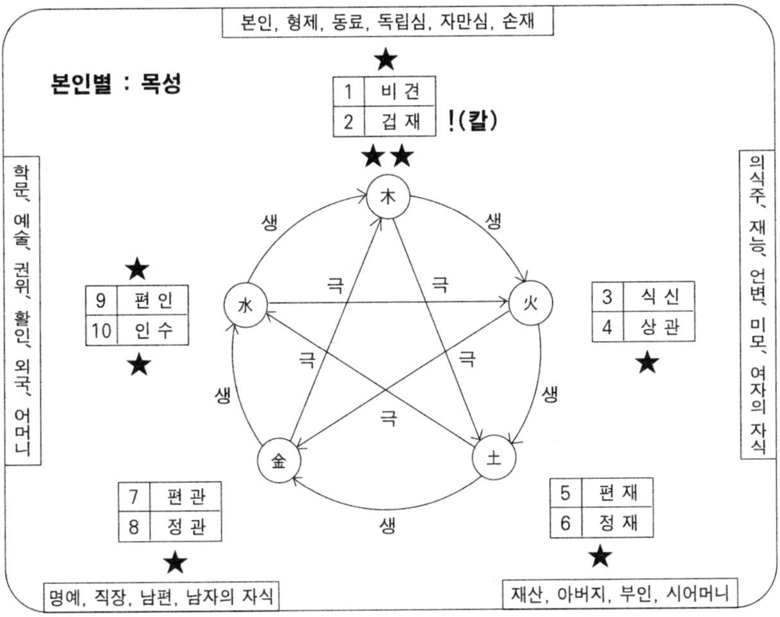

이 여인은 결혼을 세 번이나 했으나 모두 실패했다. 첫 남편은 폐병으로 사망했고, 두 번째 결혼은 자식이 있는 의사와 결혼했는데 자식출산을 염려하여 자궁을 들어내어 임신을 불가능하게 만들어 놓고는 그도 역시 사망했다. 그후 전처 자식들이 다른 남자한테 시집을 보내주었다. 세 번째 남편은 공무원이었는데 그의 자식들이 아버지가 죽은 후 새어머니가 연금수급권자가 될까봐 강제로 분리시켜 버렸다. 그 결과 결혼을 세 번이나 했으나 자기 자식은 한 명도 없다.

얼핏보기에 이 분은 목성, 화성, 토성, 금성, 수성을 적당하게 갖추고 있으니 물레방아처럼 잘 돌아가 일생이 매우 행복할 것 같다. 그러나 그렇지 못했다. 그 원인이 무엇일까.

이 사주를 보면 을축(乙丑)시에 태어났으니 축(丑)이 「남편의 무덤」에 해당한다. 이렇게 되면 원앙새가 따로 따로 날아가는 형상이 되어 화목한 가정을 이루기 어렵고 부부가 해로하기 어렵다. 따라서 이 여인은 일단 남편과는 인연이 없다. 그런데 「남편의 무덤」이 합(合)을 만나면 더욱 좋지 않다. 왜냐하면 무덤 위에 흙을 더 덮어 남편의 죽음을 굳게 확인해주는 형상이 되기 때문이다. 그러면 이 여인의 사주를 정밀하게 분석해보자.

구분	천 간	지 지
년	① 丁(상관 : 자식, 자궁)	② 卯(칼)
월	③ 辛(정관 : 남편)	④ 亥
일	⑤ 甲(본인별)	⑥ 子
시	⑦ 乙	⑧ 丑(「남편의 무덤」)

위의 표에서 ①번 정(丁)은 상관이니 여자에게는 자식과 자궁에 해당하고, ②번 묘(卯)는 칼이다. ③번 신(辛)은 정관이니 여자에게는 남편에 해당하고, ⑤번 갑(甲)은 본인별이며, ⑧번 축(丑)은 「남편의 무덤」이다.

1. ⑧번에 있는 「남편의 무덤」인 축(丑)이 그 위에 있는 ⑥번과 자축합(子丑合)된다.(첫 번째 남편 사망)
2. ⑧번은 여기서 그치지 않고 ⑥번 ④번과 어울려 해자축합(亥子丑合)이 된다.(두 번째 남편 사망)
3. 이상으로 「남편의 무덤」이 합(合)되는 것은 끝났다. 다시 말해 남편 두 명이 죽는 것으로 끝났다.

4. 그런데 ④번과 ②번이 또 해묘합(亥卯合)이 된다. 이것은 세 번째 결혼을 의미한다. 사주에 합(合)이 많으면 인생유전이 심하다.
5. 그러면 ③번인 세 번째 남편은 무사한가. 세 번째 남편은 신(辛)인데 금(金)에 해당한다. 그런데 그 바로 위에 ①번 정(丁)이 있다. 이 정(丁)은 화(火)에 해당한다. 아울러 정(丁)은 자식에 해당한다. 그러므로 세 번째 남편은 자식에게 녹아버리는 형상이 되어 세 번째 남편도 자식에 의하여 분리되는 변을 겪었다.
6. 이 여인이 자궁수술을 받은 것은 ①번인 자신의 자궁 밑에 ②번인 칼이 있기 때문이다.
7. 그리고 ④번 ⑥번 ⑧번의 해자축합(亥子丑合)은 큰 물(水)을 뜻하는데, 큰 물(水)은 불(火)을 꺼버리므로 이 여인은 불(火)과는 인연이 없다. 그런데 이 사주에서 불(火)은 자식에 해당하므로 이 여인은 친자식이 없는 것이다.

이 여인은 이와 같은 설명을 듣고는 지금껏 살아온 것이 모두 자신의 운명이라고 생각하고 나를 찾아올 당시의 죽을 마음을 버리고 앞날에 대한 희망으로 웃으며 돌아갔다.

■ 전문가를 위한 코너

① 성별 : 여

② 명식 : 丁卯년 辛亥월 甲子일 乙丑시

③ 경과 : 17일 7시간 33분

④ 주권신 :

⑤ 조후 : 庚, 丁, 丙, 戊

2. 물과 깊은 인연을 맺은 나

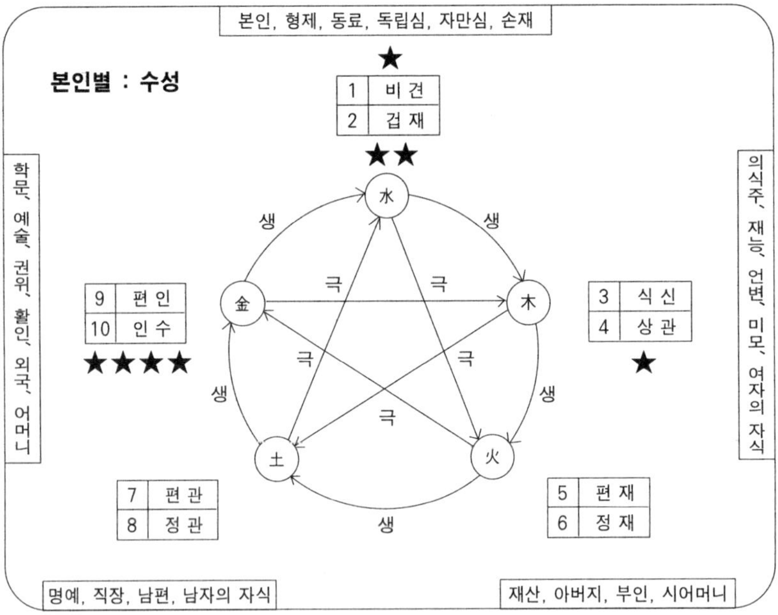

나는 어렸을 때 할머니를 따라 깊은 냇가에 자주갔다. 할머니께서는 정성들여 만들어오신 백설기를 물고기들한테 던져주시면서 물 속의 용왕님께 기도를 드렸다. 나와 아버님이 잘 되라고 촛불을 켜놓고 지극정성으로 축원드리시던 그 모습이 새롭다. 나와 아버님을 물 속의 용왕님께 맡기셨다고 했다. 그래서 나는 자라면서부터 물(水)과 인연을 맺기 시작했다.

나는 경북 문경에서 태어났다. 자그마한 산골마을 출신이다. 그곳에서 초등학교와 중학교를 졸업했다. 그런데 산골마을 출신이 난데없이 물이 많은 항구도시인 부산의 고등학교에 진학했다. 이것 역시 물과의 큰 인연이다.

대학은 법대를 갔다. 법이란 무엇인가. 법(法)은 물수(水)와 갈거(去)의 합으로 물이 흘러간다는 뜻이다. 모든 일을 물흐르듯 순리대로 처리하고 수평을 이루어 사물의 참된 모습을 나타낸다는 의미이다. 이 또한 물과의 인연이다.

대학을 졸업하고 맥주회사에 들어가 10년을 보냈다. 그 당시 여러 회사들이 활기를 띠었는데 나는 결국 물과 인연을 맺어 물바다 하이트맥주로 갔다. 그후 직장을 옮겨 공무원연금관리공단으로 갔는데 거기서도 물과 인연을 맺어 수안보온천 지역의 일을 맡아 또 10년을 보냈다. 퇴직 후에는 마포(마포는 포구이고 물이다)에서 명리학연구원을 개설하였다. 명리학은 자평학(子平學)이니 이것도 물이다.

나는 죽으면 화장을 하여 깊은 바다에 뿌려주길 원한다. 그러면 나는 왜 이렇게 물과 인연이 깊은 것일까. 나의 본인별은 수성이고 3개나 되어 그 자체로도 강한데 이 수성을 금성 4개가 도와주고 있으니 온통 물천지를 이루었다. 그리하여 나는 평생 물과 깊은 인연을 맺고 살아왔다.

■ 전문가를 위한 코너

① 성별 : 남

② 명식 : 甲申년 壬申월 癸亥일 庚申시

③ 경과 : 19일 14시간 41분

④ 주권신 :

⑤ 조후 : 丁

⑥ 기타 : 이 사주는 인수격(印綬格), 삼기성상격(三氣成象格), 전인합록격(專印合祿格)에 해당한다.

3. 평지풍파를 일으킨 여인

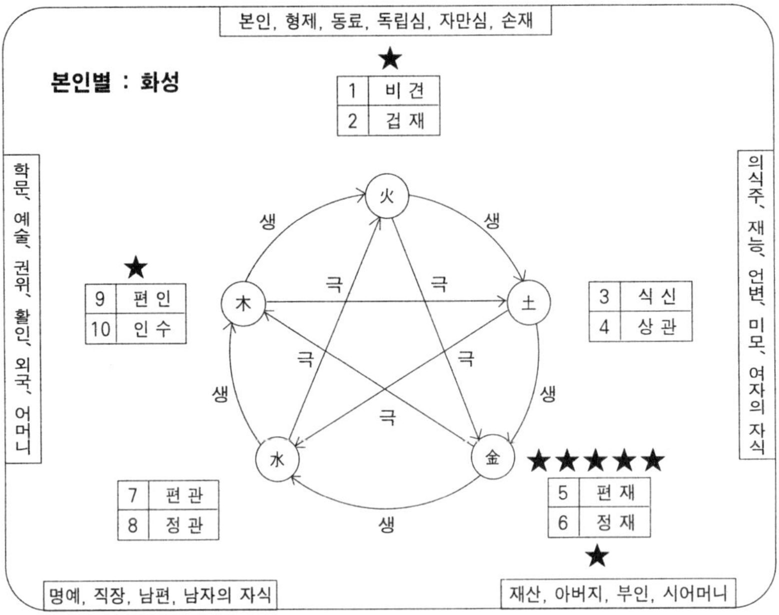

이 사주는 모양이 참으로 특이하다. 금성(5번, 6번)이 모두 6개나 되어 사주의 모든 기가 금성쪽으로 집중되어 있다. 이런 경우에는 어떤 현상이 벌어질까.

금성(5번, 6번) 밑의 큰 네모칸을 보면 재산, 아버지, 시어머니 등으로 되어 있다. 이런 것들이 너무 많은 형상인데 이것은 본인에게 좋은 인연일까 나쁜 인연일까. 무엇이든지 지나치게 많으면 소유할 수가 없기 때문에 나쁜 인연이 된다. 이 분은 돈 때문에 문제가 생겼다. 남에게 돈을 빌려주었다가 잘못되어 금운(金運)인 갑신(甲申)대운과 을유(乙酉)대운에 걸쳐 평지풍파가 일어났다. 을유(乙酉)대운 중에 남편과 자식 여섯을 두고 객지로 떠나 지금껏 홀로 지낸다.

이 분은 아버지와도 인연이 없어 19세 때 아버지를 잃는 슬픔을 겪었다. 그러나 이 분의 사주에는 화개(華蓋)와 천문(天門)이 들어 있다. 화개는 종교와 인연이 있고, 천문은 어느 한 방면에 통달한다. 따라서 신앙심이 깊었고 항상 자식들이 잘 되길 축원하였다. 이 분의 자식들은 법조인도 되고 공직자도 되어 그 지방에서 명문가가 되었다.

어쨌든 사주에서 어느 한 가지 기가 너무 강하면 좋지 않다. 이런 경우에는 강한 기를 빼주어야 한다. 여기서는 강한 금기(金氣)를 빼줄 수 있는 수운(水運)이 길하다.

이 분은 현재 76세인데 88세까지는 수운(水運)이라 좋지만 더욱 개운하려면 과거의 혼둔에서 벗어나 항상 명경지수와 같은 수(水)의 마음으로 살아가는 것이 필요하다.

■ 전문가를 위한 코너

① 성별 : 여

② 명식 : 乙丑년 辛巳월 丁酉일 庚戌시

③ 경과 : 7일 10시간 12분

④ 주권신 : 년지(癸) 월지(庚) 일지(庚) 시지(辛)

⑤ 조후 : 甲, 庚

⑥ 기타 : 주권신은 위와 같으나 사유축삼합(巳酉丑三合)이 되어 신금(辛金)이 강해지진다. 그러나 종재격(從財格)은 아니다. 왜냐하면 금운(金運)에 나빴기 때문이다.

4. 여승

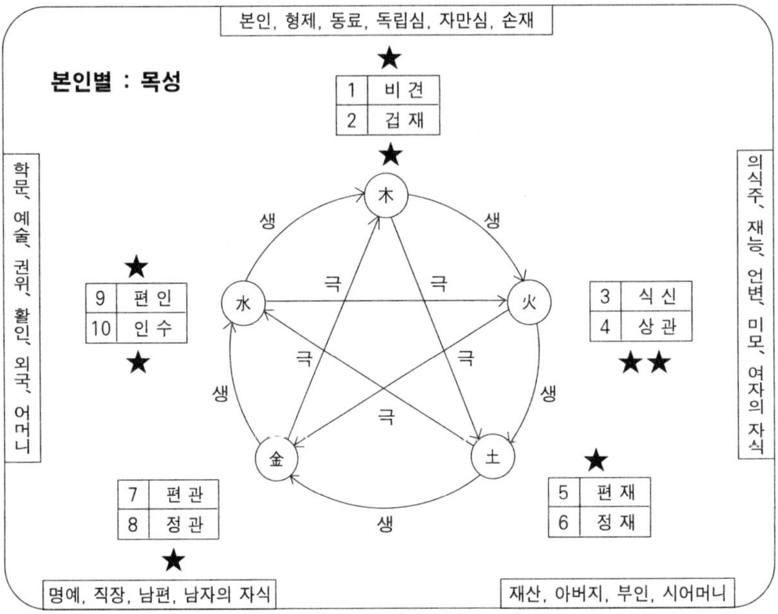

이 여인은 부유한 집안에서 태어났으나 어머니가 계에 실패하여 가세가 몰락하는 바람에 평소에는 상대하지도 않던 시골총각과 결혼했다. 그곳으로 시집가면 의식걱정은 하지 않아도 되었기 때문이다. 그런데 이 여인의 남편은 아내와는 너무 다른 환경에서 성장한지라 의견이 맞지 않았다. 남편은 결국 다른 살림을 차렸다가 두 사람은 이혼했다. 이혼한 뒤 아들과 딸은 모두 이 여인이 맡아서 키웠다. 평생 돈 때문에 고생하다 나중에는 죄를 저지르고 감옥까지 다녀왔다. 그후 세상이 싫어져 64세에 머리를 깎고 스님이 되었다고 한다.

여기서 이 여인은 왜 남편과 인연이 없는지 살펴보자. 진(辰), 술(戌) 축(丑), 미(未)는 모두 토(土)에 속한다. 이 네 글자를 무덤 또는 창고라고도 한다. 그것이 어떤 무덤이고 어떤 창고인지를 살펴보자. 결론만 이야기하면 이 여인은 을축(乙丑)일에 태어났는데 그중 축(丑)은 남편의 무덤에 해당한다. 사주에 남편의 무덤이 있으면 원앙새가 각각 따로 따로 날아간다 하여 부부의 인연이 크지 않다.

이 여인은 왜 머리를 깎고 스님이 되었을까. 이 사주에는 수성(9번, 10번)이 2개나 빛나고 있다. 그 왼쪽 큰 네모칸을 보면 활인(活人)이라는 것이 있는데 이것은 중생제도 즉, 종교와의 인연을 말한다. 이 여인이 머리를 깎고 스님이 된 것은 64세 때인데 이때는 수성(9번, 10번)이 더 강해지는 계미(癸未)대운이 시작되는 해이었다.

스스로 모든 욕망을 벗고 종교의 길로 들어섰으니 노년이 행복할 것이다. 하늘인들 마음을 비운 사람에게는 어찌할 도리가 있겠는가.

■ 전문가를 위한 코너

① 성별 : 여

② 명식 : 丙子년 庚寅월 乙丑일 己卯시

③ 경과 : 7일 22시간 0분

④ 주권신 : 년지(壬) 월지(丙) 일지(癸) 시지(甲)

⑤ 조후 : 丙, 癸

5. 50이 넘어 자식들을 데리고 이혼한 여인

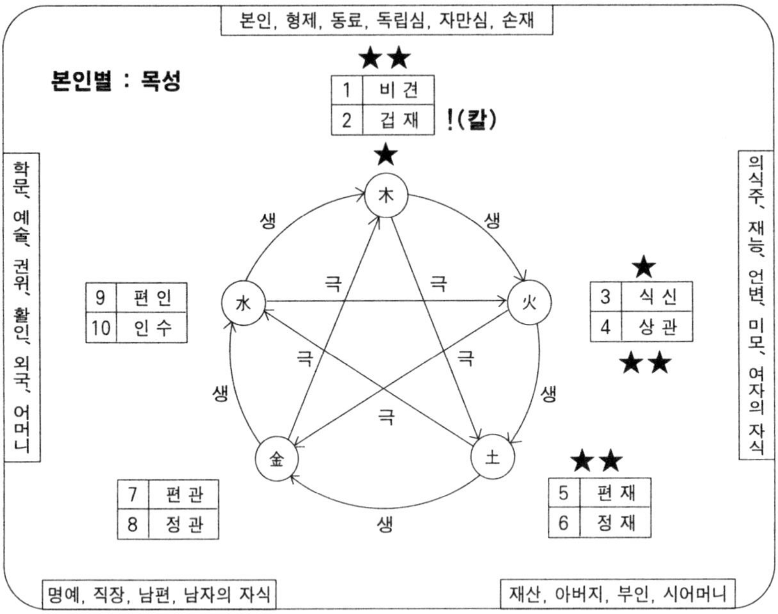

이 여인은 두뇌가 우수하고 언변과 용모도 뛰어나다. 사주에서 화성(3번, 4번)이 3개나 빛나고 있으니 당연한 일이다. 화성은 그 오른쪽에 있는 큰 네모칸의 재능, 언변, 미모 등과 인연이 있다.

이 여인은 머리가 좋아서인지 54세 기묘(己卯)년에 말 한마디로 남편을 꼼짝하지 못하게 만들어 놓고는 협의이혼 절차를 밟아 남편과 재산 반분등기를 끝낸 채 다큰 자식들을 모두 데리고 서울로 떠났다. 주위에서 남편한테 아무 잘못도 없이 왜 그렇게 당했느냐고 물었더니, 싸우는 것이 망신스러워 그렇게 했다고 하더라는 것이다. 요즘 세상은 부부가 그렇게도 쉽게 헤어지는 것인가. 그리고 다 큰 자식들은 부모 어느 한 편에만 치우쳐도 좋은 것인가.

이 여인은 갑술(甲戌)일 정묘(丁卯)시에 태어났다. 일(日)은 본인 기둥으로 보고 시(時)는 자식 기둥으로 본다. 이 두 기둥이 합(合)되면 자식과의 사이가 좋다. 이 사주에서는 이 두 기둥이 묘술합(卯戌合)을 이루고 있기 때문에 이혼을 하면서도 자식들을 모두 데리고 간 것이다.

이 여인이 이혼한 해는 기묘(己卯)년이다. 기묘(己卯)에서 묘(卯)는 칼에 해당하는데 이 사주에는 원래부터 칼이 들어 있었으니 기묘(己卯)년에 칼이 더욱 강해진다. 더욱 강해진 칼이 본인별(甲) 바로 옆에 있는 술(戌)인 부궁(夫宮)을 묘술합(卯戌合)으로 덮쳐버렸다. 본인별의 바로 옆자리는 배우자궁으로 본다.

이 사주는 목(木), 화(火), 토(土) 위주로 구성되어 있어 덥고 건조하다. 그러나 나름대로 상생관계를 이어나가고 있으니 그 흐름에 순응하는 것이 좋다. 따라서 이 여인이 개운하려면 말솜씨가 필요한 의식주(火) 사업으로 신용(土)을 쌓아가는 것이 좋다. 이 여인은 기축(己丑)대운 이후에 좋아졌는데 지금은 단추상회를 운영하며 성업 중이다.

■ 전문가를 위한 코너

① 성별 : 여

② 명식 : 丙戌년 甲午월 甲戌일 丁卯시

③ 경과 : 22일 13시간 41분

④ 주권신 :

⑤ 조후 : 癸, 庚, 丁

6. 남편을 상대로 친자확인소송을 낸 여인

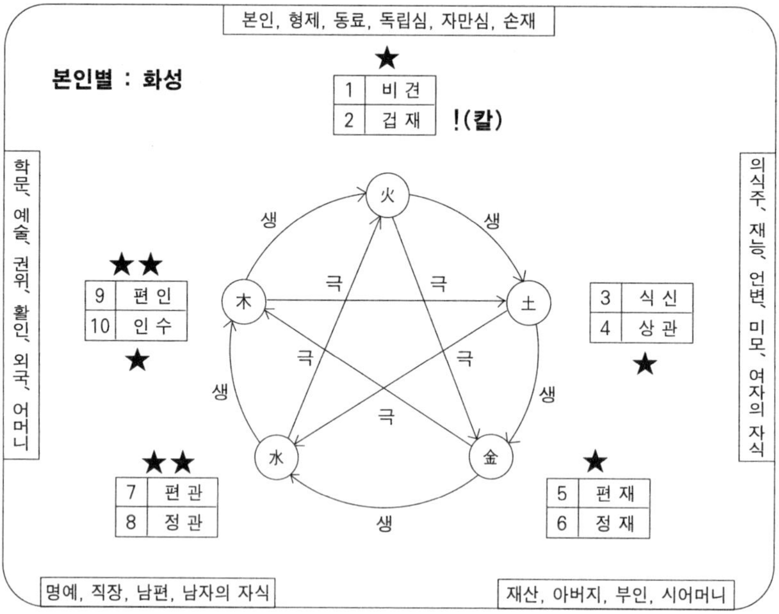

이 여인은 결혼한 지 3년 후에 무단가출을 했다. 물론 자식도 있었다. 이혼수속없이 떠난 상태라 아직도 호적정리가 되지 않았다. 이 여인의 남편은 문제가 많은 사람이었는데 결혼할 당시에는 그런 면을 파악하지 못하여 경솔한 결혼을 했다고 한다.

이 여인은 35세 때 한 유부남을 만나 아기까지 낳았다. 그러나 그의 부인에게 협박을 당하여 더 이상 가까이 지낼 수가 없었다. 결국은 돈 한푼 못받고 그와도 헤어졌다. 그러나 그의 자식을 기르고 있었기 때문에 양육비청구소송을 제기했더니 자신의 자식이 아니라고 하는 것이었다. 할 수 없이 친자확인소송을 제기하여 승소한 후 약간의 생활비를 받아냈다.

이 여인은 정미(丁未)일에 태어났으니 정(丁)은 본인별이 되고, 미(未)는 배우자궁이 되는데 미(未)는 칼에 해당한다. 부부궁에 칼이 있으니 남편과 인연이 없는 것이다.

진술축미(辰戌丑未)는 모두 토(土)에 해당하니 모두 무덤이요 창고가 된다. 어떤 무덤이고 어떤 창고인 지를 살펴보아야 한다. 결론만 이야기하면 이 여인은 갑진(甲辰)시에 태어났다. 진(辰)은 「남편의 무덤」에 해당한다. 사주에 「남편의 무덤」이 있으면 원앙새가 각각 따로 따로 날아가는 형상이 되어 부부의 인연이 크지 않다. 그리하여 이 여인은 남편과 인연이 없었다.

이 여인은 추운 겨울철(양력 1월)에 태어났으니 화기(火氣)가 필요하다. 그러자면 도끼(庚)로 통나무(甲)를 잘라 불꽃을 일으켜야 하는데 사주에 도끼가 없다. 도끼는 정재(6번)에 해당하니 정재가 뜻하는 정직과 성실, 알뜰한 저축으로 살아가는 것이 상책이다.

■ 전문가를 위한 코너

① 성별 : 여

② 명식 : 戊子년 乙丑월 丁未일 甲辰시

③ 경과 : 11일 7시간 48분

④ 주권신 : 월지(辛) 일지(乙) 시지(癸)

⑤ 조후 : 甲, 庚

10장. 기업인의 사주

천지의 기운은 따뜻하면 낳아서 기르고

차가우면 시들어 죽게 한다.

그러므로 성질이 맑고 차가운 사람은

받아서 누리는 것도 박할 것이니

오직 화기(和氣) 있고 마음이 따뜻한 사람이라야

복이 두텁고 은택(恩澤)이 오래 가는 것이다.

1. 대한민국 최대재벌 총수

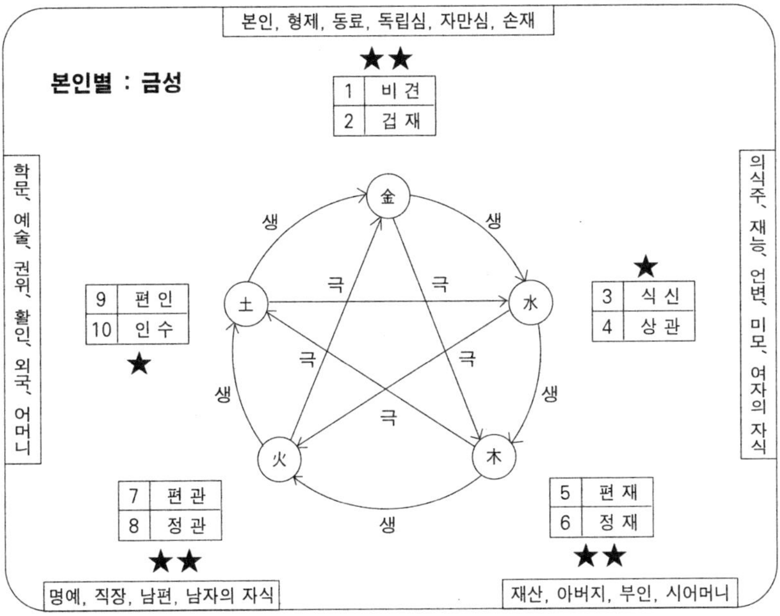

이 분은 가난한 농촌에서 태어나 부친을 따라 농사일을 하면서 어린시절을 보냈다. 차츰 나이가 들면서 원대한 꿈을 갖게 된다. 좀더 큰 세상으로 진출하고 싶어 가출시도 네 번 만에 고향을 떠난다. 그 때 자금밑천은 자기집 소 한 마리를 판 돈이었다. 그로부터 몇 십년 후에는 대한민국 최대 재벌총수가 되었다. 그러나 나이가 들어서도 자기집의 큰 재산에 해당했던 소 한 마리를 판 것에 대한 부담감은 지울 수가 없었다. 하여 소 천 마리를 더 얹어 분단 조국 저 편에 있는 고향인 북한땅으로 그 소들을 몰고 갔다. 이 분이 살아온 인생행로는 참으로 기발한 아이디어의 연속이었고, 늘 가슴 속에는 소 한 마리를 잊지 못할 정도로 혼자만의 눈물을 지니고 있었던 것이다.

이 사주를 살펴보면 모든 별들을 골고루 갖추고 있다. 그리고 각 별들은 어느 한 쪽으로 과다하게 치우쳐 있지 않고, 아래 위로 혼란스럽게 배치되어 있지도 않다. 뛰어난 오행주류격(五行周流格)에 해당하여 대부대귀할 수 있는 사주이다. 그러면 이 분의 사주 모양새는 어떠할까.

	천간	지지
년	木	木
월	火	水
일	㊎(본인별)	金
시	火	土

본인별 밑에 있는 화(火)는 그 오른쪽 옆의 토(土)를 생하고, 토(土)는 그 위로 올라가 금(金)을 생하여 큰 흐름이 본인별까지 이루어지고 있다. 사주의 기가 참으로 멋있게 흐르고 있지 아니한가. 거대한 낡은 선박을 이용하여 바닷물을 가로막고 옥토를 조성한 기발한 아이디어도 이 사주가 간직한 기의 멋진 흐름 때문이다.

이 분은 추운 겨울철(양력 11월 25일)에 태어났으니 화운(火運)을 만나면 크게 발전할 수 있다. 이 분에게는 36세 이후 30년간이 화운(火運)이고 그 기간 동안에 큰 발전을 했다.

그러면 이 분과 그토록 인연이 깊은 소 한 마리는 사주의 어디에 있을까. 이 분은 을묘(乙卯)년 정해(丁亥)월 경신(庚申)일 정축(丁丑)시에 태어났는데, 정축(丁丑)시의 축(丑)이 바로 그 한 마리의 소에 해당한다. 사주라는 것이 이처럼 신비롭고 오묘한 것이다.

사주는 그 모습이 분명한 것이 좋은데 이 분의 사주 역시 분명하다. 본인별 금성이 인접한 비견의 도움을 받고 있는데 축(丑)에 해당하는 인수가 또 금성을 도와주고 있으니 일단은 본인별이 밝다. 거기에 화(火)가 처음부터 끝까지 순환상생으로 멋지게 이어져 본인별인 금(金)을 적당하게 제련시켜 좋은 기물로 만들어주고 있다. 이 화(火)는 중동의 뜨거운 사막에서의 건설사업 등을 뜻하기도 한다.

그리고 이 분의 사주는 길성으로만 배치되어 있다. 길성과 흉성의 구별은 상황에 따라 상대적이지만 이 사주는 모든 별들이 적당하게 균형을 이루고 있어 비견, 식신, 정재, 정관, 인수를 순수한 길성으로 본다.

본인별과 음양의 조화를 이루는 별을 길성이라 하는데 깡패같은 편관을 제압하는 식신은 길성으로 보고, 본인별과 동성인 별을 흉성이라 하는데 명예에 해당하는 정관을 후려치는 상관은 흉성으로 본다. 그리고 비견은 동성으로서 본인별을 크게 도와주니 길성으로 보고, 겁재는 이성 동료로 재물을 겁탈한다 하여 흉성으로 본다.

■ 전문가를 위한 코너

① 성별 : 남

② 명식 : 乙卯년 丁亥월 庚申일 丁丑시

③ 경과 : 16일 5시간 32분

④ 주권신 :

⑤ 조후 : 丁, 丙

⑥ 기타 : 이 사주명식은 세간에 알려져 있는 자료를 채택한 것이다.

2. 대기업 사장 Ⅰ

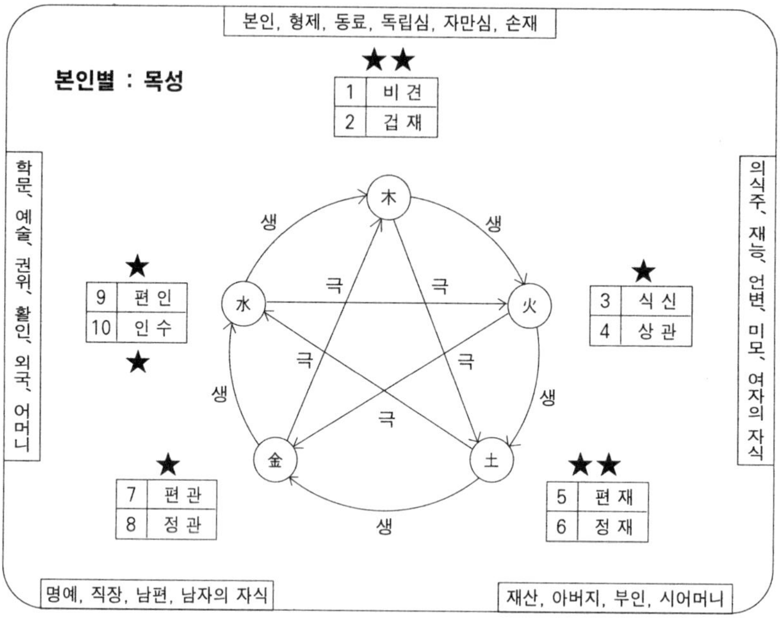

이 분은 대학교를 졸업한 후 은행에 들어갔다가 그후 우리 나라에서 손꼽히는 대기업으로 자리를 옮겨 그곳에서 다년간 사장직을 역임한 사람이다. 이 사람의 사주 역시 목성이 2개, 화성이 1개, 토성이 2개, 금성이 1개, 수성이 2개로 별들이 고르게 잘 배치되어 빛나고 있다. 이런 사주를 오행주류격(五行周流格) 사주라 한다. 오상(五常 : 仁, 義, 禮, 智, 信)을 모두 갖추고 있으니 인격이 원만하고 평생 복덕이 후하다.

이 분은 특히 외국과 관련있는 사업과 인연이 많다. 이것은 이 사람이 임자(壬子)월에 태어나 편인격에 해당하기 때문이다. 위의 그림에서 편인(9번)의 왼쪽에 있는 큰 네모칸을 보면 외국이 들어 있다.

사주를 간명할 때는 어느 달에 태어났느냐를 매우 중요하게 다룬다. 그러나 이 사주에도 아쉬운 점이 있으니 살펴보기로 하자.

	천간		지지
년	丁 (식신)	합	丑
월	壬 (인수)		子
일	乙 (본인별)		酉
시	己		卯

명리학에서는 식신과 인수를 길성(吉星)으로 보는데, 이 사주는 길성들이 정임합(丁壬合)을 이루어 연애에 빠져 있으니 자신의 본분을 망각하고 있다. 따라서 더 크게 발전할 수 있었으나 IMF 때 그룹전체가 몰락하는 바람에 낙마하고 말았다.

■ 전문가를 위한 코너

① 성별 : 남

② 명식 : 丁丑년 壬子월 乙酉일 己卯시

③ 경과 : 16일 9시간 3분

④ 주권신 :

⑤ 조후 : 丙

3. 대기업 사장 Ⅱ

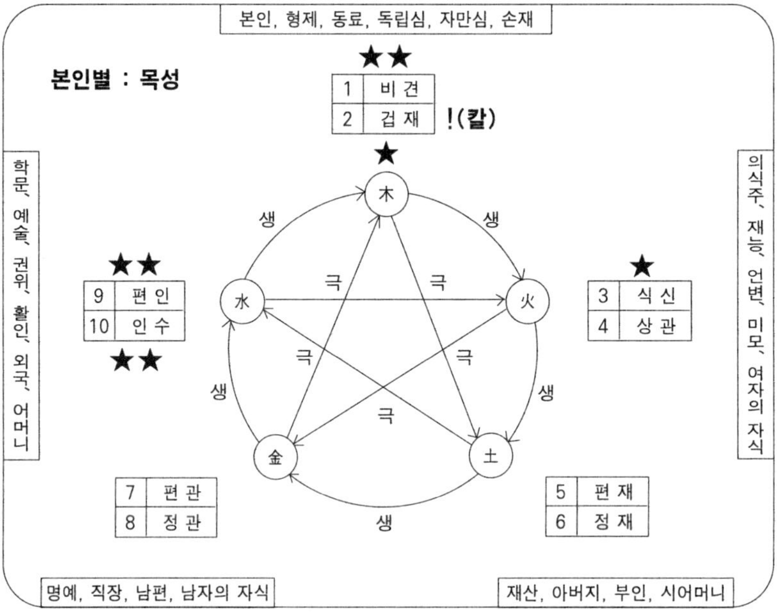

이 분은 대학교를 졸업하고 제2금융권과 인연을 맺었다가 대기업으로 옮겨 지금은 거기서 유능한 사장으로 크게 활약 중이다.

이 사주를 살펴보면 물이 나무를 자라게 해주고, 그 나무는 자라서 꽃을 피우는 형상이다. 이런 사주는 목화통명(木火通明)이라 하여 귀격사주로 본다. 그리고 이러한 사주를 가진 사람은 총명하다.

그런데 이 사주는 꽃(火 : 3번, 4번)이 좀더 만발했으면 싶은데 그러려면 따뜻한 화운(火運)이 좋고, 지나치게 왕성한 물(水)과 나무(木)를 적당히 제압하는 운도 좋다. 이 사주는 대운이 그렇게 잘 흐르고 있다.

그리고 사주에 물이 많으면 물은 지혜를 뜻하기 때문에 학문과 인연이 깊다. 이 분은 사장직을 수행하면서도 여유만 있으면 독서에 열중하고 명리학에도 깊은 경지를 지니고 있다.

이 사주에는 형제궁에 칼이 들어 있다. 태어난 달을 형제궁이나 부모궁으로 보는데, 이 분은 계묘(癸卯)월생이고 묘(卯)는 칼이 된다. 따라서 형제 한 명이 일찍 사망했다.

사주는 결국 천간에 의해서 판단된다. 왜냐하면 지지에서도 주권신과 나머지 지장간을 활용하기 때문이다. 그러면 각 천간이 의미하는 본래의 뜻은 무엇일까. 갑(甲)은 솟아오르는 기상이요, 을(乙)은 그 결과 나타난 형질(形質)이다. 병(丙)은 이상이요, 정(丁)은 구체적인 도전이다. 무(戊)는 중화지기(中和之氣)요, 기(己)는 성취의 기쁨이다. 경(庚)은 마무리하려는 기상이요, 신(辛)은 그 구체적인 결실이다. 임(壬)은 정신적인 승화요, 계(癸)는 새로운 생동의 물결이다. 인생도 그렇게 윤회한다.

■ 전문가를 위한 코너

① 성별 : 남

② 명식 : 壬午년 癸卯월 甲子일 乙丑시

③ 경과 : 5일 12시간 20분

④ 주권신 : 년지(丙) 월지(甲) 일지(壬) 시지(癸)

⑤ 조후 : 庚, 戊, 己, 丙, 丁

4. 그룹 후계자

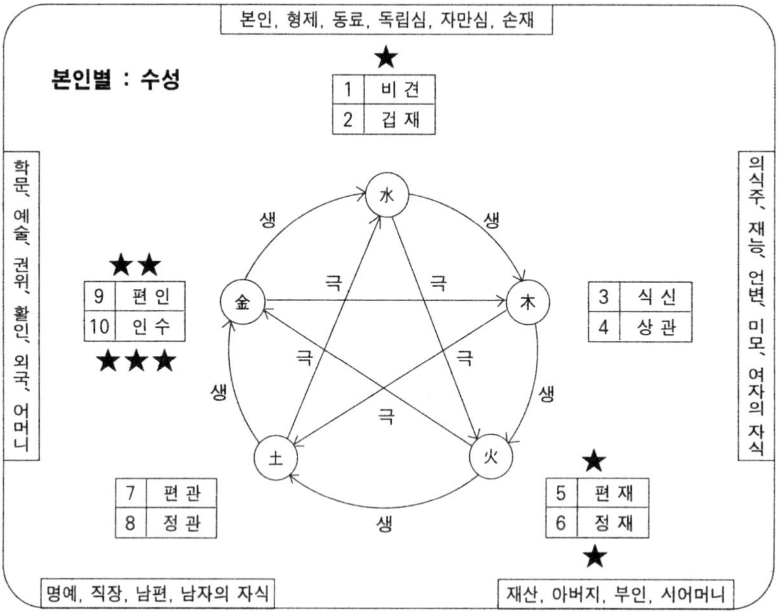

이 분은 우리 나라 명문재벌가에서 태어나 연로하신 아버님을 대신하여 그룹을 총괄하고 있는 사람이다. 원래 형님이 그룹의 후계자였는데 일찍 돌아가시는 바람에 이 사람이 후계자가 되었다.

이 사주의 특징은 금성(9번, 10번)이 매우 강하다는 것이다. 금성은 편인(9번)과 인수(10번)에 해당하고, 편인과 인수는 그 왼쪽 큰 네모칸의 학문과 인연이 있다. 학문이 뜻하는 것은 순수학문, 실천학문, 학문과 연관된 종이사업, 문방구업, 출판업, 보험업 등이다. 보험업은 원래 인지(人紙) 사업이라고도 하는데 사람과 종이를 많이 필요로 하기 때문이다. 그리하여 이 분은 우리 나라에서 손꼽히는 보험회사까지 총괄하였다. 이 분의 사주 모양새를 살펴보자.

	천간		지지(주권신)
년	火	ⓒ火	金 (辛)
월	火	ⓒ火	金 (庚)
일	水		金 (庚)
시	金		金 (庚)

사주의 모양새가 마치 한 마리의 용이 연속적으로 불을 뿜어내고 있는 형상이다. 금(金)은 수(水)를 생하고 발전하니 위와 같은 형상이 되는 것이다. 그리고 이 용이 뿜어내고 있는 불은 화성(5번, 6번)이다. 이것은 그 밑의 큰 네모칸을 보면 재산에 해당한다. 기업을 경영하는 사람은 당연히 재(財)를 뿜어내는 용이 되어야 할 것이 아니겠는가.

■ 전문가를 위한 코너

① 성별 : 남

② 명식 : 丙戌년 丁酉월 癸巳일 辛酉시

③ 경과 : 8일 3시간 2분

④ 주권신 : 년지(辛) 월지(庚) 일지(庚) 시지(庚)

⑤ 조후 : 丙

11장. 난초마을 사람들

천리(天理)의 길은 아주 넓고 큰지라
조금이라도 마음을 여기에 두면
가슴 속이 문득 커지고 밝아진다.
인욕(人慾)의 길은 매우 좁은지라
조금이라도 발을 거기에 딛으면
눈 앞이 모두 다 가시덤불과 진흙탕이 된다.

1. 복숭아꽃밭 속의 여인

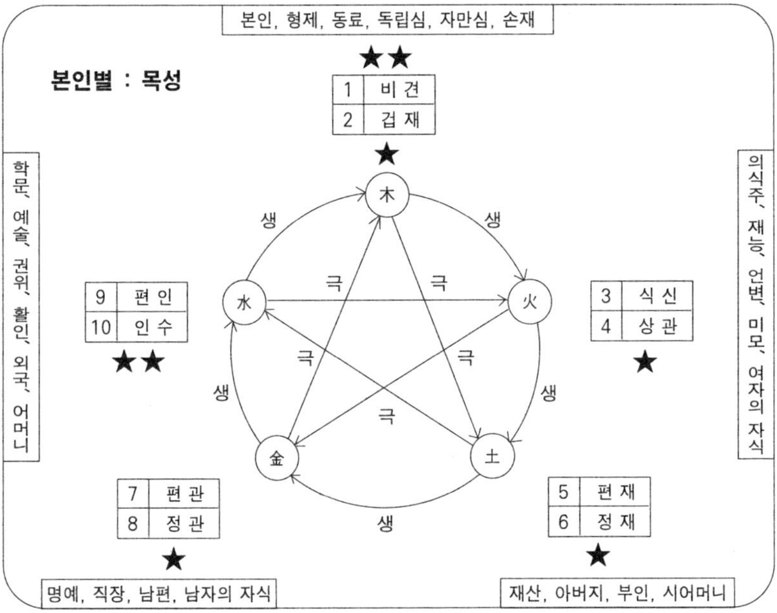

춘심은 아지랭이와 함께 피어올라 복숭아꽃에서 만발했다가 보리가 익어가면서 까슬한 현실감각으로 바뀐다.

복숭아꽃밭 속의 여인.

이 여인한테도 정녕 아름다운 인생의 봄날이 있었다. 여고를 졸업하고 꿈많던 처녀시절, 한 남자를 만나 사랑을 나누고 장래를 약속했다. 그러나 남자는 부모의 권유를 뿌리칠 수 없어 평소에 신세를 많이 진 집안의 딸과 결혼했다. 그러나 두 사람은 서로를 잊을 수 없었고 결국은 딸 하나를 낳게 되었다. 이 사람은 60세가 다된 지금까지 그 딸하나만을 바라보며 살고 있다. 도대체 이 여인의 사주는 어떻게 생겼는지 살펴보자.

이 사주는 얼핏보기에 모든 별들을 빠짐없이 갖추고 있으니 마치 귀부인의 사주같다. 그러나 여자는 사주가 아름다우면 운명이 극대극으로 흐르는 경우가 많으니 잘 살펴야 한다. 이 사주는 우선 목성(1번, 2번)이 너무 강하다. 이런 사주는 본인별이 너무 밝아 다른 별들이 빛을 발하지 못하기 때문에 자신이 고독해진다. 따라서 아버지를 일찍 잃었고 어머니와도 인연이 없었다.

그리고 이 사주에는 복숭아꽃(子午卯酉)이 만발해 있다. 이것을 도화(桃花)라고 하는데 그것도 편야도화(遍野桃花)이다. 이런 사주는 이성으로 인한 문제가 생겨 아픔을 겪게 된다.

그러나 이 여인에게도 희망은 있다. 겨울인 양력 12월에 태어났으니 따뜻한 화기(火氣)가 필요한데 복숭아꽃 한 송이(午)가 바로 화기(火氣)이고, 화성에 속하는 상관(4번)이 바로 그것이다. 이 상관(4번)은 바로 이 여인의 딸에 해당하니 딸이 노후를 아름답게 보살펴줄 것이다.

딸은 명문여대에서 미술을 전공하고 지금은 중견화가로 활동하고 있다. 그런데 신기한 일은 복숭아꽃을 즐겨 그린다는 것이다. 집안이 온통 복숭아꽃밭이라고 한다. 어머니의 일생을 화폭에 담아 두 모녀의 화려한 앞날을 펼치고 있다는 신비감마저 들게 한다.

이 사주는 비록 복숭아꽃밭을 이루고 있지만 거기에는 맑은 기운이 잘 흐르고 있다. 왜냐하면 복숭아꽃이 년월일시 순으로 생하고 있기 때문이다. 그리하여 이 여인은 맑고 총명하다. 그리고 그 기의 흐름이 화(火)에서 아름답게 피고 있으므로 딸 역시 크게 발전할 것이다.

이 여인은 명리학을 배워 활인업에 종사하면서 여생을 보내고 싶다고 한다. 가능한 일이다. 왜냐하면 이 사주에는 화성인 상관(4번)이 빛나고 있고, 상관(4번)은 재능과 언변에 해당하기 때문이다. 기왕에 활인업을 한다면 복숭아꽃이 만발하는 과수원 속의 저택에서 그리운 낭군님을 모셔놓고 그 뜻을 펼쳐봄이 더욱 멋있지 않을까.

그런데 이 여인이 다른 사람의 사주를 간명할 때 도화를 어떻게 설명할 지 의문이다. 괴테는 파우스트에서 눈물젖은 빵을 먹어본 자만이 인생을 이야기할 수 있다고 했다. 아마도 이 여인은 도화의 의미와 그 아픔에 대하여 어느 누구보다 잘 설명할 수 있을 것 같다. 「도화보살」로서의 활약을 기대해본다.

■ 전문가를 위한 코너

① 성별 : 여

② 명식 : 乙酉년 戊子월 乙卯일 壬午시

③ 경과 : 4일 15시간 52분

④ 주권신 : 년지(庚) 월지(壬) 일지(甲) 시지(丙)

⑤ 조후 : 丙

2. 줄담배 할아버지

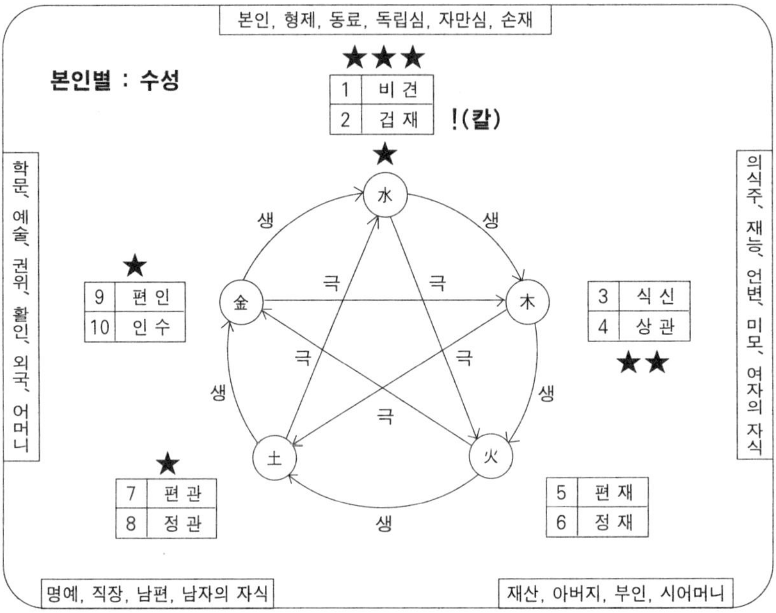

이 분은 줄담배를 피우는 88세된 할아버지이다. 사주에 물이 너무 많으니 불의 기운이 필요하다. 잠시도 손에서 담배를 놓지 않는데, 지금도 건강이 양호한 것은 아마도 그 때문이 아닐까 생각한다. 사주에 물이 지나치게 많으면 신장이나 방광질환을 조심해야 한다. 이 할아버지는 얼마 전에 그 계통의 암수술을 받았다.

이 사주도 편관(7번)이 칼을 만나 명장이 보도를 쥐고 있는 형상이다. 이 할아버지는 실제로 일제시대 때 칼을 차고 검찰 계통에 오랫동안 종사했다. 이 분의 따님은 어릴 때 본 그 큰 칼을 잊을 수가 없다고 한다.

그리고 사주에 물이 지나치게 많으면 불이 꺼지는데 이 사주에서 불(火)인 화성(5번, 6번)은 아버지와 부인에 해당한다. 이 할아버지의 아버님은 아주 일찍 돌아가셨고, 부인과도 사별한 지 오래다.

이 분은 강한 수성(1번, 2번)의 기운을 쭉 빼는 목(木)과 화(火)에 관한 직업이 좋은데 이 직업으로 성공했다. 해방 후부터 군청의 산림과에 근무하면서 숲(木)과 태양(火)을 벗하며 살았고, 퇴직 후에는 과수원을 하면서 사과나무(木)에 꽃(火)을 피워 그 열매로 3남 5녀를 훌륭하게 키워냈다. 이 분은 지금 연로한데 동남쪽으로 머리를 두고 자는 등 목(木)과 화(火)의 기운으로 다스리는 것이 좋다.

■ 전문가를 위한 코너

① 성별 : 남

② 명식 : 癸丑년 甲寅월 癸酉일 壬子시

③ 경과 : 16일 6시간 17분

④ 주권신:

⑤ 조후: 辛, 丙

3. 처덕이 많은 사나이

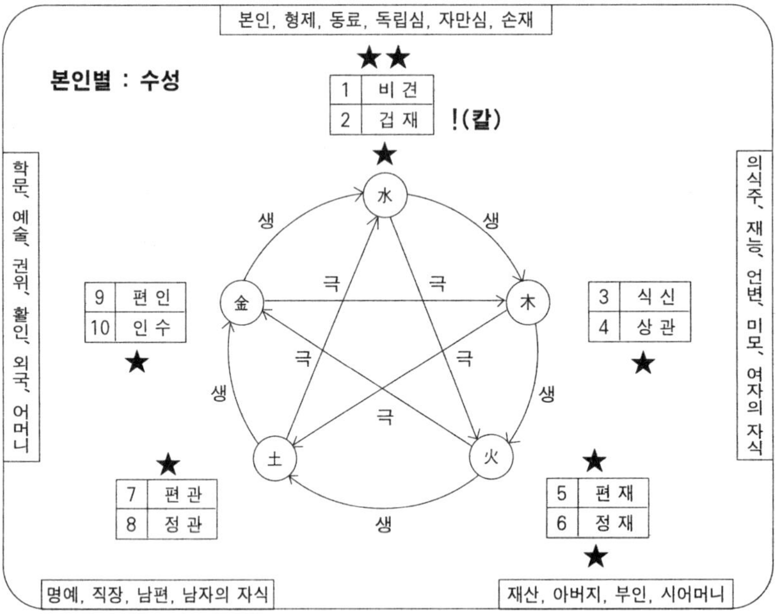

이 사람의 부친은 도의원까지 지냈고, 아들은 서울법대를 졸업했으며 사위는 검사이다. 이 사람 역시 한때는 사업으로 수백억 원대의 재산을 모았다. 위의 그림으로 보아 장수(편관 : 7번)가 칼(!)을 쥐고 있는 형상이니 권세와 위엄이 당당할만도 하다.

그런데 이 사람은 풍류를 매우 즐긴다. 위의 그림으로 보아도 배우자를 뜻하는 정재(6번)와 배우자 외의 여인을 뜻하는 편재(5번)가 1:1의 관계로 되어 있지 아니한가. 외정으로 문제가 될뻔한 적이 한두 번이 아니다. 그럴 때마다 부인이 슬기롭게 해결하여 남편의 정이 더욱 자신에게 기울게 하여 남들이 부러워하는 단란한 가정으로 잘 이끌어왔다.

그런데 이 사람은 IMF파동 때 그 많던 재산을 모두 날려버렸다. 매일 소주만 마시고 대낮에도 얼굴이 벌겋게 되어 돌아다니던 어느날이었다. 부인이 "여보, 나는 언젠가 이럴 날이 올 줄 알았소. 내가 거기에 대비하여 평소 모아놓은 돈이 좀 있으니 이걸 가지고 다시 한 번 일어서 보시오." 하면서 선뜻 10억원을 내미는 것이 아닌가. 부인에게 울면서 큰절을 하고 재기했는데 지금은 신바람이 나있다.

이 사람은 임술(壬戌)일에 태어났으니 본인별은 임(壬)이고 술(戌)은 배우자궁이 된다. 그런데 배우자궁에서 정(丁)이 주권신으로 등장한다. 정(丁)은 바로 본인의 배우자 정재(6번)가 된다. 본인의 바로 옆에 배우자가 바짝 붙어서 잘 도와주고 있는 형상이니 어찌 처덕을 많이 보지 않겠는가.

■ 전문가를 위한 코너

① 성별 : 남

② 명식 : 乙酉년 戊子월 壬戌일 壬寅시

③ 경과 : 11일 8시간 22분

④ 주권신 : 일지(丁) 시지(丙)

⑤ 조후 : 戊, 丙

4. 양자로 간 사람

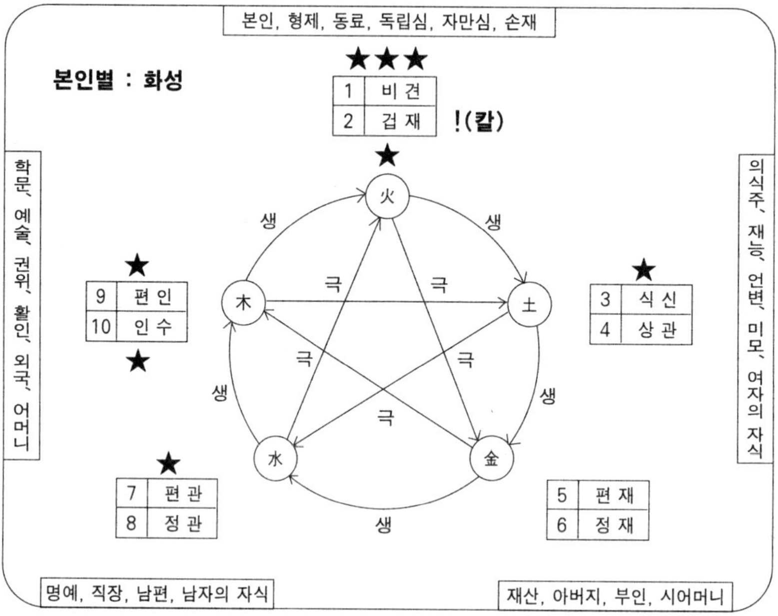

이 사람은 명문학교를 졸업한 후 건축설계 계통에서 이름있는 디자이너로 활동 중이다. 이 사주에는 편관(7번)과 칼(!)이 있다. 편관은 명장에 해당하고 칼은 보도에 해당한다. 명장이 보도를 쥐고 있는 형상이니 권세와 위엄이 당당하여 명문학교를 졸업한 후 건축설계 디자이너로 이름을 얻은 것이다.

이 사람은 병오(丙午)일에 태어났으니 본인별은 병(丙)이다. 병(丙)은 태양에 해당한다. 또 병자(丙子)월에 태어나 자(子) 속에 있는 임(壬)이 주권신에 해당한다. 임(壬)은 바다나 호수에 해당한다. 따라서 본인별인 태양이 바다나 호수 위에 떠올라 빛이 반조되어 아름답고 찬란한 형상이니 어찌 명예를 얻지 않겠는가.

그런데 이 사주는 화성(1번, 2번)이 너무 강하다. 무엇이든지 너무 강하면 좋지 않다. 이 사주에서는 화성이 독립을 뜻한다. 따라서 일찍 본가를 떠나 집안 어른의 양자로 들어간 것이다. 그후 본가의 친형제들은 모두 다 사망하여 더욱더 고독한 사람이 되었다. 최근 몇 년 전에 미국 영주권을 취득하고 그곳에서 생활했다. 지금도 부인과 자식은 미국에 있고 이 사람만 국내로 들어와 고독하게 살고 있다.

이 분이 개운하려면 강한 불(火) 기운을 토금(土金)으로 길게 빼줄 필요가 있다. 그러려면 집을 짓거나 꾸밀 때 정원(土)과 바위(金)를 적절하게 배치하여 최대한의 건축미를 조성하는 것이 좋다.

■ 전문가를 위한 코너

① 성별 : 남

② 명식 : 甲申년 丙子월 丙午일 乙未시

③ 경과 : 1일 0시간 2분

④ 주권신 : 년지(戊) 월지(壬) 일지(丙) 시지(丁)

⑤ 조후 : 壬, 戊, 己

5. 여류 성악가

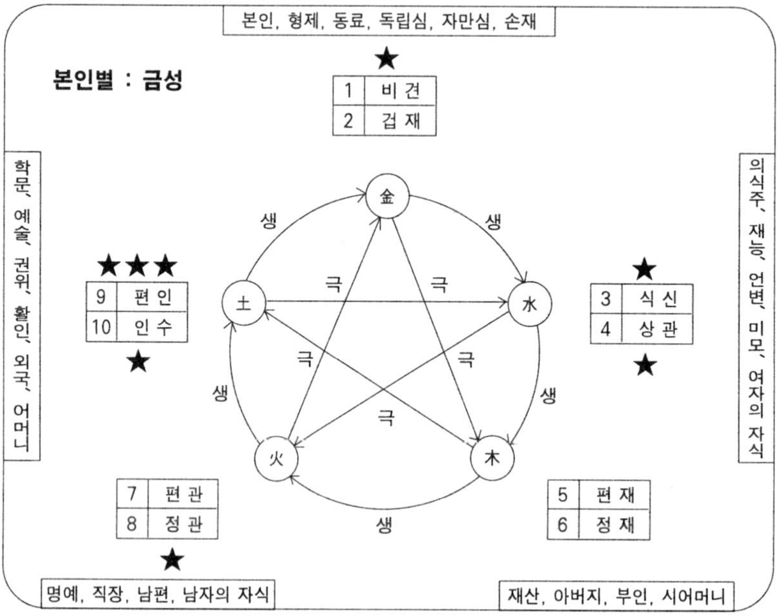

사주에 토(土)가 많으면 몸집이 큰 경우가 많다. 이 여인도 사주에 토성(9번, 10번)이 매우 강해서인지 몸집이 크다.

그런데 재미있는 것은 이 사주에서 남편에 해당하는 화성(정관 : 8번)은 매우 약하다. 강한 토성에게 그 기운을 빼앗기고, 또한 이 여인의 자식에 해당하는 수성(3번, 4번)으로부터 많은 시달림을 받고 있다. 실제로 이 분의 남편은 몸이 매우 약해서 군입대도 면제되었고 평생 건강이 좋지 않아 고생하고 있다. 이것은 모두 이 여인의 팔자소관이다. 그러나 남편은 부인과 자식에 대한 사랑이 지극하고 훌륭한 인격자로 존경받는 모범공무원이다.

이 여인은 사범학교를 졸업한 후 교직생활을 하다가 결혼했다. 남편의 지극한 정성으로 음악대학과 대학원까지 졸업하여 지금은 큰 성악가로 성장했다.

이 사주에서 토성(9번, 10번)은 편인과 인수이니 학문과 예술, 외국 등과 인연이 있다. 남편이 외교관으로 있을 때 일본으로 따라가 수 년간 유학하고 학위까지 취득했다.

이 사주는 아버지에 해당하는 편재(5번)는 없고 어머니에 해당하는 인수(10번)만 강하다. 따라서 아버지를 매우 일찍 잃었고, 어머니는 지금도 장수를 누리고 계신다.

이 여인의 남편은 몸이 매우 약한데 건강해지려면 목(木)이 필요하다. 정관(8번)의 힘을 빼는 토(土)를 제압하고 정관을 극하는 수(水)를 흡수하여 화(火)를 생해줄 수 있기 때문이다. 목(木)은 인자한 마음을 뜻하니 우선 그런 마음으로 남편을 보살펴야 한다. 그리고 집 안에 화초를 많이 기르고 왈츠곡인 뷔엔나 숲속의 이야기(木)를 은은하게 울려주면 좋다. 이 여인의 직업으로는 목(木)과 관계있는 교육계가 적합하다.

■ 전문가를 위한 코너

① 성별 : 여

② 명식 : 戊子년 戊午월 庚辰일 丁亥시

③ 경과 : 18일 18시간 38분

④ 주권신 : 월지(己)

⑤ 조후 : 壬, 癸

6. 서른이 넘어서도 공부만 하려는 아가씨

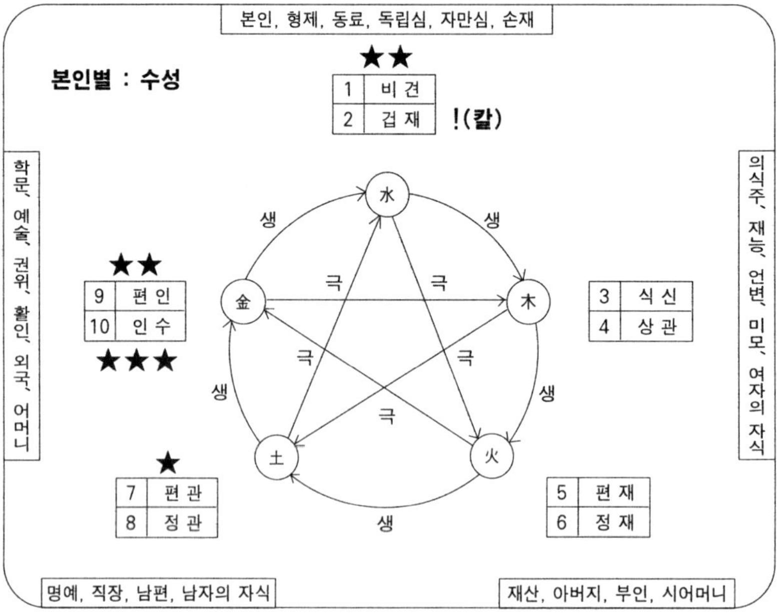

이 아가씨는 앞에서 간명한 여류 성악가의 장녀이다. 이 아가씨 역시 어머니처럼 학문이나 예술, 외국에 해당하는 편인(9번)과 인수(10번)가 강하다. 부모와 자식의 사주를 보면 자식이 부모의 특성을 그대로 이어받는 경우가 많다. 이 아가씨 역시 어머니의 특성을 그대로 이어받았다. 이 아가씨는 명문여대에서 중문학을 전공한 후 중국과 일본에서 오래 유학했다. 어머니처럼 학문, 예술, 외국과 인연을 맺은 것이다.

사주에 금(金)과 수(水)가 많으면 청수하고 총명하다. 이 아가씨도 맑고 깨끗하며 총명 영리하고 인형처럼 아름답다. 또 사주가 장수(7번)가 칼(!)을 쥐고 있는 형상이니 어디서든 두각을 나타낸다.

그런데 이 사주에서는 모든 별들이 대부분 본인별인 수성을 향하여 쏠리고 있다. 박정희 전 대통령의 사주와 비슷하다. 이런 사주는 개성이 매우 강하다. 지금도 결혼은 뒷전으로 미루고 우리 나라 최고의 대학원에서 노자 등 중국고전을 연구하기에 여념이 없다.

나는 이 아가씨의 아버지와 매우 가까운 친구이다. 한 고향 바로 이웃에서 함께 자라며 같이 학교를 다녔다. 이 친구를 장가보낸 사람도 바로 나이다. 나는 이 친구한테 장녀에게 명리학을 가르쳐 나의 대를 잇게 하면 좋겠다고 했다. 명리학은 이런 사람들이 물려받아야 한다. 총명 영리하고 또한 컴퓨터 세대이며 중국고전에도 통달하고 있으니 어찌 적격이 아니겠는가. 제자도 스승을 잘 만나야 하지만 스승도 좋은 제자를 두고 싶은 것이다.

■ 전문가를 위한 코너

① 성별 : 여

② 명식 : 庚戌년 戊子월 壬戌일 庚戌시

③ 경과 : 0일 22시간 52분

④ 주권신 : 년지(辛) 월지(壬) 일지(辛) 시지(辛)

⑤ 조후 : 戊, 丙

12장. 고관의 사주

한가한 때 헛되이 세월을 보내지 않으면
다음날 바쁜 일에 그 덕을 받아 누릴 수 있고,
고요할 때 공적에 떨어지지 않으면
활동할 적에 그 덕을 받아 누릴 수 있으며
어두운 가운데 속이고 숨기는 일이 없으면
밝은 곳에 그 덕을 받아 누릴 수 있을 것이다.

1. 국무총리

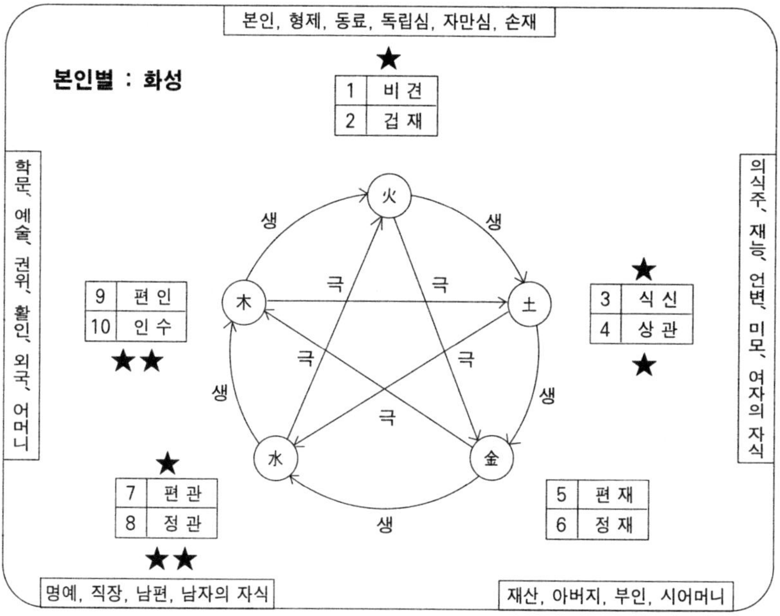

이 분은 파란만장한 삶을 살아오다가 이제는 마음의 경지가 하늘에 닿아 선(禪)의 자세로 살아가고 있는 전직 국무총리이다. 학문과 예술에 조예가 깊고 용모와 언변도 좋다.

이 사주를 살펴보면 우선 명예를 뜻하는 수성(7번, 8번)이 3개나 빛나고 있다. 그러면 파란만장한 원인은 무엇일까.

	천간	지지(주권신)
년	① 乙	② 癸(비)
월	③ 己	④ 癸(비)
일	⑤ 丙(본인별)	⑥ 戊
시	⑦ 壬(바다, 호수)	⑧ 乙

이 사주의 명식을 보면 본인별은 병(丙)이며 태양에 해당한다. 그런데 본인별 바로 아래에 있는 임(壬)은 바다나 호수에 해당한다. 따라서 본인별인 태양은 바다나 호수와 어우러져 매우 아름다운 경치를 이루어 수십 년 동안 큰 명성을 누리고 있다.

그러나 이 사주에서 문제가 되는 것은 계(癸)이다. 계(癸)는 하늘에서 내리는 비를 뜻하는데 태양빛을 가린다. 하늘의 태양이 바다나 호수 위에 빛나고 있는데 그만 하늘에서 주룩주룩 비가 내려 태양빛을 가리는 형상이 되어 평생의 기상도가 맑았다 흐렸다 변화가 심한 것이다.

이 분이 학문과 예술에 조예가 깊은 것은 목성(9번, 10번)이 2개나 빛나고 있기 때문이고, 용모와 언변이 좋은 것은 토성(3번, 4번)이 2개나 빛나고 있기 때문이다.

여기서 천간과 지지의 내용을 살펴보기로 하자.

천간의 갑(甲)은 큰 나무이고 을(乙)은 작은 나무이다. 병(丙)은 태양이고 정(丁)은 인공적인 불이다. 무(戊)는 큰 산이고 기(己)는 문전옥답이다. 경(庚)은 무쇠이고 신(辛)은 보석이다. 임(壬)은 바다나 호수이고 계(癸)는 하늘에서 내리는 비나 개울물이다.

지지의 자(子)는 한랭지수이고, 축(丑)은 동습토이고, 인(寅)은 건조목이고, 묘(卯)는 습목이고, 진(辰)은 습토이고, 사(巳)는 강렬지화이고, 오(午)는 등촉화이고, 미(未)는 건조토이고, 신(申)은 강금이고, 유(酉)는 세공된 금이고, 술(戌)은 건조토이고, 해(亥)는 온난지수이다.

B.C. 2000년 경부터 존속했다고 추정되는 은(殷)나라 때 이미 십

간 십이지가 짜여져 갑자(甲子)에서 계해(癸亥)에 이르기까지 60갑자가 만들어져 있었다. 선가(仙家)에서는 이 은나라도 우리와 같은 한 민족으로 이해하고 있다. 은나라 사람들은 일식과 월식을 예측했고, 별을 주기적으로 관찰하여 상당한 천문지식을 지니고 있었으며, 농업생산의 필요에 의하여 비교적 완비된 역법을 사용하고 있었다.

모든 것은 타고 있다. 활활 타오르고 있다. 눈이 타고 있다. 그 대상을 향해 타오르고 있다. 귀도 타고 있다. 코도 타고 있다. 마음도 타고 있다. 모두 그 대상을 향해 활활 타오르고 있다. 그것들은 무엇으로 말미암아 타는 것이랴. 탐욕의 불꽃에 의해 타고, 노여움의 불꽃에 의해 타고, 어리석음의 불꽃에 의해 타고 있는 것이다.

■ 전문가를 위한 코너

① 성별 : 남

② 명식 : 乙丑년 己丑월 丙申일 壬辰시

③ 경과 : 0일 21시간 35분

④ 주권신 : 년지(癸) 월지(癸) 일지(戊) 시지(乙)

⑤ 조후 : 壬, 甲

⑥ 기타 : 이 분의 사주명식은 세간에 알려져 있는 자료를 채택한 것이다.

2. 장관

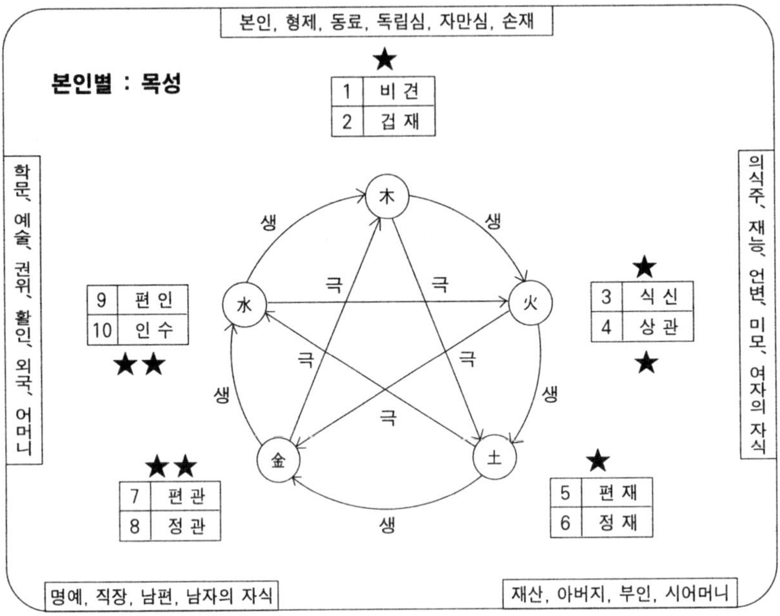

이 분은 내 친구의 형님이며 나의 학교 선배이기도 하다. 대학교를 졸업한 후 행정고시에 합격하여 경제기획원에서 근무하다 차관을 거쳐 장관까지 지냈다.

이 사주는 5개의 별들이 고르게 배치되어 있으니 성격이 원만하고 대인관계가 부드러워 평생 큰 풍파가 없었다. 이러한 사주를 오행주류격(五行周流格)이라 하여 매우 좋은 사주로 본다.

그런데 이 분은 매우 추운 계절(양력 1월)에 태어났으니 따뜻한 화운(火運)이 오면 크게 발전할 수 있다. 정축(丁丑)년에 장관이 되었는데 그때가 바로 화운(火運)이었다. 정(丁)은 화(火)에 속한다.

우리는 지금까지 추운 계절에 태어난 사람이 따뜻한 화운(火運)을 만나 크게 발전하는 경우를 보아왔다. 이것은 기의 조화 때문이다. 마찬가지로 더운 계절에 태어난 사람에게는 시원한 수운(水運)이 좋다. 이상은 명리학의 조후이론에 관한 문제로 깊이 연구해볼 필요가 있다. 사주를 연구하다보면 조후가 곧 억부이고 억부가 곧 조후라는 것을 깨닫게 된다. 그리고 병약용신, 통관용신, 종용신이 모두 이와 다른 것이 아니라는 것을 깨닫게 된다.

그대는 아는가, 고요한 저 강가에 낚싯대 드리우고 앉은 사람을. 구름은 머흘 머흘 물결은 찰랑 찰랑, 밝은 달 흰 갈꽃이 눈부시구나. 아스라한 구름 속 어디선가 시원스레 터지는 웃음소리. 번뜩이는 눈을 가진 그대는 선뜻 알아보리라.

■ 전문가를 위한 코너

① 성별 : 남

② 명식 : 辛巳年 辛丑월 乙亥일 丁亥시

③ 경과 : 16일 13시간 57분

④ 주권신 : 년지(丙) 월지(己) 일지(壬) 시지(壬)

⑤ 조후 : 丙, 丁, 甲

3. 차관 Ⅰ

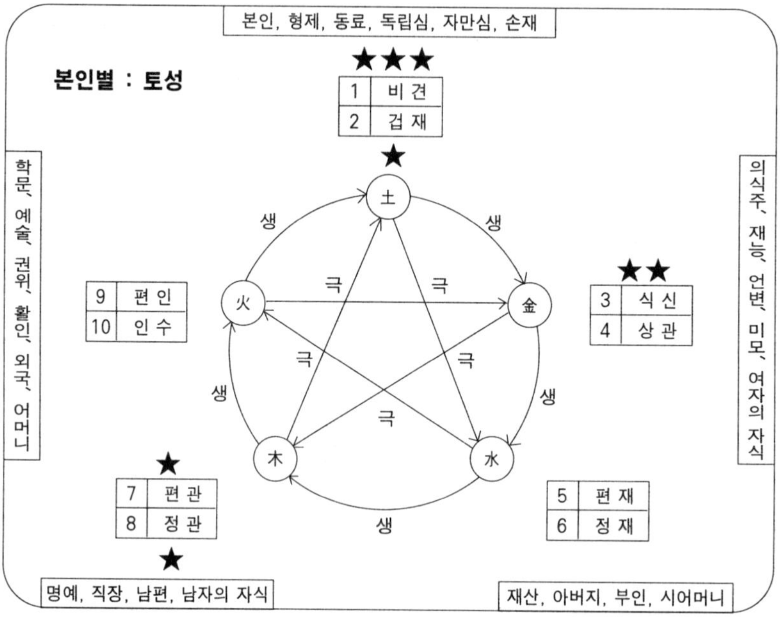

이 분은 외무고시 최연소 합격자로 성장을 거듭하다 청와대 비서관을 거쳐 차관까지 지낸 사람이다. 예의가 반듯하여 공직에 있을 때는 친구의 자녀들 결혼식에 참석할 수 없으면 부인이라도 대신 참석하게 하여 친구들의 칭송이 자자했다. 장남 역시 아버지의 뒤를 이어 외무고시 최연소 합격자가 되었다. 원래 적선지가(積善之家)에는 좋은 일이 거듭되는 법이다.

이 분은 무인(戊寅)일에 태어나 본인별은 무(戊)이고 무(戊)는 큰 산에 해당한다. 아울러 봄철에 태어났으니 봄철의 큰 산이 된다. 봄철의 큰 산에는 하늘 위로 태양(火)이 떠오르고 봄비(水)가 만물을 촉촉히 적셔주면 길하니 화운(火運)과 수운(水運)이 좋다.

이 분이 최연소로 외무고시에 합격한 것은 병자(丙子)대운이고, 차관이 된 것도 병자(丙子)년이었다. 병(丙)과 자(子)는 각각 화(火)와 수(水)에 해당한다. 이 사주에서 목성은 자식에 해당하는데 잘 빛나고 있으니 자식 또한 외무고시 최연소 합격자가 된 것이다.

이 분은 형제가 모두 일곱 명이나 되는데 위의 그림에서 볼 수 있듯이 비견(1번)과 겁재(2번)가 많기 때문이다. 사주에 비견과 겁재가 너무 많으면 형제가 지극히 많거나 반대로 독신이 된다.

귓가운데 밝고 밝아 듣는 놈이 무엇이뇨. 소리 없고 냄새도 없어 알아볼 길 없는데도 거두어 들이면 따라오다 풀어놓으면 퍼지면서 진흙이었다 연꽃이었다 측량 길 끊겼다. 자신이 태어나기 전의 이 소식을 알고 싶은가?

■ 전문가를 위한 코너

① 성별 : 남

② 명식 : 乙酉년 己卯월 戊寅일 庚申시

③ 경과 : 4일 8시간 52분

④ 주권신 : 년지(庚) 월지(甲) 일지(戊) 시지(戊)

⑤ 조후 : 丙, 甲, 癸

4. 차관 Ⅱ

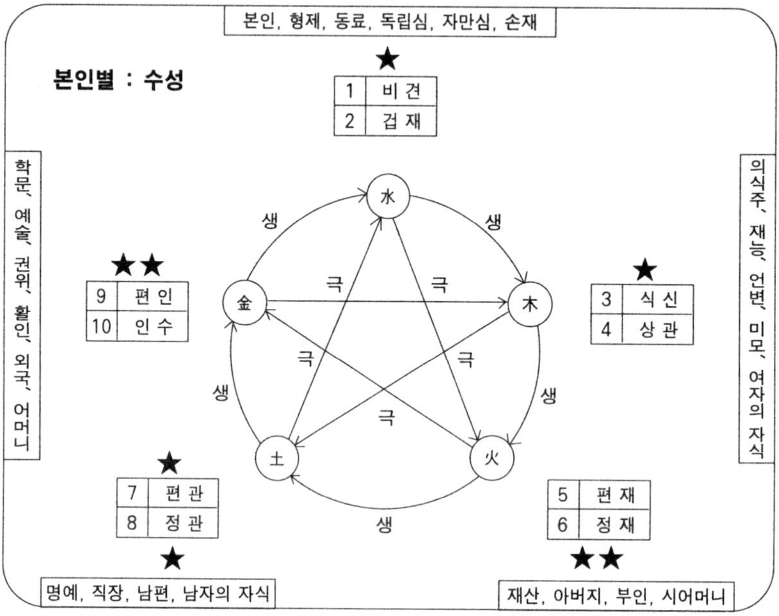

이 분은 행정고시에 합격하여 중앙부처에서 근무하다 지방공무원을 거쳐 차관까지 지낸 사람으로 평생 큰 풍파가 없었다.

이 사주 역시 수성, 목성, 화성, 토성, 금성이 고르게 빛나고 있다. 그리고 형(刑), 충(沖), 파(破), 해(亥)가 하나도 없으니 충돌하고 파괴하는 현상을 찾아볼 수 없다. 그래서 평생 큰 풍파가 없었던 것이다. 어쨌든 사주에 모든 별들이 고르게 빛나고, 충돌하거나 파괴하는 현상이 없으면 매우 좋은 사주가 되어 오복을 누릴 수 있다.

여기서 오행의 성질을 살펴보기로 하자.

목(木)은 초목으로 자신을 희생하여 의식주를 제공하니 자비로움을 뜻하는 인(仁)이고, 화(火)는 어둡을 밝혀 세상을 빛나게 하니 예(禮)이고, 토(土)는 만물이 자리잡는 중심이 되므로 믿음을 뜻하는 신(信)이고, 금(金)은 강한 금속으로 정의를 뜻하니 의(義)이고, 수(水)는 명경지수가 되어 사물을 똑바로 비추니 지혜를 뜻하는 지(智)이다.

색으로는 목(木)은 푸른색, 화(火)는 붉은색, 토(土)는 누런색, 금(金)은 흰색, 수(水)는 검은색을 나타낸다.

방향으로는 목(木)은 동방, 화(火)는 남방, 토(土)는 중앙, 금(金)은 서방, 수(水)는 북방을 나타낸다.

계절로는 목(木)은 봄, 화(火)는 여름, 토(土)는 계절의 변화를 조정하는 환절기, 금(金)은 가을, 수(水)는 겨울을 나타낸다.

■ 전문가를 위한 코너

① 성별 : 남

② 명식 : 乙酉년 辛巳월 癸巳일 戊午시

③ 경과 : 18일 5시간 53분

④ 주권신 : 시지(己)

⑤ 조후 : 辛

⑥ 기타 : 이 사주를 화화격(化火格)으로 보는 사람도 있다.

5. 선출직 구청장

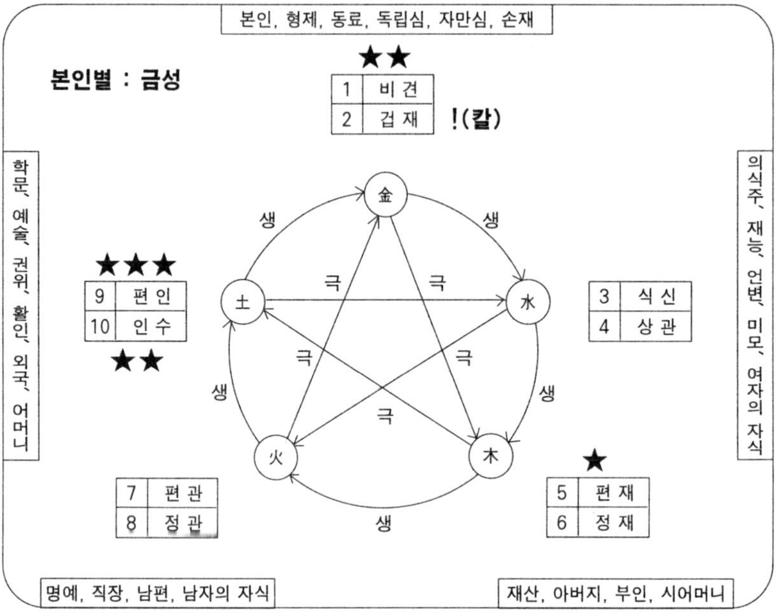

이 분은 상대를 졸업한 후 국가공무원 5급시험에 합격하여 내무부에서 근무하다 군수를 거쳐 57세에 구청장에 당선되었다.

대통령이나 국회의원, 구청장 등 선거에 당선되는 사람들은 일단 그를 도와주는 세력이 강해야 한다. 이 사주도 본인별은 금성인데 도와주는 토성(9번, 10번)이 5개나 있으니 매우 강하다. 그러나 도와주는 세력이 지나치게 강하면 그 속에서 헤어나지 못하여 자유롭지 못하다. 그러므로 적당한 조화가 필요하다.

이 분이 구청장에 당선된 57세 때는 매우 강한 토성(9번, 10번)을 견제할 수 있는 목운(木運)인 병인(丙寅)대운 을해(乙亥)년이었다. 병인(丙寅)대운의 인(寅)은 목(木)이고, 을해(乙亥)년의 을(乙) 역시 목(木)이다. 목(木)은 토(土)를 극하는 것이다.

그런데 법륜도를 보면 목성(木星)은 편재(5번) 하나밖에 없으니 과연 목(木) 하나가 5개의 토(土)를 제압할 수 있을까 하는 의문이 생길 것이다. 왜냐하면 토(土)가 너무 많으면 나무(木)는 오히려 토(土)에 묻혀 전혀 힘을 쓰지 못하기 때문이다. 그러나 이 사주는 묘(卯)와 미(未)가 2번이나 합(合)을 이루어 강한 목(木)의 기운을 형성하고 있으니 조금만 더 도와줄 수 있는 목운(木運)을 기뻐하는 것이다.

이른 봄 매화꽃 만발함이여 가을 깊이 들국화 홀로 피었네.
매화니 들국화니 따지려 들면 뜬 구름만 부질없이 오고간다네.

대 그림자 뜰을 빗질하고 있다. 먼지 하나 일지 않는다.
달이 물밑을 뚫고 있다. 수면에 흔적 하나 남지 않는다.

■ 전문가를 위한 코너

① 성별 : 남

② 명식 : 己卯년 辛未월 辛未일 戊戌시

③ 경과 : 25일 11시간 11분

④ 주권신 :

⑤ 조후 : 壬, 庚, 甲

6. 이사관 Ⅰ

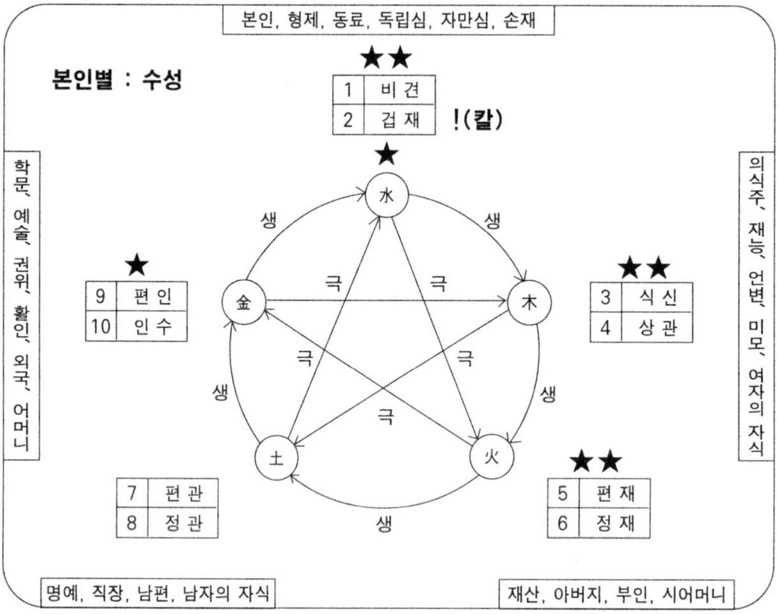

이 분은 정부의 재정기관에서 이사관까지 지낸 사람이다. 더 승진할 수 있었는데 정권교체 때문에 홀딩되었다. 이때 이 분은 마음 속으로 이번 정권교체가 자신에게 플러스가 될 것이라고 생각했는데 어이없게도 주위 사람들의 모함으로 낙마하고 말았다. 이것은 사주에 관성(7번, 8번)이 뚜렷하지 않았기 때문이다. 이 분이 재정계통과 인연이 있었던 것은 다음과 같은 이유에서다. 이 분의 사주명식을 살펴보자.

	천간	지지
년	丁	丑
월	癸	卯
일	癸(본인별)	卯 ┐ 합
시	壬	戌(재물창고) ┘

위에서 볼 수 있듯이 이 사주에는 묘술합(卯戌合)이 있다. 묘(卯)는 일지(日支)인데 내 몸이다. 내 몸이 재물창고와 합(合)되어 재정계통과 인연이 있는 것이다. 진술축미(辰戌丑未)는 모두 토(土)에 해당하고 창고나 무덤의 역할을 하는데, 이 사주에서는 술(戌)이 재물창고가 된다.

■ 전문가를 위한 코너

① 성별 : 남

② 명식 : 丁丑년 癸卯월 癸卯일 壬戌시

③ 경과 : 11일 11시간 45분

④ 주권신 : 년지(辛) 시지(丁)

⑤ 조후 : 庚, 辛

7. 이사관 Ⅱ

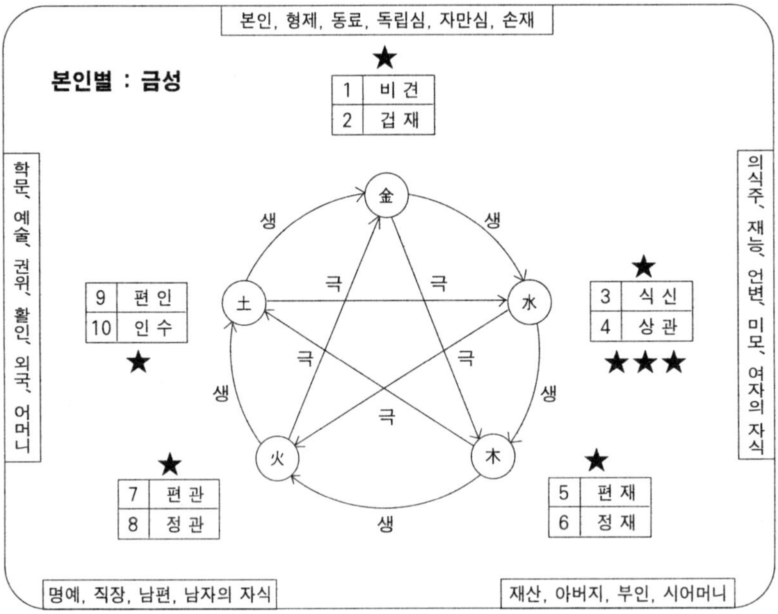

이 분은 현재 정부의 중앙부처에서 이사관으로 재임 중인데 재능과 언변이 뛰어나다. 1남 3녀를 두었는데 IQ가 모두 140이상이며 장녀는 152라고 한다. 이 사주를 살펴보면 재능과 언변을 뜻하는 수성(3번, 4번)이 무려 4개나 된다. 그러니 재능과 언변이 뛰어나고 자식들 또한 아버지를 닮아 두뇌가 우수한 것이다.

이런 사주는 상관패인격(傷官佩印格)이라고 하여 극귀격을 이룬다. 상관패인격은 매우 강한 상관을 제압해주고 본인별을 도와주는 운을 필요로 한다. 이 사주에서는 토운(土運)이 여기에 해당한다. 이 분이 이사관으로 승진한 때는 무술(戊戌)대운인 무인(戊寅)년이었다. 무(戊)와 술(戌)은 모두 토(土)에 해당한다.

그렇다면 이 분이 개운할 수 있는 방법은 무엇일까.

토기(土氣)를 보충해야 하는데 그러려면 믿음(土)을 갖고 모나지 않게 항상 중심(土)을 취해야 한다. 그리고 토(土)의 기운을 강하게 받고 자란 오이, 참외, 마늘, 콩, 마, 감초 등을 늘 먹는 것이 좋다. 아울러 생활 공간에 노란색 국화나 황색(土)을 적절하게 활용하면 좋고, 성씨에 「ㅇ」과 「ㅎ」이 들어가는 사람에게 도움을 받을 수 있다. 주식에 투자할 때는 코드넘버에 「5」와 「0」이 주종을 이룬 종목을 눈여겨 볼 필요가 있다.

허공이 무너지고 있다. 허공에 핀 꽃이 열매를 맺는다.
이 또한 봄빛인줄 깊이 알거라. 향기 짙게 날아와 꽂히고 있다.

꽃웃음 뜰 앞에 비뿌리고 소나무 난간 밖에 바람이 운다.
그대여 무엇 찾아 헤매이는가 이것 바로 그대 찾는 그것인 것을.

■ 전문가를 위한 코너

① 성별 : 남

② 명식 : 丁亥년 癸卯월 辛亥일 壬辰시

③ 경과 : 26일 13시간 22분

④ 주권신 :

⑤ 조후 : 壬, 甲

13장. 국화마을 사람들

역경(逆境)에 있으면 그 몸의 주위는 모두 약(藥)이라

모르는 사이에 절조와 행실을 닦게 되고

순경(順境)에 있으면 눈 앞이 모두 칼과 창이라

기름을 녹이고 뼈를 깎아도 알지 못한다.

1. 여자 택시기사

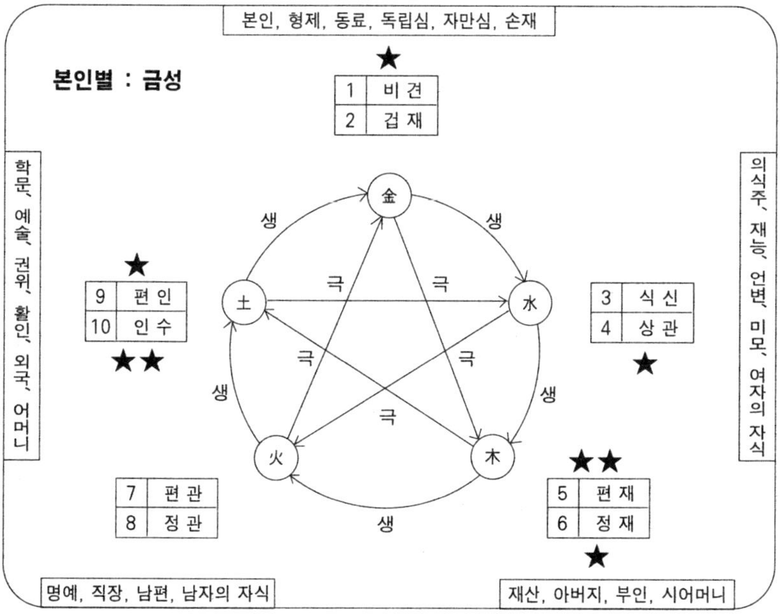

이 여인은 중학교 교장선생인 아버지와 학원 재단이사장인 어머니 사이에서 태어나 부러울 것 없이 성장했다. 그러나 30대 후반부터 운세가 기울어 집안이 몰락했다. 결혼을 했으나 남편과 이혼하고 자식도 없다. 지금은 영업용 택시를 운전하면서 살아가고 있다.

이 여인은 경진(庚辰)일에 태어났으니 이것이 괴강(魁罡)이 된다. 여자의 사주에 괴강이 있으면 남편덕이 없거나 고독하고, 직장을 갖거나 사업을 경영한다. 괴강은 하늘의 우두머리별을 상징하는데 사주에 있으면 운명이 극과 극으로 치닫게 된다.

그리고 이 사주는 목성(5번, 6번)이 너무 많아 물(3번, 4번)이 고갈된 상태이다. 거기다 흙(9번, 10번)이 너무 많아 물(3번, 4번)을 덮어버리니 수성은 그만 엉망이 된다. 이 수성은 자식에 해당하기 때문에 자식과 인연이 없게 된다. 남편에 해당하는 화성도 보이지 않는다. 사주는 보기가 쉬워야 운명도 좋다. 간명하는 사람의 판단이 헷갈리는 사주는 간명받는 사람의 운명이 분명하지 않다는 뜻이다. 이 사주도 그런 부류에 속한다.

여기서 이 여인의 사주에 많이 나타나 있는 인성(편인, 인수)과 재성(편재, 정재)의 통변성에 관하여 살펴보기로 하자.

사주에 인성이 지나치게 많으면 자신의 힘을 과신하여 일을 그르치기 쉽고, 때로는 나태하며 의존하려는 마음이 강하여 남의 신세를 많이 지게 되고, 한 가지 일에 만족하지 못하여 전심전력하기 어렵고, 부모에게 이변이 일어나기 쉽고, 자녀나 배우자와도 인연이 깊지 못하다. 이런 사람은 문서나 음식으로 인한 화액을 조심해야 한다. 특히 여자는 자연유산, 산액, 난산의 고통이 있고 유방과 자궁계통의 질환을 주의해야 한다.

사주에 재성이 지나치게 많으면 외화내빈이 된다. 자식과 인연이 박하고, 어머니와도 큰 인연이 없고, 윗사람의 도움을 기대하기 어렵다. 남자는 재물과 여자문제로 재난이 따르고, 여자는 남편에게 고통을 주게 된다. 정재와 편재가 혼잡되어 있으면 남녀를 불문하고 이성문제와 금전문제로 인한 혼란을 겪는다.

사주에 인성이 부족하면 자신의 주관과 개성이 강하나 윗사람의 덕이 없어 자신의 실력으로 올라가야 한다. 이런 사람은 효도하는 것이 개운하는 지름길이다.

사주에 재성이 부족하면 아버지나 아내와 큰 인연이 없고 재산과도 인연이 멀다.

그러나 이상의 모든 경우는 사주 전체의 균형에 따라 다르게 나타난다. 사주는 별의 숫자로만 파악하는 것이 아니라 합이나 충 등 여러 가지 요소를 고려하여 추리하는 것이니 노력과 수양이 필요하다.

사주를 간명할 때 때로는 사주의 형상을 보고 신비한 영감력이 발동되어 어떤 그림의 형태가 그려질 수도 있는 것이고, 또 이론적으로 명확하게 설명할 수는 없지만 간명자 나름대로의 확신을 갖게 되는 경우도 있을 것이다. 그러나 이러한 것들은 간명자의 정신세계가 맑아야 비로소 가능할 것이다.

■ 전문가를 위한 코너

① 성별 : 여

② 명식 : 甲午년 乙亥월 庚辰일 癸未시

③ 경과 : 12일 6시간 39분

④ 주권신 : 년지(己) 월지(甲)

⑤ 조후 : 丁, 丙

2. 재일교포와 결혼했다가 일주일만에 헤어진 여인

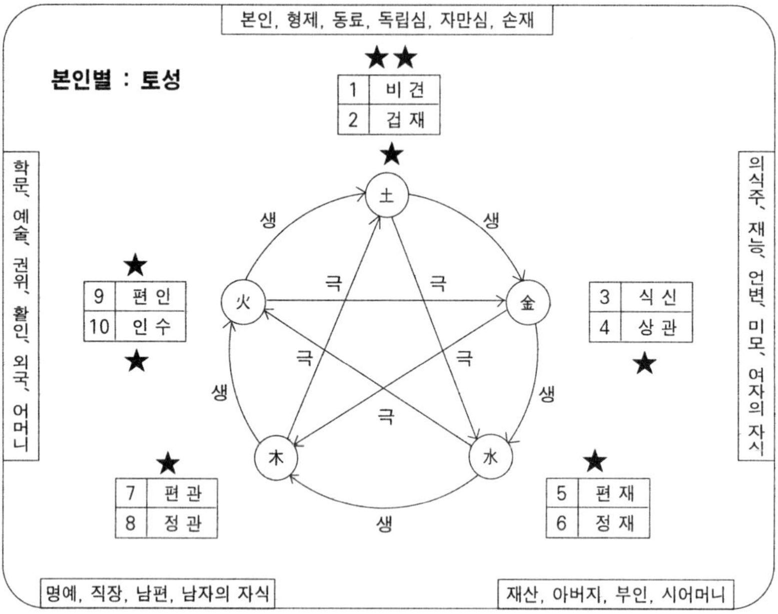

이 여인은 30세 때 재일교포와 결혼했다가 성격이 맞지 않아 일주일만에 헤어졌다. 물론 자식은 없다. 지금은 41세로 독신으로 살고 있는 매우 순하고 착한 여인이다.

이 사주를 보면 그 모양이 아름답다. 그러나 여자의 경우에는 그럴수록 더 잘 살펴보아야 한다. 지금까지의 경험에 의하면 여자의 사주가 아름다우면 운명이 극대극으로 흐르는 경우가 많았다.

이 여인은 양력 10월 28일에 태어났으니 토(土)가 왕성한 계절이다. 사주가 좋아지려면 왕성한 토(土)를 부드럽게 소통시켜 줄 수 있는 큰 나무인 갑목(甲木)이 필요하다. 그러나 큰 나무가 아닌 개나리와 진달래같은 작은 나무 즉, 을목(乙木)만 있다. 이 사주에서 나무

(木)는 남편에 해당하기 때문에 남편덕이 부실한 것이다.

또 토(土)가 너무 왕성하면 광물질(金)은 땅 속으로 깊이 묻히고, 불(火)이 너무 강해도 광물질(金)은 녹는다. 여기서도 이런 현상들이 나타나 금성(4번)이 매우 약하다. 금성은 자식에 해당하니 마흔이 넘도록 자식과도 인연이 없는 것이다.

이 여인이 개운하려면 왕성한 토(土)를 제압해줄 수 있는 목(木)의 기운을 북돋워주어야 한다. 매일 아침 동쪽(木)을 향하여 세 번(木) 절하고, 반듯한 자세(정관)로 가구점이나 원예업(木)에 종사하면 길하다.

자기가 의지할 곳은 자기 뿐이니
그밖의 어디에 의지할 데가 있으랴.
자기가 잘 조어될 그 때
아주 희귀한 의지처가 생기리.

■ 전문가를 위한 코너

① 성별 : 여

② 명식 : 庚子년 丙戌월 己丑일 丁卯시

③ 경과 : 19일 14시간 21분

④ 주권신 :

⑤ 조후 : 甲, 丙, 癸

3. 남자 무용가

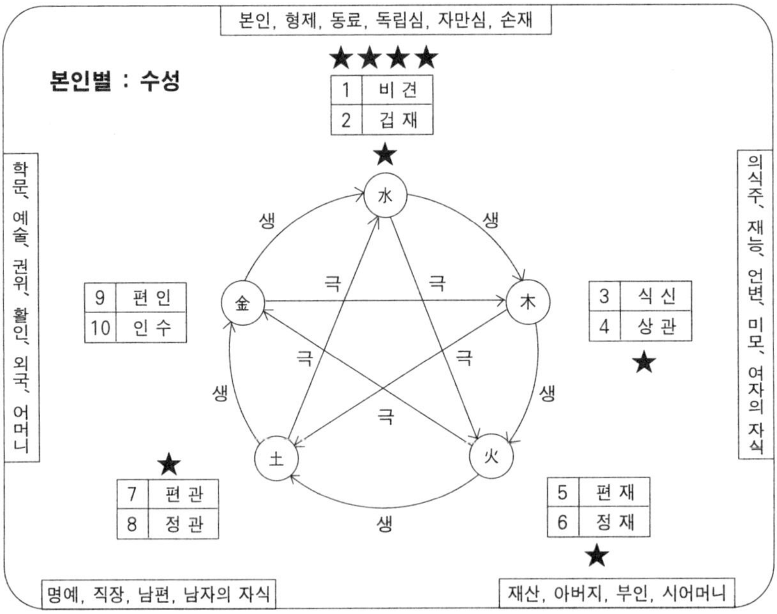

이 분은 남자 무용가이며 현재 대학교 무용과 교수로 재직 중이다. 남자로서는 특이한 직업인데 왜그렇게 되었을까.

이 사주를 살펴보면 본인별에 해당하는 수성(1번, 2번)이 매우 강하다. 따라서 수성 위의 큰 네모칸에서 볼 수 있듯이 독립심과 자만심이 강하다. 다시 말해 개성이 너무 강하여 남자로서는 드물게 무용가가 된 것이다.

그리고 사주에서 어느 한 부분의 기운이 지나치게 강할 때는 그 강한 기운을 빼주어야 좋다. 이 사주에서는 강한 수성(1번, 2번)의 기운을 목성 즉, 상관(4번)이 잘 빼주고 있어 그 역할이 크다. 그러므로 이 분은 상관에 해당하는 직업을 선택하면 좋다. 상관은 재능과 언변에 해당하고, 이에 관한 직업으로는 대학교수 등이 있다. 그리하여 이 분은 대학교 무용교수가 된 것이다.

사주에 비견(1번)과 겁재(2번)가 지나치게 많으면 형제가 매우 많거나 반대로 독신이 되는데 이 분은 형제가 12명이나 된다.

사주에 물(水)이 지나치게 많으면 불(火)이 꺼지는데, 이 사주에서는 불(火)은 부인인 정재(5번)에 해당한다. 따라서 두 번이나 이혼을 하고 지금은 독신으로 살고 있다.

이 분이 개운하는 방법은 강한 수성의 기운을 빼줄 수 있는 목(木)의 기운을 북돋워주어야 한다. 부드럽고 인자한 마음(木)으로 제자들 교육(木)에 전념하고, 세 마리(木)의 호랑이(寅)가 있는 그림을 걸어두면 좋다.

■ 전문가를 위한 코너

① 성별 : 남

② 명식 : 癸未년 癸亥월 癸巳일 甲子시

③ 경과 : 23일 8시간 0분

④ 주권신 :

⑤ 조후 : 庚, 戊, 丁, 辛

4. 평생 사기를 많이 당한 여인

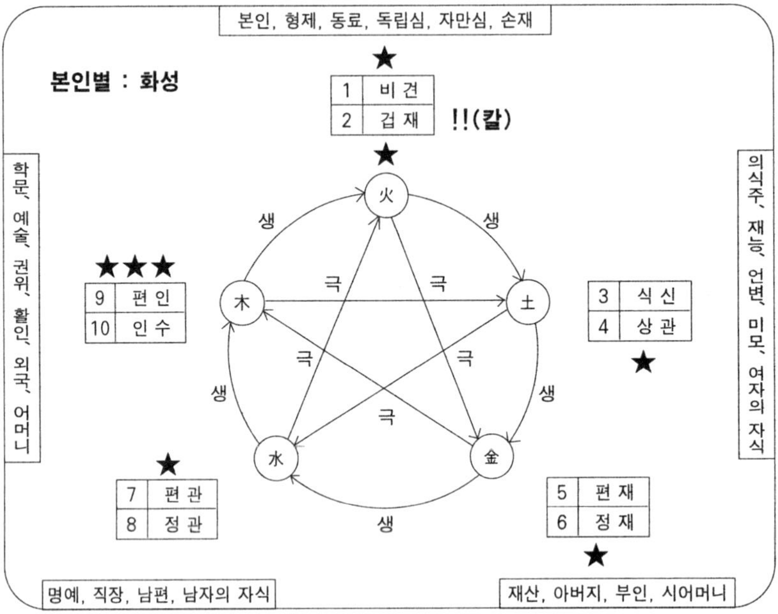

이 분은 명문여대를 졸업한 지성인으로 남편은 교육계에서 명성을 떨치고 있는 사람이다. 부족함 없이 유복한 가정을 이루며 살고 있는데 한 가지 문제가 있다. 돈을 빌려주기만 하면 못 받는 것이다. 평생 사기를 많이 당했다고 한다. 왜그럴까.

사주에 편인(9번)이 많으면 도장을 잘못 찍고, 잘못된 문서를 받아 사기를 많이 당한다. 편(偏)은 바르지 못하다는 뜻이고, 인(印)은 도장이나 문서 등을 가리킨다. 이 사주에는 편인(9번)이 많으니 어찌 그런 일이 발생하지 않겠는가.

그러면 편인이 많으면 왜 사기를 당할까. 편인(9번)은 식신(3번)과 상관(4번)을 후려친다. 그러면 그 밑에 있는 재성(5번, 6번)은 근거가 없어 그만 땅에 뚝 떨어져 버리기 때문이다.

그리고 이 사주에는 겁재(2번) 옆에 칼(!)이 2개나 있다. 이것은 화성이 매우 강하다는 뜻이다. 이때는 칼이 흉검으로 변하여 정재(6번)를 후려친다. 정재는 재산에 해당하니 재산이 어찌 온전하겠는가. 불(火)이 너무 강하면 쇠(金)가 녹아 물이 되어 흘러가 버린다.

이 여인은 현재 커피숍을 운영하고 있는데, 남에게 빌려준 돈을 받지 못하여 부득이 넘겨받은 것이라고 한다.

이 여인이 개운하려면 목(木)과 화(火)의 강한 세력을 토(土)로 빼주어야 한다. 벽에 습토를 뜻하는 진(辰) 자가 들어 있는 액자를 걸어두고, 중요한 결정을 할 때는 그 앞에서 손을 모으고 다섯 번(土)을 고쳐 생각해보면 도움이 될 것이다.

■ 전문가를 위한 코너

① 성별 : 여

② 명식 : 乙未년 戊寅월 丁未일 庚子시

③ 경과 : 10일 1시간 42분

④ 주권신 : 년지(乙) 월지(丙) 일지(乙)

⑤ 조후 : 甲, 庚

5. 여동생의 도움을 받은 어른

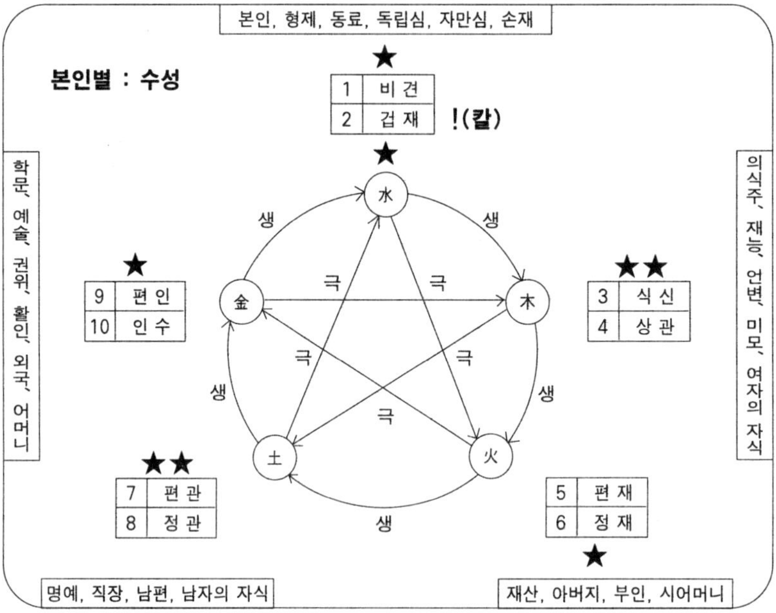

이 분은 67세 된 할아버지인데 알록달록한 옷에 넥타이 대신 줄에다 장식용구를 달고 노래를 부르며 다니는 멋쟁이이다. 이 분의 사주를 보고 나는 첫마디에 "영감님께서는 여자 형제의 도움을 크게 받으실 수 있습니다." 라고 했더니, 무릎을 치며 참으로 용하다고 하면서 자기가 살아온 이야기를 하는데, 나는 더 이상 말을 할 필요가 없었고 이 분의 이야기를 계속 들어주기만 하면 되었다.

이 분은 양력으로 11월 7일인 가을에 태어나 토(土)의 기가 너무 강하다. 본인별이 수성인데 강한 토(土)가 본인별인 수성을 덮어버린다. 그런데 이때 겁재(2번) 오른쪽 칼(!)이 등장하여 본인별 수성을 도와준다. 칼(!)은 겁재이니 여자 형제를 말한다.

이 분은 여동생의 도움이 없었더라면 꼼짝없이 억울하게 감옥살이를 할 뻔 했다면서 지금도 그 일을 생각하면 여동생이 더없이 고맙게 느껴진다고 했다.

또 이 사주는 적장이 나를 치려고 덤벼들다가 내 누이동생과 서로 눈이 맞아, 그 적장이 오히려 매부가 되어 나를 도와주는 격이라고도 한다. 이 사주에서는 편관(7번)이 적장으로 비유되었다.

양인(羊刃)은 신살의 하나이나 사주 간명시 매우 중요하게 다룬다. 양인은 극왕(極旺)을 뜻하는데 일간에서 보아 그것이 12운(十二運)의 건록(建祿) 바로 전후가 되기 때문이다. 양(+)일생은 건록 바로 후의 제왕(帝旺)을 택하였고, 음(-)일생은 건록 바로 전의 관대(冠帶)를 택하였다. 깊이 있게 살펴보면 양인이란 것은 그 지장간이 일간에서 보아 비견, 겁재에 해당하는 경우이다. 양(+)일생의 경우 특히 강하다.

■ 전문가를 위한 코너

① 성별 : 남

② 명식 : 甲戌년 甲戌월 壬午일 庚子시

③ 경과 : 28일 16시간 15분

④ 주권신 :

⑤ 조후 : 甲, 丙

6. 시어머니가 남편을 부추겨 고통받는 여인

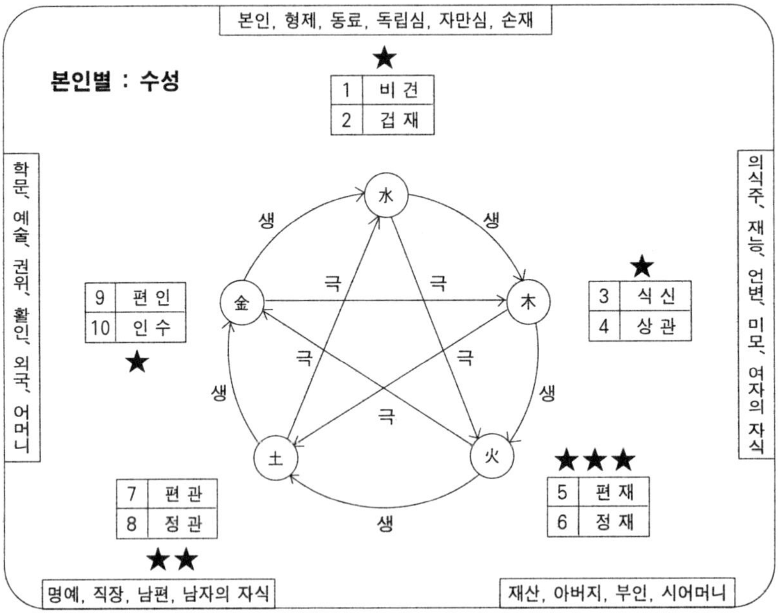

이 분은 대학에서 가정학을 전공한 후 호텔에 취직하여 상당 기간 근무했다. 이 사주에는 사(巳)가 2개나 있는데 역마에 해당한다. 역마는 정거장과 말을 일컬으니 여행과 숙식에 해당하여 호텔과 인연이 된 것이다.

그런데 이 사주에서는 편재(5번)가 강하다. 편재는 그 밑의 큰 네모칸을 보면 시어머니와 인연이 있으니 시어머니가 강하다. 그러나 여기서 끝나지 않는다. 강한 편재(5번)가 정관(8번)을 생해주고, 정관(8번)은 본인별 수성을 후려친다. 이 정관(8번)은 그 밑의 큰 네모칸을 보면 남편에 해당한다. 그러므로 시어머니 편재(5번)가 남편 정관(8번)을 부추겨서 이 여인을 못살게 구는 것이다.

이 여인에게 이상과 같이 설명해주니 나를 찾아온 것이 바로 그 문제 때문이었다고 털어놓았다.

이 여인이 남편이나 시어머니와 원만한 관계를 유지하려면 금(金)의 기운을 북돋워 주어야 한다. 금(金)은 정관(8번)의 기운을 흡수해 본인별을 생해주기 때문이다. 친정어머니가 인수(10번)로 금(金)에 해당하니 도움을 요청하고, 부부의 침대 머리 방향을 서쪽(金)으로 하고, 남편과 충돌이 생기면 묵묵부답으로 옐로우 카드를 내민다. 그렇게 하는데도 속이 답답하면 광천수(金)를 마신다. 집안의 커텐 색깔은 어떤 것으로 하면 좋을까. 흰색을 선택해야 한다. 왜냐하면 음양오행학에서는 금(金)은 서늘하고 그 속이 희다고 보기 때문이다.

■ 전문가를 위한 코너

① 성별 : 여

② 명식 : 丁酉년 乙巳월 癸未일 丁巳시

③ 경과 : 5일 6시간 31분

④ 주권신 : 년지(庚) 월지(戊) 일지(丁) 시지(戊)

⑤ 조후 : 辛

14장. 법조인의 사주

부귀한 집안에서 태어나 성장한 사람은

욕심이 성낸 불길같고 권세가 사나운 불꽃같다.

만일 조금이라도 맑고 서늘한 기운을 띠지 않으면

그 불꽃이 남을 태움에 이르지는 않을지라도

반드시 스스로를 태우리라.

1. 판사 I

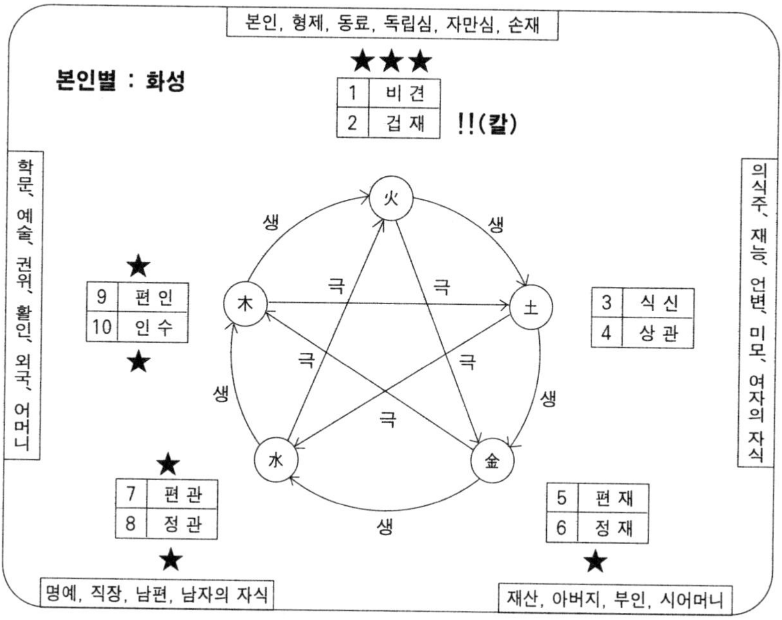

판사가 올바른 판결을 하고 세인의 존경을 받아 명망을 누리려면 기본적인 요건을 갖추어야 한다. 우선 원고와 피고를 대할 때 예의가 있어야 하니 본인별이 예의를 뜻하는 화(火)이면 좋고, 신의가 있고 믿음직스러워야 하니 본인별이 신의를 뜻하는 토(土)가 되어도 좋다.

이상과 같이 본인별이 화(火)나 토(土)이면서 관성과 재성을 갖추면 판사로서 적격이다. 왜냐하면 관성은 명예를 뜻하고, 재성은 관성을 뒷받침해주기 때문이다. 관성은 정관(8번)이나 편관(7번)이고, 재성은 정재(6번)나 편재(5번)를 말한다. 그러면 이 분의 사주를 보자.

	천간	지지
년	癸(편관)	未
월	庚(정재)	申(주권신壬 : 정관)
일	丁(본인별)	未
시	甲	辰

이 사주의 본인별은 화(火)이고, 관성과 재성을 갖추어 부장판사까지 역임했다. 또 장수(편관, 정관)가 칼(!)을 2개나 잡고 있는 형상이니 권세와 위엄이 당당하다.

사람들은 여러 가지 이유로 사주를 간명받으러 온다. 사주 전체를 스크린해보기 위한 경우, 당년의 운세에 치중하는 경우, 결혼운이나 승진운, 이사운, 어떤 직업을 선택하면 좋을까를 물어오는 경우도 있다.

그런데 어떤 사람은 자신의 직업이 무엇인지 알아맞혀 보라고도 한다. 현재의 직업을 추리하려면 우선 그 사람이 어느 달 어느 시기에 태어났느냐를 고려해야 하고, 사주의 구성과 현재 속해 있는 대운이 어디에 있는가를 살펴보아야 한다. 대개는 그 사람이 태어난 달의 주권신에 따라 결정되나, 사주의 구성상 강한 별에 따라 결정되기도 한다. 만일 식신, 상관, 편인, 인수를 모두 갖추고 있으면 연예인 등 예술인으로 성공하는 경우도 있고, 인위적으로 희신에 속하는 직업을 선택하여 성공하는 경우도 많다.

나는 이상과 같은 원리를 설명한 후 나름대로 판단한다. 어느날 간명받으러 온 사람에게 법조인의 사주라고 했더니, 자기는 변호사인데 왜 법조인이라는 포괄적인 표현을 쓰느냐는 것이다. 나는 웃으면서 그 정도면 정확한 것 아니냐며 후일 관직으로 나갈 수도 있는 사주라고 했더니 그도 역시 그럴 계획이라며 함께 웃었다.

직업의 종류는 매우 많고 시대에 따라 달라지는 것이므로 구체적인 직업을 집는다는 것은 무리이다. 옛날에는 극장에 연사가 있었고 버스에는 안내양과 조수가 있었다. 그러나 지금은 모두 사라지고 컴퓨터와 같은 새로운 분야의 직업이 등장했다. 사주를 간명받으러 온 사람은 막연하게 질문하지 말고 자신에 대한 기본적인 정보를 간단하게 설명해주면 간명자는 초점을 정확하게 잡을 수 있으니 훨씬 더 효율적인 간명을 받을 수 있을 것이다.

■ 전문가를 위한 코너

① 성별 : 남

② 명식 : 癸未년 庚申월 丁未일 甲辰시

③ 경과 : 8일 13시간 11분

④ 주권신 : 년지(丁) 월지(壬) 일지(丁) 시지(乙)

⑤ 조후 : 甲, 庚, 丙, 戊

2. 판사 Ⅱ

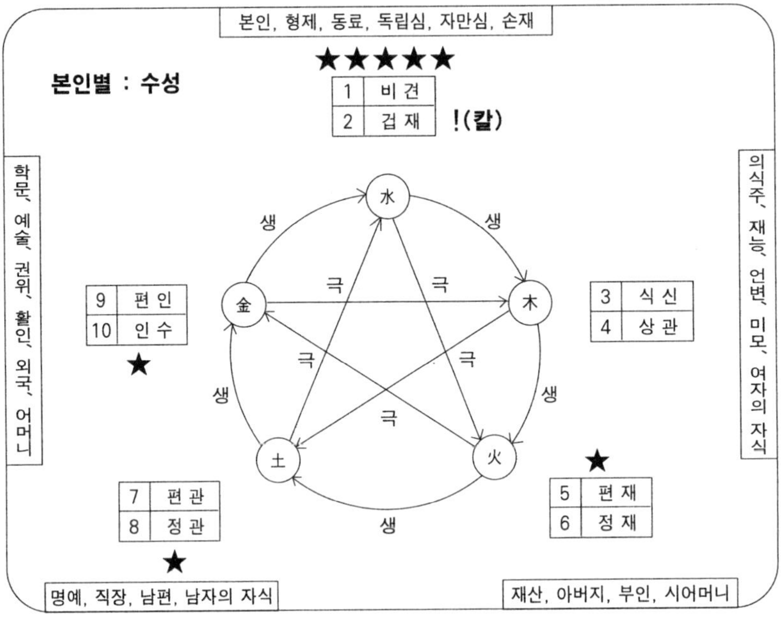

판사가 슬기로운 판결을 하고 세인의 존경을 받아 명망을 누리려면 그에 합당한 요건을 갖추어야 한다.

우선 지혜가 있어야 하므로 본인별이 지혜를 뜻하는 수(水)이면 좋고, 자비로워야 하므로 본인별이 자비를 뜻하는 목(木)이어도 좋다.

본인별이 수(水)나 목(木)이면서 술(戌)이나 해(亥)가 있으면 판사로서 적격이다. 왜냐하면 술해(戌亥)는 하늘의 이치에 통할 수 있는 천문(天門)이기 때문이다. 그러면 이 분의 사주를 보자.

	천간	지지
년	癸	未
월	癸	亥
일	癸(본인별)	酉
시	癸	丑

이 사주는 본인별이 수(水)인데 해(亥)가 있고, 사주에 명예를 뜻하는 정관(8번)과 이를 뒷받침해주는 편재(5번)가 있어 부장판사까지 지냈다.

그러나 이 사주는 물(水)이 너무 많아 불(火)을 꺼버리는 형상이다. 다시 말해 편재(5번)가 비견(1번)과 겁재(2번)로부터 심한 공격을 받는다. 편재는 아버지에 해당하니 아버지와 인연이 없었다. 그러나 이 사주는 천간이 모두 계(癸)로 되어 있으니 모습이 단아하며 귀격을 이룬다.

■ 전문가를 위한 코너

① 성별 : 남

② 명식 : 癸未년 癸亥월 癸酉일 癸丑시

③ 경과 : 2일 10시간 31분

④ 주권신 : 년지(丁) 월지(戊) 일지(庚) 시지(癸)

⑤ 조후 : 庚, 辛, 戊, 丁

⑥ 기타 : 이 사주는 천원일기격(天元一氣格)이다.

3. 판사 Ⅲ

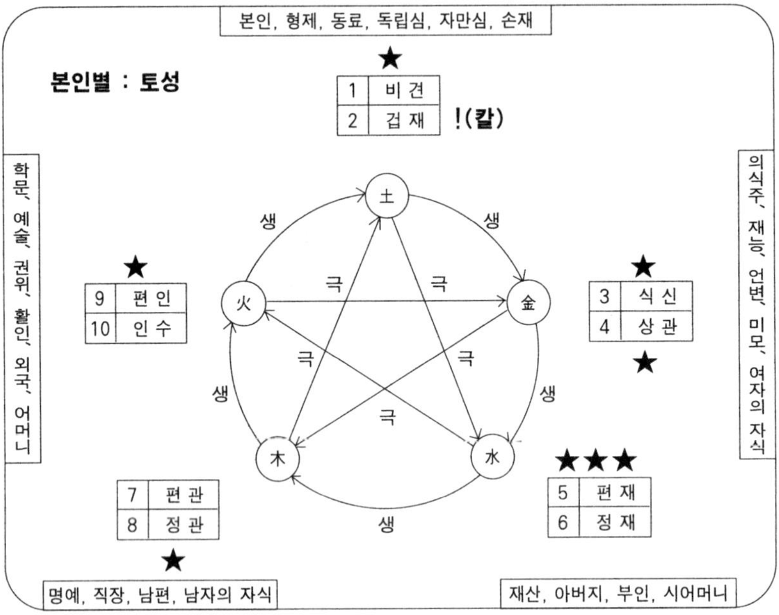

이 분은 23세에 행정고시에 합격하고, 25세에는 사법고시에 합격했다. 오랜 기간 고위 법관직을 수행하다 지금은 변호사로 활동하고 있다.

그런데 이 사주를 보면 판사 Ⅰ과 같이 본인별이 신의를 뜻하는 토(土)이고, 관성(8번 정관)과 재성(5번 편재)을 갖추고 있다. 따라서 고위법관으로 세인의 존경을 받으며 명망을 누렸다.

이 분이 행정고시와 사법고시에 합격한 때는 모두 갑신(甲申)대운이었다. 갑(甲)은 목(木)에 속하니 이 사주에서는 명예를 높여주는 역할을 한다. 특히 사법고시에 합격한 해는 갑진(甲辰)년인데 이때는 갑(甲)이 더욱 강한 역할을 한 것이다. 그리고 이 사주도 장수(8

번)가 칼(!)을 쥐고 있는 형상이니 권세와 위엄이 당당하다.

그런데 이 분은 59세 때 선조로부터 물려받은 부동산을 처분했다. 본인은 그럴 생각이 없었는데 국가시책에 의한 일이라 할 수 없었다. 그런데 그동안 주변여건의 변화로 부동산 시세가 엄청나게 올라 예상 외의 수익을 얻었다. 무슨 이유일까.

이 사주는 재성이 매우 강하다. 편재(5번)가 3개나 된다. 이렇게 강한 재성을 거느리려면 본인별이 있는 토성이 강해져야만 한다. 그러므로 토운(土運)에는 많은 재물을 소유할 수 있다. 59세는 무인(戊寅)년이었는데 무(戊)는 토(土)에 해당한다. 바로 그 해 돈벼락을 맞은 것이다.

구멍없는 피리불고
줄없는 거문고 탄다.
이 곡조 알아듣는 사람없어
밤 연못에 비 지나매 가을물만 깊어진다.

■ 전문가를 위한 코너

① 성별 : 남

② 명식 : 庚辰년 壬午월 戊子일 壬戌시

③ 경과 : 8일 14시간 46분

④ 주권신 : 년지(乙) 월지(丙) 일지(壬) 시지(辛)

⑤ 조후 : 壬, 甲, 丙

4. 검사 Ⅰ

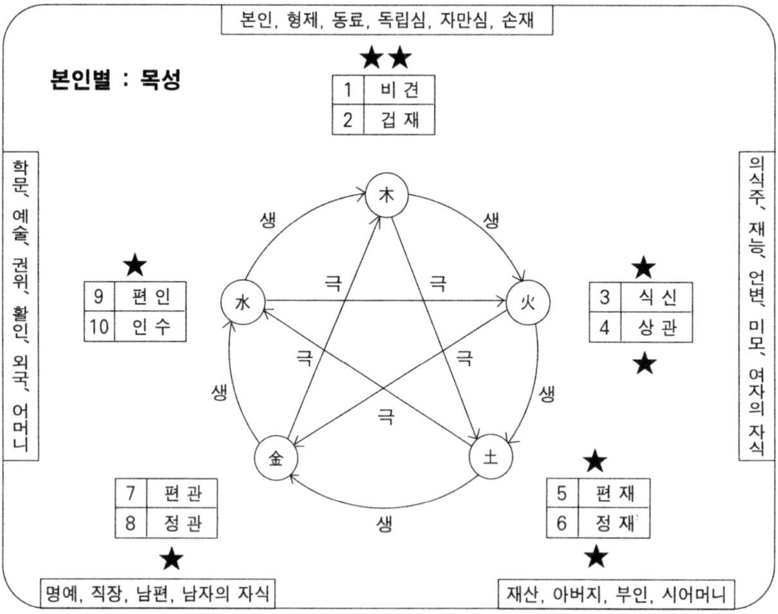

검사가 정의감을 갖고 부정을 파헤쳐 세인의 존경을 받고 명망을 누리려면 기본적인 요건을 갖추어야 한다. 우선 정의감이 있어야 하니 사주에 정의를 뜻하는 금(金)이 있으면 좋고, 사회의 어두운 구석을 밝혀내려는 마음가짐이 있어야 하니 화(火)가 함께 있어야 한다. 이상과 같이 사주에 금(金)과 화(火)가 있고 명예에 해당하는 관성과 이를 뒷받침하는 재성이 있으면 검사로서 적격이다.

이 분은 경오(庚午)년에 태어났는데 경(庚)은 금(金)으로 정의에 해당하고, 병술(丙戌)월에 태어났으니 병(丙)은 화(火)에 해당하여 어둠을 밝히는 역할을 한다.

이상과 같이 사주에 금(金)과 화(火)가 모두 있고, 명예에 해당하는 관성(8번)과 이를 뒷받침해주는 재성(5번, 6번)을 갖추고 있다. 따라서 이 분은 고등검찰청 검사장까지 지낸 것이다.

이 사주는 가을 국화가 건토(乾土)에 뿌리를 내려 계수(癸水)와 병화(丙火)와 갑목(甲木)을 기뻐하는 형상이다. 계수(癸水)를 뒷받침할 수 있는 신금(辛金)도 필요로 한다. 계수(癸水)는 을목(乙木)에게 생기를 부여하는 동시에 흙을 자윤(滋潤)하고, 병화(丙火)는 태양으로 따스함을 제공하며, 갑목(甲木)은 거친 흙을 부드럽게 해준다. 이 사주는 계(癸), 신(辛), 병(丙), 갑(甲)을 모두 갖추었다. 신(辛)과 갑(甲)은 지장간에 있다.

■ 전문가를 위한 코너

① 성별 : 남

② 명식 : 庚午년 丙戌월 乙卯일 癸未시

③ 경과 : 23일 4시간 52분

④ 주권신 :

⑤ 조후 : 癸, 辛

5. 검사 Ⅱ

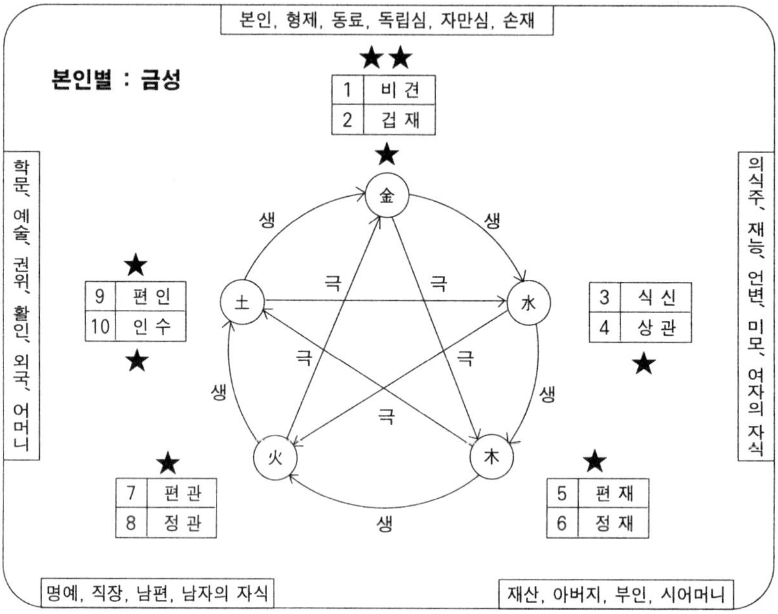

이 분은 부장검사를 지낸 사람이다. 앞에서 이야기한 것처럼 검사가 되어 세인의 존경을 받고 명망을 누리려면 정의감이 있어야 하고, 사회의 어두운 구석을 밝히려는 마음가짐이 있어야 한다. 따라서 사주에 금(金)과 화(火)가 함께 있어야 한다. 왜냐하면 금(金)은 정의에 해당하고, 화(火)는 불이니 어두운 곳을 밝히기 때문이다. 그리고 명예에 해당하는 관성과 이를 뒷받침해주는 재성이 있으면 검사로서 적격이다.

이 분은 경자(庚子)일에 태어났으니 경(庚)은 금(金)으로 정의에 해당하고, 병술(丙戌)시에 태어났으니 병(丙)은 화(火)로 어둠을 밝히는 역할을 한다. 이상과 같이 사주에 금(金)과 화(火)를 모두 갖추고 있으면서 명예에 해당하는 관성(7번)과 이를 뒷받침해주는 재성(5번)을 구비하고 있어 부장검사를 지낸 것이다.

그러나 어머니와 인연이 되는 인성이 인수(10번)와 편인(9번)으로 나누어져 1:1의 관계를 이루고 있다. 이런 사주를 갖고 있는 사람은 어머니가 두 분인 경우가 많다. 이 분은 어머니와 일찍 사별하고 계모 밑에서 성장했다. 인성이 이러하면 계모가 아니더라도 다른 여자의 도움을 받는 경우가 많은데, 이 분은 사법시험에 몇 번 낙방한 후 포기하려고 하다가 이모가 한 번만 더 응시해보라면서 물심양면으로 지원해준 덕분에 합격의 영광을 누릴 수 있었다.

봄에는 꽃 있고 가을에는 달이요
여름에는 맑은 바람 겨울 눈이라.
그대 마음 바람없이 흘러간다면
그야말로 인간세상 호시절이라.

■ 전문가를 위한 코너

① 성별 : 남

② 명식 : 甲申년 辛未월 庚子일 丙戌시

③ 경과 : 28일 4시간 54분

④ 주권신 :

⑤ 조후 : 丁, 甲

6. 검사 Ⅲ

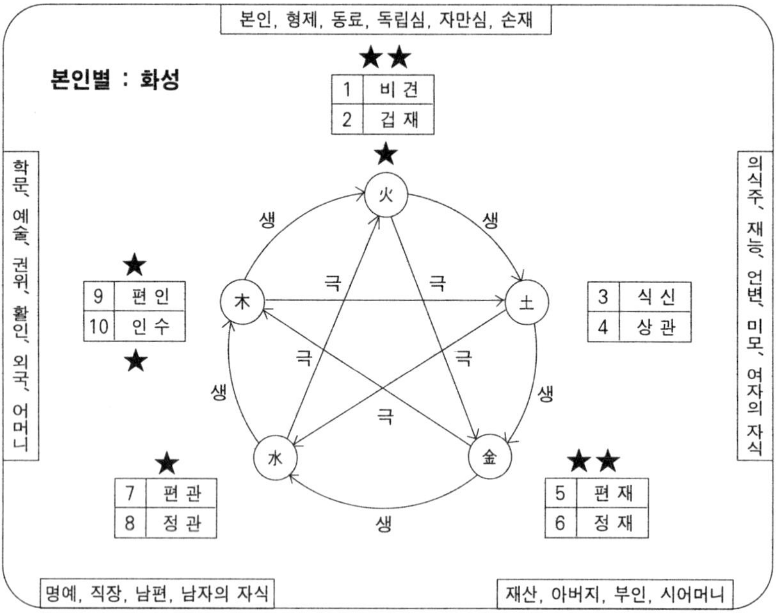

이 분은 현재 차장검사로 재직 중인 사람이다. 검사는 정의감과 사회의 어두운 곳을 밝히려는 마음가짐이 있어야 하므로 사주에 금(金)과 화(火)를 모두 갖추고 있어야 한다. 왜냐하면 금(金)은 정의에 해당하고 화(火)는 불이니 어두운 구석을 밝히기 때문이다. 그리고 명예에 해당하는 관성과 이를 뒷받침해주는 재성이 있으면 검사로서 적격이다.

그렇다면 이 분은 어떤지 살펴보자. 우선 이 분은 병신(丙申)일에 태어났다. 병(丙)은 화(火)이니 어둠을 밝히는 역할을 한다. 그리고 경인(庚寅)시에 태어났다. 경(庚)은 금(金)으로 정의에 해당한다. 이 분은 화(火)와 금(金)을 모두 갖고 있으면서 명예에 해당하는 관성(7번)과 이를 뒷받침해주는 재성(5번)이 있으니 차장검사가 된 것이다.

지금까지 검사의 사주를 몇 가지 검토하면서 공통점을 발견할 수 있었을 것이다. 모두가 경(庚)과 병(丙)을 갖추고 있었고 관성과 재성을 갖고 있다는 것이다. 그렇다면 다음과 같은 의문이 생길 수 있다. 금(金) 중에는 경(庚)과 신(辛)이 있고 화(火) 중에는 병(丙)과 정(丁)이 있는데, 왜 금(金)에는 경(庚)이 화(火)에는 병(丙)이 해당하느냐는 것이다. 이것은 금(金) 중에서는 경(庚)이 강하고, 화(火) 중에서는 병(丙)이 강하기 때문이다.

이 분도 어머니와 인연이 되는 인성이 인수(10번)와 편인(9번)으로 나누어져 1:1의 관계를 이루고 있으니 어머니가 두 분인 것이다.

그리고 이 사주의 특징은 지지에 인신사해(寅申巳亥)를 모두 갖추고 있다는 것이다. 고서에 의하면 이런 사주를 가진 사람은 총명하며 무관으로 크게 출세하는데, 남자는 대부대귀격으로 고관이 되나 여자는 팔자가 세다고 했다.

■ 전문가를 위한 코너

① 성별 : 남

② 명식 : 丁亥년 乙巳월 丙申일 庚寅시

③ 경과 : 10일 10시간 27분

④ 주권신 : 년지(甲) 월지(庚) 일지(壬) 시지(丙)

⑤ 조후 : 壬, 庚, 癸

7. 변호사 Ⅰ

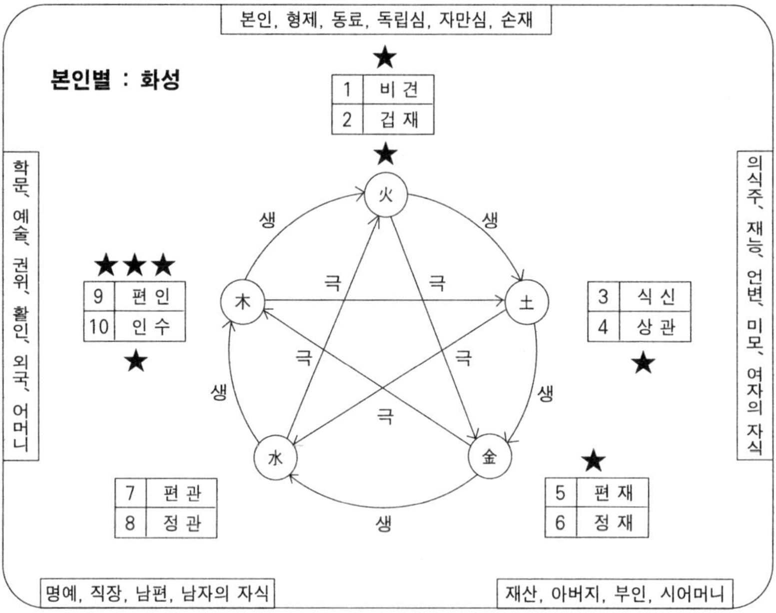

이 분은 대학교를 졸업한 후 군법무관 시험에 합격하여 수 년간 봉직했다. 퇴임 후 대기업에서 법무담당 중역으로 근무하다 지금은 변호사로 활동 중이다.

이 사주를 살펴보면 물(水)이 없다. 이 사주에서 물(水)은 관성(7번, 8번)인데 나타나 있지 않으니 관운이 부족하다. 따라서 사법시험과는 인연이 없고 군법무관 시험에 합격하여 변호사로만 활동하고 있는 것이다.

이 사주는 편인(9번)이 매우 강한데 인수(10번)도 하나 있으니 인성이 매우 강하다. 인성이 지나치게 강하면 활인업(活人業)과 큰 인연이 있다. 활인업이란 사람을 살리는 직업을 말한다. 의사, 약사,

간호사, 명리학자 등은 활인(活人)을 담당하는 사람들이다. 이 분은 현재 변호사를 하고 있지만 나처럼 명리학자가 되고 싶다고 한다.앞으로 명리학은 이러한 분들이 소신을 갖고 계승발전시켜 나가야 할 것이다.

사주가 조화를 잘 이루려면 추우면 따뜻함이 필요하고 더우면 서늘함이 필요하다. 건조하면 윤택함이 필요하고 습하면 밝음이 필요하다. 나아가 오행의 분포상태가 서로 잘 어우러져 조화를 이룰 필요가 있다. 그러기 위해서는 각 별들이 서로 귀성(貴星)으로 이루어지면 좋다. 어떻든 사주는 하늘에 병정사오(丙丁巳午)의 해와 달이 빛나고, 땅에 임계해자(壬癸亥子)의 물이 있으며, 오행이 주류(周流)하고, 각 별들이 서로 귀성으로 이루어져야 멋진 한 폭의 산수화가 된다.

■ 전문가를 위한 코너

① 성별 : 남

② 명식 : 乙酉년 戊寅월 丁卯일 乙巳시

③ 경과 : 22일 22시간 10분

④ 주권신 :

⑤ 조후 : 甲, 庚

8. 변호사 Ⅱ

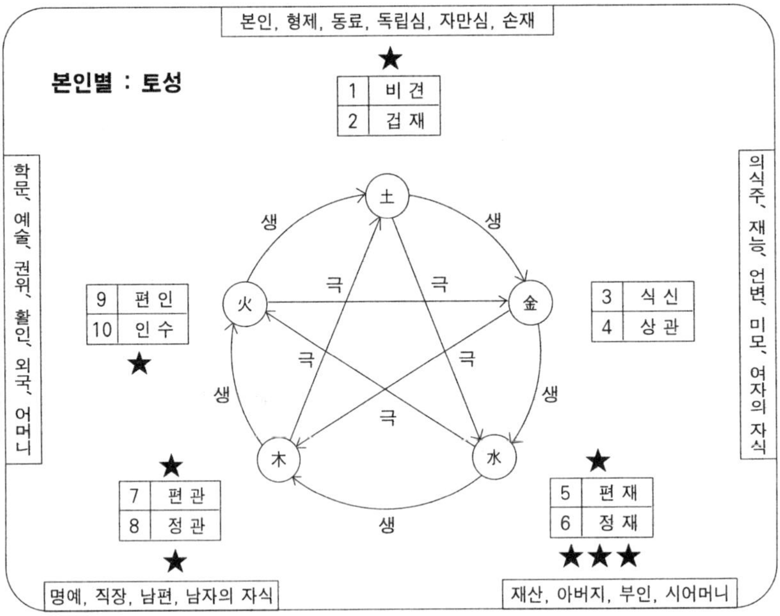

이 분은 한때 운동권에서 활동하다 30세가 넘어서야 사법시험에 합격했다. 그러나 판검사와는 인연이 없었고 변호사로만 활동 중이다.

이 사주는 본인별이 토(土)이니 신의가 있고, 관성과 재성을 모두 갖추었으니 판사로서 적격이다. 그러나 사주는 격(格)이 맑아야 좋은데 이 사주는 관성(7번, 8번)과 재성(5번, 6번)이 너무 혼란스러워 판사와는 인연이 없었던 것이다.

특히 이 사주는 물(水)이 문제이다. 너무 큰 홍수를 이루어 본인별인 토(土)를 떠내려가게 만든다. 본인별이 떠내려가는 형상이니 운동권에 가담해 휩쓸려 다녔던 것이다.

이 사주에서 강한 물(水)은 재성이 강하다는 뜻이다. 그렇게 되면 관성에 해당하는 목성까지 떠내려가게 만들어 관직과 인연이 없을 뿐 아니라, 약한 본인별은 강한 재성을 거느릴 수가 없게 된다. 이런 사주는 실속 없이 바쁘기만 하다. 그러니 아내가 일을 대신하고 아내의 기세에 따르게 된다. 이 분 역시 아내가 강하다. 지금까지 아내가 가정을 꾸려왔다고 한다.

그리고 재성이 강한 사람은 특히 재물이나 여자문제로 인한 재난을 조심해야 한다. 그러나 때로는 친구들에게 좋은 소리를 들을 때도 있다. 재물을 가볍게 생각하는 대신 의리를 앞세워 사람을 사귀는 것을 좋아하며 풍류를 즐기기 때문이다.

하늘은 이불이고 땅은 깔자리이며 산은 베개라.
달 촛불 켜고 구름 병풍치며 바다로 술잔삼아
마음껏 취하였다 일어나 춤을 추니
소맷자락 걸리는 것 저 멧부리 싫어라.

■ 전문가를 위한 코너

① 성별 : 남

② 명식 : 壬辰년 壬寅월 己丑일 甲子시

③ 경과 : 7일 19시간 6분

④ 주권신 : 년지(乙) 월지(丙) 일지(癸) 시지(壬)

⑤ 조후 : 丙, 甲, 庚

9. 변호사 Ⅲ

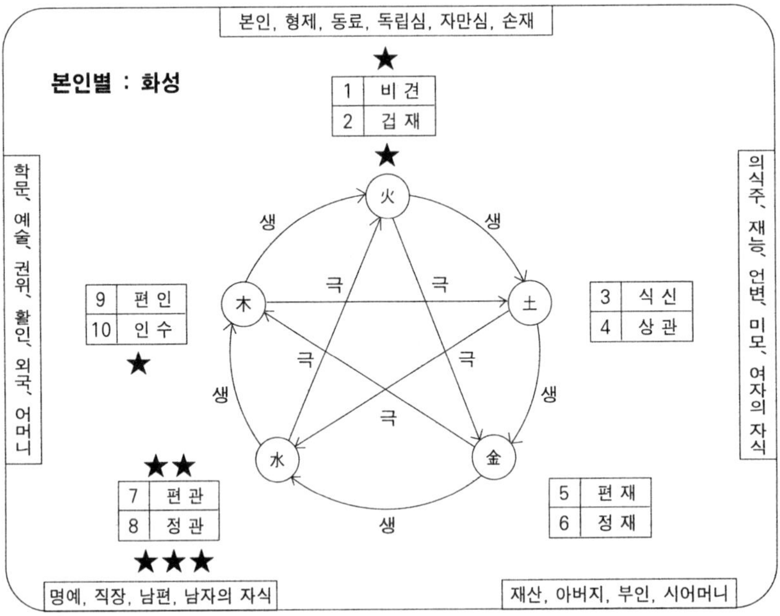

이 분은 30세가 넘어 사법시험에 합격했다. 판검사와는 인연이 없었고 지금까지 변호사로 활동하고 있다.

본인별이 화(火)이니 예의가 있고, 명예를 뜻하는 관성(7번, 8번)이 있으니 재성만 있으면 판사로서 적격이라 하겠다. 그러나 재성이 없다. 더구나 관성이 너무 혼란스럽고 지나치게 많다. 그래서 판사와는 인연이 없었던 것이다. 이 사주는 좀더 깊이 짚어볼 필요가 있다. 우선 이 사람의 사주명식을 살펴보자.

	천간		지지	
년	癸		巳	
월	癸		亥	
일	丁(본인별)	합	亥	합
시	壬		寅	

이 사주를 살펴보면 천간에 정임합(丁壬合)이 있고, 지지에 인해합(寅亥合)이 있다. 이런 경우에는 천간도 목(木)으로 변하고, 지지도 목(木)으로 변한다고 한다. 하늘과 땅이 서로 어우러져 기운을 돋구니 목(木)의 기운이 약한 것이 아니다. 따라서 나무(木)가 많은 물(水)을 흡수해서 좋은 작용을 한다. 만일 그렇지 않으면 많은 물(水)이 본인별인 화(火)까지 꺼버려 변호사도 되기 어려웠을 것이다.

■ 전문가를 위한 코너

① 성별 : 남

② 명식 : 癸巳년 癸亥월 丁亥일 壬寅시

③ 경과 : 24일 3시간 28분

④ 주권신 :

⑤ 조후 : 甲, 庚

15장. 대마을 사람들

사람을 괴롭히는 역경은

호걸을 단련하는 하나의 화로와 망치로다.

능히 그 단련을 받으면 몸과 마음이 함께 이로울 것이요

그 단련을 받지 못하면 몸과 마음이 함께 해를 당하리라.

1. 자신의 사주를 명리학 연구자료로 삼으라는 여인

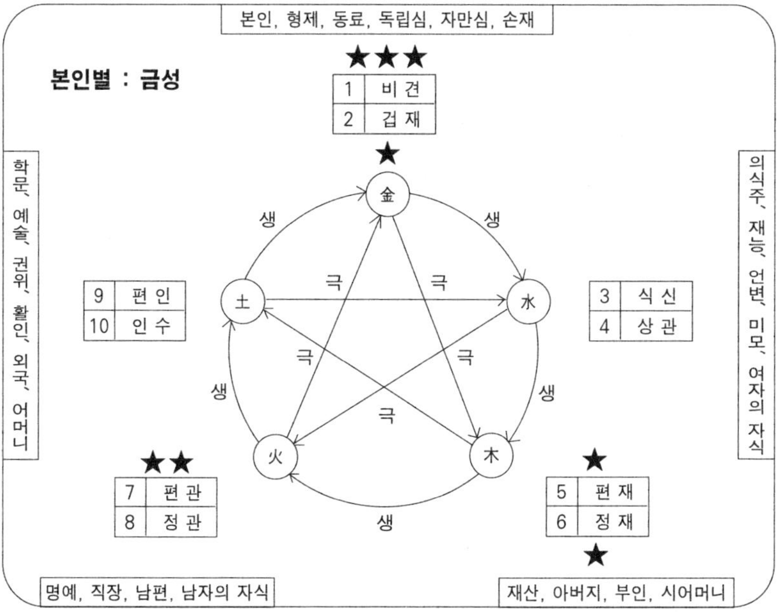

이 여인은 의사인 아버지와 저명인사인 어머니 사이에서 무남독녀로 태어났다. 명문대학교를 졸업한 후 최일류 광고회사에 입사했고, 고시에 합격한 사람과 결혼했다. 그러나 결혼한 지 얼마되지 않아 별거하다가 결국은 합의이혼을 했다.

이 여인은 부모가 좋은 사주를 바라는 마음에 명리학자와 상의하여 출생시를 잡아놓고 제왕절개 수술로 태어났다. 그런데 문제는 태어날 아기가 아들일 거라고 생각했다는 것이다. 똑같은 사주를 갖고 태어나도 남자와 여자는 그 운로가 정반대이다. 왜냐하면 남자와 여자는 음양이 다르기 때문에 운로가 달라지기 때문이다. 그리하여 이 여인의 이야기인즉 자신은 착오로 태어난 사람이라 팔자도 험하니 자신의 사주를 명리학의 연구자료로 삼으라는 것이다.

이 분은 본인별인 금성이 지나치게 강하니 개성이 너무 뚜렷한 것이 문제이다. 옷차림이나 행동이 특이하다. 어쨌든 본인별이 너무 강하게 빛나면 다른 별들은 빛을 잃게 되는데, 남편에 해당하는 화성(7번)도 예외는 아니었으니 남편과 인연이 없는 것이다.

그렇다면 남자로 태어났으면 문제가 없었을까. 그러나 남자로 태어났어도 운의 흐름만 다를 뿐 사주 자체는 같다. 이 여인은 남자로 태어났든 여자로 태어났든 사주에 합(合)이 너무 많다. 을경합(乙庚合), 사신합(巳申合), 사신합(巳申合), 사신합(巳申合), 사신합(巳申合)이 있다. 사주에 합(合)이 많으면 인생유전이 심하다. 그 이상의 운로에 대해서는 너무 많은 설명이 필요하므로 생략하기로 한다. 한가지 부언할 것은 제왕절개로 태어난 사람이라도 출생시각을 그대로 채택하여 간명한다는 것이다.

사주에 비견과 겁재가 지나치게 많으면 쓸데없는 고집 때문에 문제가 발생한다. 남녀 모두 재산과는 인연이 없고, 재산문제로 형제나 동료와 분쟁이 일어나고, 형제가 지극히 많거나 독신이 되고, 아버지와도 인연이 없고, 무례한으로 매사를 자기위주로만 처리하고, 풍파가 많으며 가난하다.

남자는 아내와 인연이 없으며 결혼이 늦어지거나 일찍하면 아내와 헤어진다. 여자는 가정에 충실하지 못하며 시부모나 시집식구와 화목하지 못하고, 남편을 극하며 성적으로 불만이 있게 되고, 자식을 두기 어려우며 독신이 되거나 화류계나 종교계로 나간다.

위와 반대로 비견과 겁재가 부족하면 남녀 모두 만인 속의 고독을 맛보게 되고, 신약하여 활력이 부족하니 추진력이 없다.

그러나 사주 전체의 균형에 따라 달라진다. 예를 들어 비견과 겁재가 지나치게 많아도 이를 극해주는 편관과 정관이 강하면 서로가 균형을 이룰 수 있고, 비견과 겁재가 부족해도 이를 생해주는 편인과 인수가 강하면 균형을 이룰 수 있다. 그리고 특수격을 이루는 사주도 있으니 이런 제반사항들을 모두 고려해서 간명해야 한다.

사주는 형상도 중요하다. 예를 들어 일간이 금(金)이고 나머지가 금목화(金木火)로 이루어진 사주는 삼각형의 구도인지라 반듯한 감도 있지만 모가 나서 바퀴가 잘 굴러갈 것 같지 않은 느낌이 들기 때문이다. 사주간명은 종합적인 판단과 영감으로 이루어지는 것이다.

■ 전문가를 위한 코너

① 성별 : 여

② 명식 : 乙巳년 甲申월 庚申일 辛巳시

③ 경과 : 26일 7시간 25분

④ 주권신 :

⑤ 조후 : 丁, 甲

2. 평생을 남편과 떨어져 사는 여인

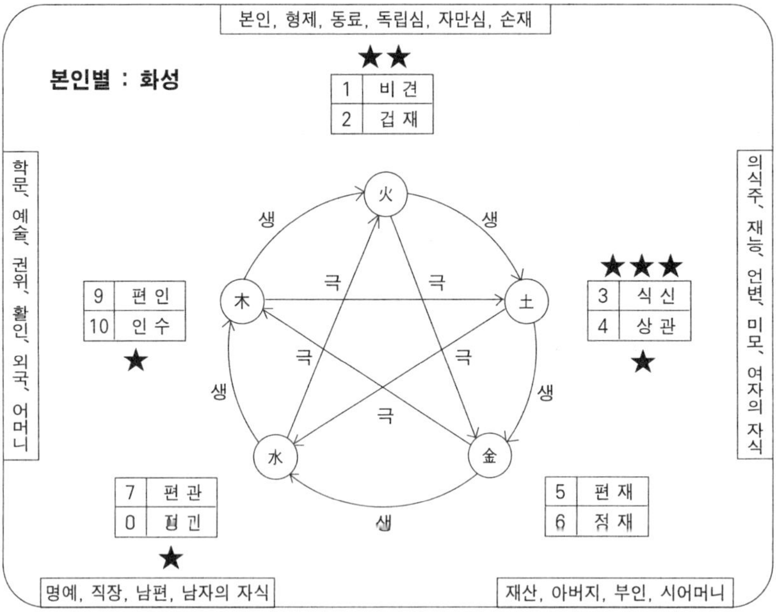

이 여인은 인격과 인물 모두를 갖추었고, 남편도 고위공직자이며 자식들도 모두 훌륭하게 성장했다.

이 사주를 살펴보면 토성(3번, 4번)이 너무 강하여 본인별인 화성은 덩치 큰 토성을 생하느라 힘겨운 형상이다. 그런데 마침 목성(10번 인수)이 있어 지나치게 강한 토성(3번, 4번)을 견제하는 동시에 본인별을 도와준다. 이러한 사주를 상관패인격이라 하여 극귀격으로 본다. 그래서 이 여인은 고위공직자의 부인이 되었고, 많은 행복을 누리며 살아온 것이다.

그렇다면 평생 남편과 떨어져 살고 있는 이유는 무엇일까. 물론 이것 역시 토성이 너무 강하기 때문이다. 위의 그림에서 보면 토성 4개가 수성 , 즉 8번 정관 1개를 후려치고 있다. 정관(8번)은 남편에 해당하니 평생을 남편과 떨어져 살고 있는 것이다.

이 여인이 개운하는 방법은 목기(木氣)를 보충하면 된다. 생활도 여유가 있으니 단독주택을 마련해서 동쪽(木)에 대문을 만들고, 정원에는 큰 나무를 가꾸는 것이 좋다. 그리고 실내는 봄(木) 기운이 감도는 분위기로 만들고, 호랑이 그림을 걸어두는 것이 좋다.

그리고 이 사주에서 목(木)은 인성이다. 학문이나 예술과 인연이 된다. 독서와 서예 등을 가까이 하면 좋다. 한편으로 목(木)은 뻗어오르는 기상이요, 천지만물을 양육해내는 희생양이다. 마침 남편이 큰 지역을 관리하는 대표 공무원이니 몸소 육영사업이나 빈민구제사업에 마땅히 앞장을 서야 할 것이다.

■ 전문가를 위한 코너

① 성별 : 여

② 명식 : 丙戌년 戊戌월 丙子일 乙未시

③ 경과 : 20일 8시간 19분

④ 주권신 :

⑤ 조후 : 甲, 壬

3. 비천녹마격(飛天祿馬格) 사주를 가진 학생

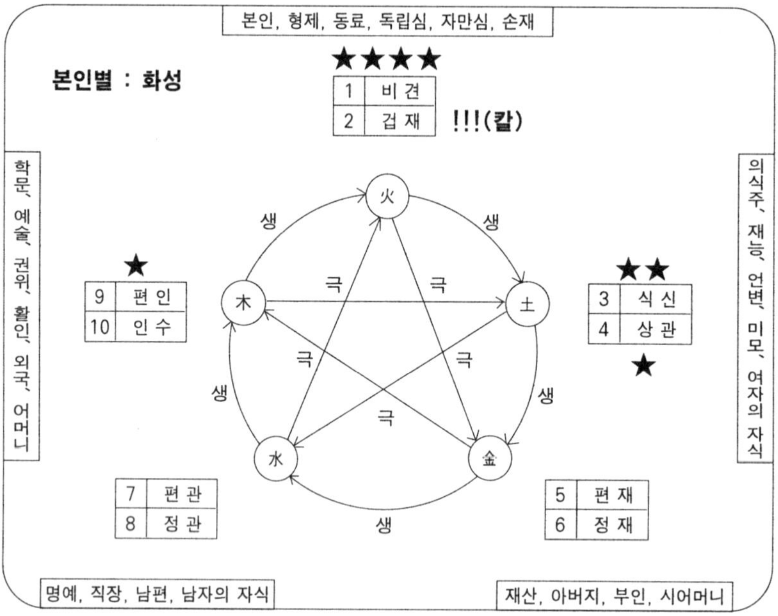

이 사람은 현재 23세된 학생이다. 일찍 미국으로 건너가 자동차 디자인을 전공했는데 재주가 비상하다고 한다.

이 사주를 살펴보면 무오(戊午)년 무오(戊午)월 병오(丙午)일에 태어났다. 병오(丙午)일 출생이 오(午)가 많다. 이런 사주를 비천녹마격(飛天祿馬格)이라 하여 귀격으로 본다. 이러한 사주를 가진 사람은 검찰총장 등 고위직에 오른다고 한다. 그러나 옛 어른들은 너무 벼슬과 재물 위주로 구상을 해서 억지로라도 그것들을 창출해보려고 고심했다. 위의 그림에서 보면 관(官)과 재(財)는 나타나 있지 않다. 나는 이렇게 무리하게 구성된 특수격에는 큰 관심이 없다.

이 사주는 본인별에 해당하는 화성이 매우 강하나 토성이 화성의 기운을 잘 빼주고 있다. 이 사주에서 토성은 식신(3번)과 상관(4번)으로 재능에 해당하니 재주가 비상한 것이다.

그리고 이 사주에는 물(水)이 부족하다. 삼국지에 나오는 관운장의 사주도 물이 없어 너무 건조하다. 이런 사주는 명예는 얻을 수 있어도 생활이 메마른 법이다. 이 사주도 그렇다. 태평양을 건너가 고국과는 많은 물을 사이에 두고 있으니 앞날에 영광이 있을 것이다.

고전 격국론에 등장하는 사주들은 일반적인 풀이로는 잘 설명이 안 되는 것이 많다. 그러나 그것들 중에는 오늘날의 사상이나 논리에 비추어 합당하지 못한 것이 많이 있으므로 지금 시대에도 적용이 가능한 것들만을 추려서 사용하는 지혜가 필요하다. 격국이란 격(格)과 국(局)을 합친 용어이다. 격은 성격, 규격, 품격 등을 의미하는데 사주의 어느 한 특징을 나타내기 위해서 사용한다. 국은 국세, 국면, 형국 등을 의미하는데 사주의 중요한 형상을 나타내기 위해서 사용한다. 국은 격에 비해서 좀더 큰 상황이라고 이해하면 된다.

■ 전문가를 위한 코너

① 성별 : 남

② 명식 : 戊午년 戊午월 丙午일 己亥시

③ 경과 : 7일 12시간 7분

④ 주권신 : 년지(丙) 월지(丙) 일지(丙) 시지(甲)

⑤ 조후 : 壬, 庚

4. 육친덕이 없는 사람 Ⅰ

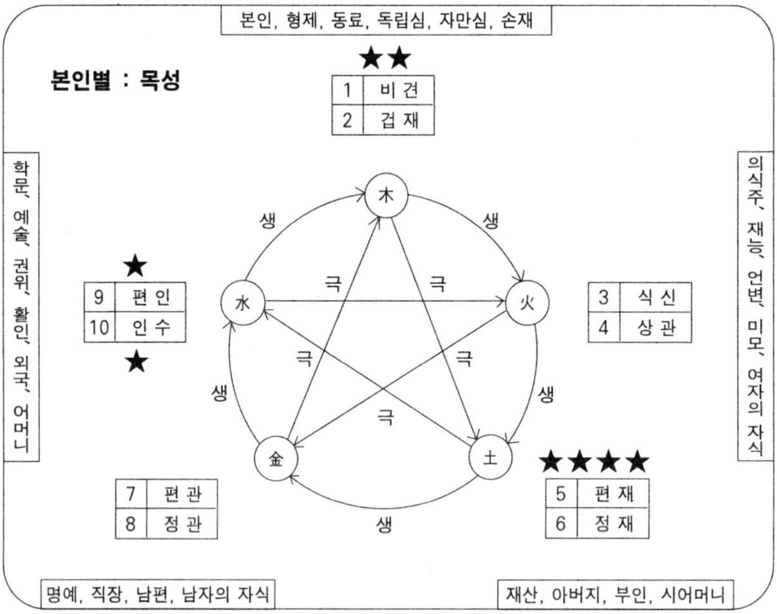

이 여인은 아버지를 일찍 잃었다. 결혼 후 남편과도 헤어지고 자식들은 남편이 키우고 있다. 한마디로 육친덕이 없다.

이 사주를 살펴보면 남편에 해당하는 금성과 자식에 해당하는 화성이 나타나 있지 않다. 따라서 남편과 자식 모두와 인연이 없다.

그리고 토성이 너무 강한 것이 문제이다. 토성이 무려 4개나 빛나고 있다. 토성이 지나치게 강하면 본인이 이를 소유할 수 없다. 이 사주에서 토성은 편재(5번)인데 아버지에 해당하니 아버지를 일찍 잃은 것이다. 어쨌든 사주는 너무 한 군데로 치우치면 위험한데 흙(土)이 너무 많아 문제가 된 것이다. 흙(土)이 많으면 남편에 해당하는 금(金)을 묻어버리고, 자식에 해당하는 불(火)도 꺼버린다.

이 여인이 개운하는 방법은 사주에 토(土)가 강하니 목(木)으로 제압해주어야 하고, 목(木)을 도와주는 수(水)도 좋다. 그러나 목(木)과 수(水)가 있으니 금(金)이 급선무이다. 왜냐하면 강한 토(土)의 기운을 금(金)으로 빼주어야 하기 때문이다. 금(金)에 관한 직업으로는 금은보석상이나 금전유통업 등이 있으니 이 방면에 눈을 돌려볼 필요가 있고, 성씨에 「ㅅ」, 「ㅈ」, 「ㅊ」 이 들어가는 사람의 조언을 귀담아 들으면 도움이 될 것이다.

명리학에서는 「육친」이란 용어를 많이 사용하고 있는데 이것은 부모와 형제와 배우자와 자식을 일컫는 말로 가족관계를 뜻한다. 사주간명을 할 때 각각의 통변성에다 너무 많은 인간관계를 포함하여 해석을 하는 것은 무리이다. 가족관계의 판단에 그치고, 그나마도 배우자나 자식과의 인연을 파악하는 정도로 하는 것이 바람직하다.

■ 전문가를 위한 코너

① 성별 : 여

② 명식 : 戊戌년 壬戌월 甲戌일 甲子시

③ 경과 : 14일 20시간 40분

④ 주권신 :

⑤ 조후 : 庚, 甲, 丁, 壬, 癸

5. 육친덕이 없는 사람 Ⅱ

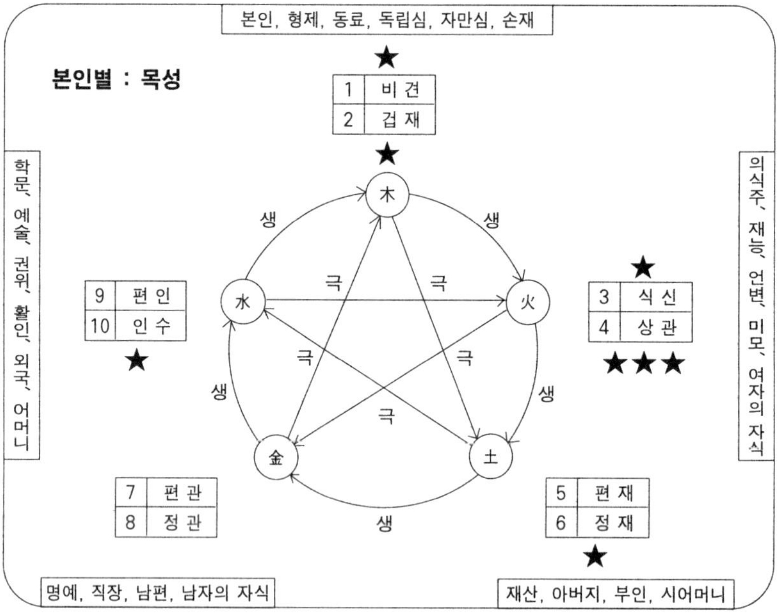

이 여인은 성우로 이름을 날린 재능인으로 외모도 좋고 인격도 훌륭한 사람이다. 사주에 식신(3번)과 상관(4번)이 밝게 빛나고 있으니 재능이 탁월한 것은 당연한 일이다.

남편은 결혼한 지 얼마되지 않아 유복자 딸을 남겨둔 채 세상을 떠났다. 사주에 화(火)가 너무 많아 남편에 해당하는 금(金)을 녹여버리니 남편과 일찍 사별한 것이다.

그 후 딸을 어머니에게 맡기고 일본으로 건너갔다. 사주에 화(火)가 매우 강하니 이를 제압해주는 물(水)이 필요해서 바다를 건너간 것일까. 어쨌든 자식과도 계속 떨어져 살았는데 딸과 헤어진 것은 자식에 해당하는 화(火)가 너무 많기 때문이다. 무엇이든지 너무 많으면 좋지 않다. 그리고 아버지와도 일찍 사별했는데 화(火)가 아버지에 해당하는 토(土)를 초토화시킨 것이다.

이 여인이 개운하려면 강한 화(火)를 제압하는 방법으로 수(水)에 관한 직업을 선택하는 것이 좋다. 이 여인이 일식집을 하면 어떻겠느냐고 묻길래, 그것이야 말로 수(水)에 관한 직업이니 지체할 필요 없이 해보라고 했다. 그리고 검정색 투피스를 즐겨 입으라고 했다.

수(水)에 관한 직업으로는 어업, 양식업, 술집, 음식점, 다방, 목욕탕, 영업직, 유통사업, 외교관 등이 있다. 오행에 따른 구체적인 직업분류가 가능하므로 음식점의 경우 전체로는 수(水)에 관한 직업이라고 볼 수 있지만 세분해서 보면 쌈집은 목(木), 숯불갈비집은 화(火), 토속음식점은 토(土), 양식집은 금(金), 일식집은 수(水)로 볼 수 있다.

■ 전문가를 위한 코너

① 성별 : 여

② 명식 : 甲午년 丙寅월 乙未일 壬午시

③ 경과 : 3일 18시간 59분

④ 주권신 : 년지(丙) 월지(戊) 일지(丁) 시지(丙)

⑤ 조후 : 丙, 癸

6. 유복자

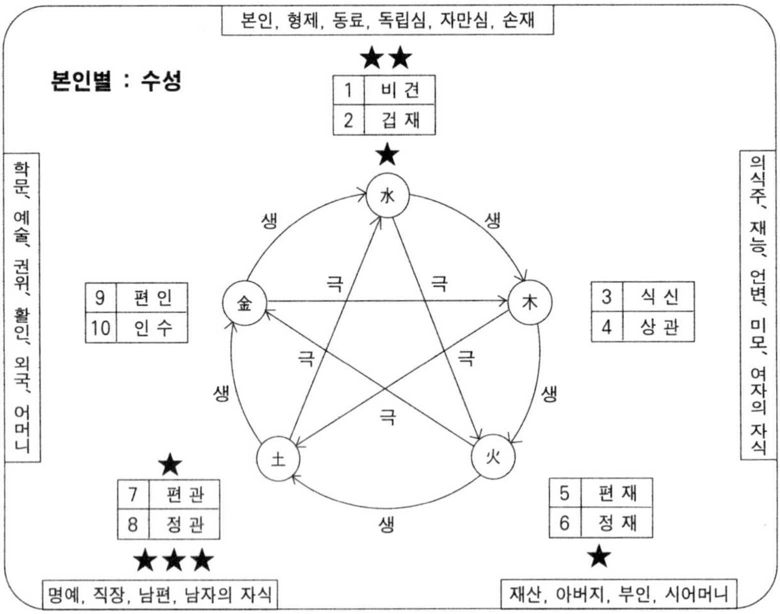

이 아가씨는 앞에서 간명한 사람의 딸로 18세된 여학생이다. 어머니 몸 안에 있을 때 아버지를 잃었으니 참으로 기구한 운명이다.

이 사주를 살펴보면 흙(土)이 너무 많은 것이 문제이다. 물론 아버지에 해당하는 편재(5번)는 나타나 있지 않다. 설혹 편재가 있다 해도 편재는 화(火)인데 지나치게 많은 흙(土) 때문에 꺼져버리니 아버지와 인연이 없는 유복자가 된 것이다.

그리고 형제에 해당하는 비견(1번)과 겁재(2번)는 물(水)인데 이 물이 너무 많은 흙(土) 때문에 메마르니 형제와도 인연이 없는 외동딸이다.

이 아가씨가 믿고 의지할 곳은 오로지 어머니에 해당하는 금(金)밖에 없다. 금(金)은 강한 토(土)의 기운을 빼주고 본인별인 수(水)를 도와주기 때문이다.

그런데 이 사주에서는 어머니별인 금성이 뚜렷하게 나타나 있지 않고 지장간으로 숨어 있을 따름이다. 그래서 어머니는 일찍부터 이 아가씨를 친정에 맡겨 놓고 일본으로 건너가 계속 떨어져 살았다.

이 아가씨가 개운하려면 인수((10번)와 편인(9번)에 해당하는 학문이나 예술을 열심히 연마해야 한다. 이 사주에서 인수와 편인은 바로 금성에 속하기 때문이다. 만일 상과대학을 지망할 때는 화폐금융학이 좋고, 금속공예학도 적합한 분야이다. 그리고 어머니께 지극정성으로 효도하면 금성은 더욱 밝게 빛날 것이다.

■ 전문가를 위한 코너

① 성별 : 여

② 명식 : 癸亥년 己未월 壬戌일 丁未시

③ 경과 : 25일 13시간 27분

④ 주권신 :

⑤ 조후 : 辛, 甲

16장. 교육자의 사주

뜻대로 되지 않는 일을 근심하지 말고

마음에 쾌(快)한 일을 기뻐하지 말라.

오랫동안 무사함을 믿지 말고

처음 맞는 어려움을 꺼리지 말라.

1. 대학교 교수(학장)

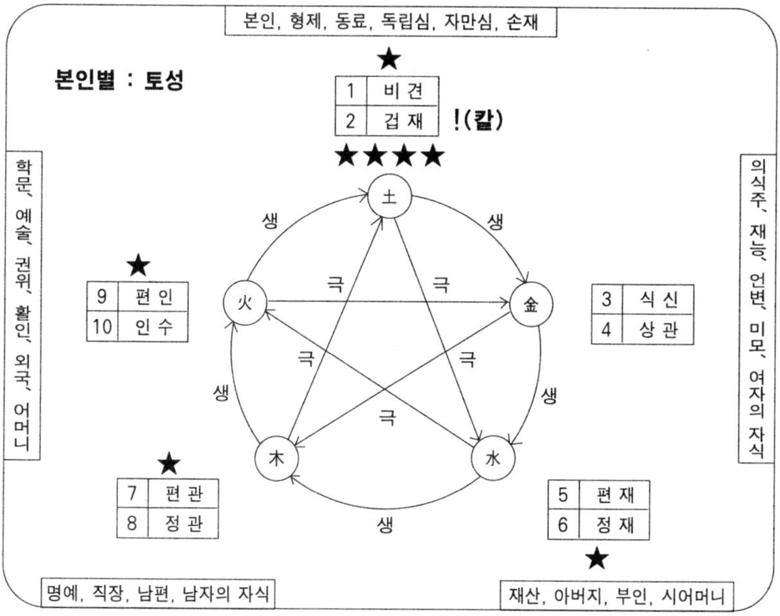

이 분은 서울대 의대를 졸업하고 의사로 재직하면서 대학교수인 동시에 학장까지 겸하고 있다. 부친은 판사를 지내셨고 어머니 또한 훌륭한 분이다. 이 사람은 현재 의료용 금속자료를 발명하여 세계적으로 크게 인정받았다. 우리 나라가 배출한 인재 중의 한 사람이다.

이 사주를 살펴보면 본인별이 토(土)인데 토(土)는 성실과 신용을 뜻한다. 그러나 토(土)가 지나치게 많으니 금(金)으로 빼주어야 한다. 다시 말해 토(土)의 성실과 신용을 바탕으로 금(金)에 관한 일을 하면 좋다는 뜻이다. 따라서 의사와 대학교수로서의 성실과 신용인 토(土)를 바탕으로 의료용 금속자료인 금(金)을 발명하여 세계적으로 크게 인정받게 된 것이다.

그리고 이 사주에서 금(金)은 식신(3번)과 상관(4번)에 해당한다. 이것은 모두 재능에 해당하니 발명업이 적합한 것이다. 그리고 식신과 상관은 재능과 언변에 해당하는 것이어서 교육계통과 인연이 있는 것이다. 이 사람은 사주에 필요한 부분을 후천적인 직업으로 보완하여 성공한 예라고 할 수 있다.

대학교수는 심안(心眼)을 가져야 개운할 수 있다. 이른바 자평지심(子平之心)을 지녀야 한다. 영국의 케임브리지대학교 교수이며 세계적인 천체물리학자인 스티븐 호킹은 우주는 육안이 아니라 심안으로 보아야 한다고 했다.

예로부터 많은 과학자들은 우주탄생의 기원과 크기, 모습, 중심점 등을 알아내기 위해 많은 노력을 기울여 왔다. 그러나 우주란 인간의 상상을 초월할 정도로 규모가 크고 방대한 것이라 현재까지도 밝혀지지 않은 부분이 많이 남아 있다.

태양계를 비롯한 수많은 별, 성단, 성운 등을 포함하고 있는 은하를 우리은하라고 한다. 여기에는 태양과 같은 별이 약 2,000억 개가 있다고 추정한다. 우리은하 밖에는 외부은하가 타원은하, 나선은하, 불규칙은하 등으로 이루어져 있다. 이 모든 것을 포함하는 우주는 계속 팽창하고 있다. 이런 우주에 대해서 스티븐 호킹은 마음의 눈을 열고 투시하라고 한다. 스티븐 호킹은 장애인의 몸으로 천체물리학계에 많은 업적을 이룩했다.

지금까지 인류의 역사를 움직여온 사람들을 보면 그들은 우주의 중심인 자미천시(紫微天市)에 계신 하느님과 자신의 마음을 일치시킨 사람들이었다. 대학교수는 이 사회의 구심역할을 해야 한다. 자신을 중심으로 돌고 있는 소행성인 제자들을 거느리고, 더 큰 천체운행을 계속하여 진리 그 자체로 접근해가야 한다. 어느 학문이나 마찬가지이다. 모든 것은 하나로 통한다. 우리의 마음 속에는 하나로 통할 수 있는 문이 있으니 하루 빨리 그 문을 열어젖히고 커다란 진리에 몸을 담아야 한다.

사주의 대운수(大運數) 계산방식의 밑바탕에 흐르고 있는 정신은 지구와 우주와의 관계이다. 지구는 매달 기후가 바뀐다. 태양은 약 10년 주기로 흑점의 극대 극소화 현상이 일어난다. 또한 10은 완성수이다. 그래서 10년이면 강산도 변한다고 한다. 지구의 1달(30일)과 태양의 10년을 연관지으면 지구의 3일은 태양의 1년이 된다. 그래서 태어난 사람이 절후와 3일의 시간 차이를 가졌다면 그 사람의 운의 주기는 1이라고 보는 것이다.

■ 전문가를 위한 코너

① 성별 : 남

② 명식 : 乙未년 戊寅월 己亥일 壬申시

③ 경과 : 2일 17시간 12분

④ 주권신 : 년지(丁) 월지(戊) 일지(戊) 시지(戊)

⑤ 조후 : 丙, 甲, 庚

2. 대학교 교수(박사)

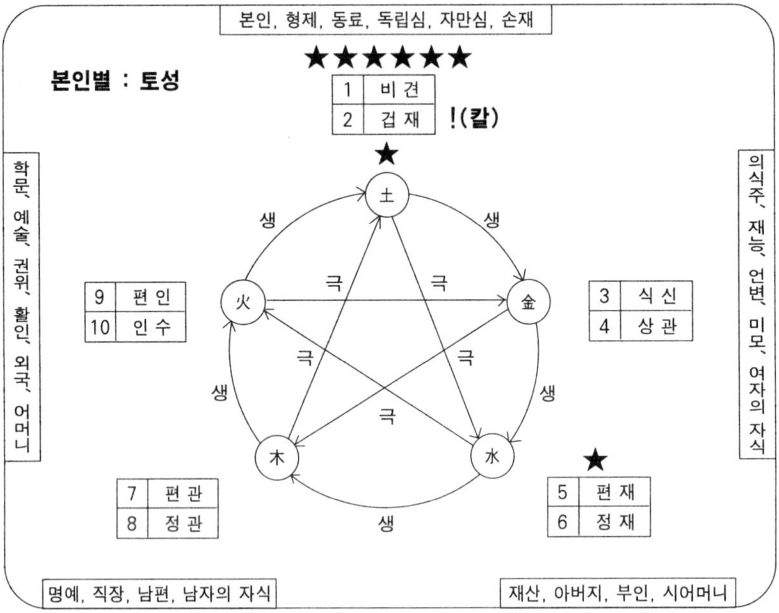

이 사람도 현직에 있는 대학교수이며 박사이다. 앞에서 간명한 대학교 학장의 사주처럼 본인별이 토(土)인데 매우 강하다. 토(土)는 성실과 신용을 뜻한다. 그러나 토(土)가 너무 강하므로 금(金)을 생하게 만들어 토(土)의 기운을 빼주어야 한다. 따라서 식신(3번)이나 상관(4번)에 해당하는 직업이나 금(金)에 관한 직업에 종사하면 길하다.

식신이나 상관은 재능과 언변에 해당하니 대학교수도 좋고 발명업도 좋다. 금(金)에 관한 직업으로는 금속자료를 취급하는 일 등이 있다. 이 사람 역시 성실과 신용을 바탕으로 대학교수가 되었고 박사가 되었다. 그리고 금속자료를 취급하여 큰 재미를 보았다고 한다.

사주에 없는 부분을 후천적으로 보완하여 성공한 예이다.

그리고 사주에 비견(1번)과 겁재(2번)가 지나치게 많으면 형제가 지극히 많거나 반대로 독신이 된다. 이 사람은 13남매라고 한다. 아버지는 이 사람이 첫돌을 지낸 후 돌아가셨다. 사주에 있는 강한 토(土)가 수(水)인 아버지 편재(5번)를 덮어버렸기 때문이다.

그리고 같은 수(水)에 속하는 정재(6번)인 부인은 늘 시름시름 앓고 있다. 화(火)에 속하는 인수(10번)인 어머니 역시 기력이 쇠진하다고 한다. 어머니의 자식에 해당하는 토(土)가 지나치게 많으니 당연한 현상이다.

이처럼 사주에서 유난히 밝은 별이 있으면 나머지 별들은 그 빛을 잃어버린다. 이 사주는 거의 토(土)로 구성되어 있기 때문에 특수 강왕격으로 보는 사람도 있을 것이다.

■ 전문가를 위한 코너

① 성별 : 남

② 명식 : 戊戌년 戊午월 戊辰일 壬戌시

③ 경과 : 14일 5시간 47분

④ 주권신 : 월지(己)

⑤ 조후 : 壬, 甲, 丙

3. 대학교 교수 Ⅰ

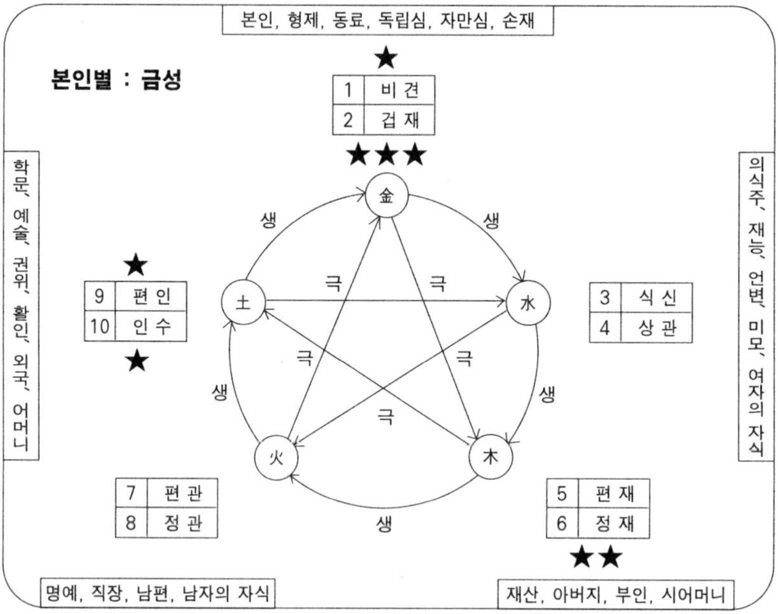

이 사람은 현재 명문대학교 식품공학과 교수이다. 식품공학은 무엇보다도 물을 전제로 한다.

이 사주를 살펴보면 본인별이 금(金)인데 너무 강하니 수(水)를 생하도록 해서 금(金)의 강한 기운을 빼주어야 한다. 따라서 식신(3번)이나 상관(4번)에 해당하는 직업이나 수(水)에 관한 직업이 좋다. 식신이나 상관은 재능과 언변에 해당하니 대학교수도 이에 해당하고, 수(水)에 관한 직업으로는 식품업 등이 있다. 이 사람은 식품공학과 교수가 되어 사주에 없는 부분을 후천적으로 보완하여 성공한 것이다.

그런데 지나치게 강한 금(金)이 목(木)인 정재(6번)를 후려치고 있다. 정재는 배우자에 해당하니 부인과 일찍 이혼했고, 자식에 해당하는 관성(7번, 8번)이 나타나 있지 않으니 자식이 없다.

이 사람이 개운하는 방법은 수(水)를 북돋워주면서 목(木)의 기운을 더해주면 좋다. 수영(水)을 자주하면서 검정색(水) 양복과 푸른색(木) 계통의 넥타이를 착용하는 것이 좋다.

우리들은 항상 자신의 본래의 모습은 무엇이며 어디를 향하고 있는 것인지, 그리고 죽음은 어떠한 변화를 가져오며 내생은 어떻게 전개되는지 등에 관하여 한 번 깊이 깨우쳐 보려는 마음을 갖고 있다. 그러나 매일 매일 타오르는 욕망의 불꽃으로 자신을 불사르며 점점 진리의 세계와는 먼 곳으로 향하고 있다는 느낌을 갖고 살아간다. 어떻게 보면 희로애락의 그 모든 것이 삼매이고, 일체가 분별이 없으련만 잡힐 듯 하면서도 아득하기만 한 진리의 세계가 못내 그리울 따름이다.

■ 전문가를 위한 코너

① 성별 : 남

② 명식 : 庚寅년 庚辰월 辛丑일 庚寅시

③ 경과 : 30일 10시간 45분

④ 주권신 :

⑤ 조후 : 壬, 甲

4. 대학교 교수 Ⅱ

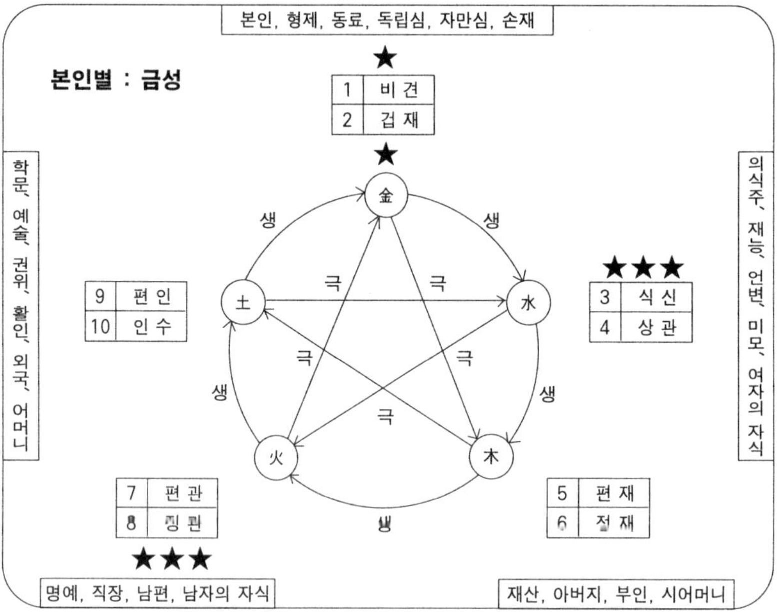

이 분은 그윽한 인품을 지닌 할머니인데 30년 동안이나 외국에서 생활하다가 거기서 박사 남편을 만나 결혼했다. 현재 대학교 외식학 교수로 재직 중이다.

어느날 아침 일찍 사무실로 올라가려고 빌딩 안에 있는 엘리베이터 앞에 서 있는데 경비원이 이 할머니를 가리키면서 나를 만나러 오신 분이라고 전해준다. 함께 사무실로 들어와서 바로 사주간명에 들어갔다. 이 분은 그때까지도 생년월일만 알려줄 뿐 자신의 신상에 대해서는 한마디도 하지 않았다.

이 사주를 살펴보니 년지와 월지에 의식주를 뜻하는 식신(3번)이 강하게 빛나고 있고, 각각 같은 기둥에 학문을 나타내는 문창귀인,

교육을 나타내는 학당, 우두머리를 나타내는 장성이 나란히 배치되어 있다. 그리고 형(刑), 충(沖), 파(破), 해(害) 등이 없어 깨끗하다. 그리고 년지, 월지, 일지, 시지가 각각 자(子), 자(子), 사(巳), 사(巳)로 모양이 있게 구성되어 있다.

나는 첫 마디로 "의식주 계통의 교수가 아니십니까" 했더니 깜짝 놀라며 말문을 열기 시작했다. 사실은 그렇게 말하면서 이런 노인이 무슨 대학교 교수일까 하는 의구심도 있었지만 사주에 나타난대로 말한 것이다.

이 사주에서는 정관(8번)이 남편인데 병(丙)이 이에 해당한다. 병(丙)은 하늘의 태양이다. 그리고 이 사주에 나타나 있는 식신(3번)은 계(癸)인데 계(癸)는 하늘에서 내리는 비이니 남편인 태양이 비에 가려진 형상이다. 따라서 남편을 일찍 잃은 것이다.

이 사주에는 아버지별인 편재(5번)가 없다. 지장간에도 없다. 따라서 이 분은 아버지와 일찍 사별하는 아픔을 겪은 것이다. 어머니별은 지장간 속에 2개나 들어 있다. 인간은 누구나 겉으로는 그럴듯하게 살아가고 있지만 속으로는 남모르는 고독을 간직한 채 한 세상을 보내는 것이 우리 인간인 것이다.

■ 전문가를 위한 코너

① 성별 : 여

② 명식 : 丙子년 庚子월 辛巳일 癸巳시

③ 경과 : 17일 18시간 47분

④ 주권신 :

⑤ 조후 : 丙, 甲, 壬, 戊

5. 대학교 교수 Ⅲ

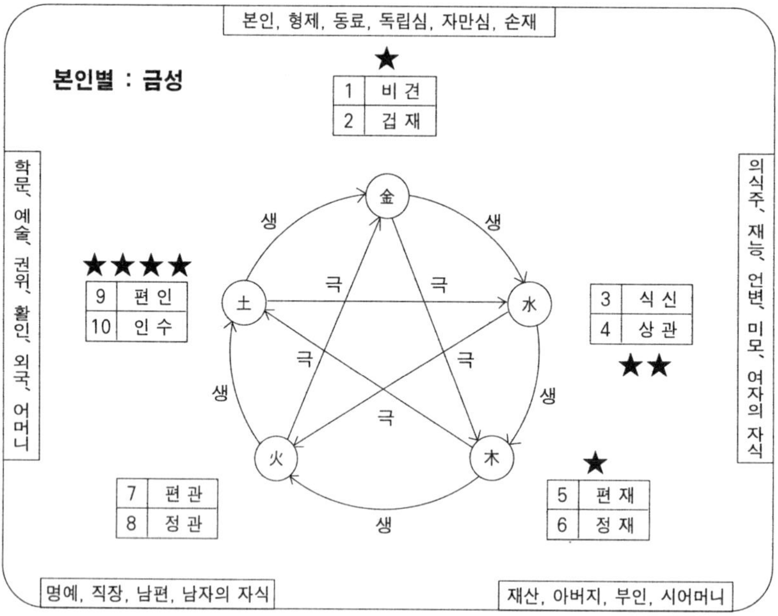

이 분은 명문대학을 졸업하고 미국으로 건너가 오랫동안 생활한 후, 지금은 전문대 의류학과 교수가 되었다. 외국생활을 오래한 것은 외국과의 인연을 뜻하는 편인(9번)이 4개나 있기 때문이다. 이 편인은 특수한 분야나 특수한 학문에 해당되어 의류학 교수가 되었다. 이 사주는 본인별이 금(金)인데 물(水)로 그 기운을 빼주고 있으니 총명하다. 따라서 명문대학교를 졸업하고 교수가 되었다.

한편 이 사주에서는 물(水)은 자신이 생산하고 노출해내는 것이니 여자에게는 자식과 유방, 자궁 등에 해당한다. 그런데 토(9번)4개가 이 물(4번)을 덮어버려 자식이 부실하고 유산과 난산을 거듭했다. 이런 사주를 가진 여자는 유방과 자궁계통의 질병을 조심해야 한다.

이 분은 겨울철에 태어났으니 화(火)인 관성이 필요한데 결여되어 전문대 교수로 그쳤다. 다시 말해 관성이 뚜렷하지 않아 큰 명예와는 인연이 없는 것이다.

이 분이 개운하는 방법은 화(火)를 일으키는 것이다. 억부법으로 보면 의아해 할 수도 있으나 겨울에 태어난 사람에게는 화(火)가 필요하다. 생활에 여유가 있는 분이니 단독주택을 마련해 벽난로를 설치하고 따뜻한 색으로 도배를 하면 좋다. 그리고 큰 나무(木)들이 버티고 서 있는 동양화로 장식하면 토(土)를 극하고 화(火)를 생해주어 좋다.

사주는 억부와 조후의 절묘한 승화를 통해 파악해야 한다. 억부는 현실이요, 조후는 이상이다. 현실을 떠난 이상은 있을 수 없고 이상을 떠난 현실은 무의미하다. 현실과 이상이 조화를 이루면 아름답다. 억부 위주로 생각을 하고 조후를 틀에 박힌 형식적인 것으로 파악하는 것은 얕은 소견이다. 조후를 깊이 있게 연구해보면 그 속에는 우주의 원리가 들어 있다. 억부는 조후의 논리를 담고 있고 조후는 억부의 정신을 지니고 있다.

■ 전문가를 위한 코너

① 성별 : 여

② 명식 : 戊戌년 甲子월 庚辰일 戊子시

③ 경과 : 21일 23시간 41분

④ 주권신 :

⑤ 조후 : 丁, 甲, 丙

6. 여고 교사

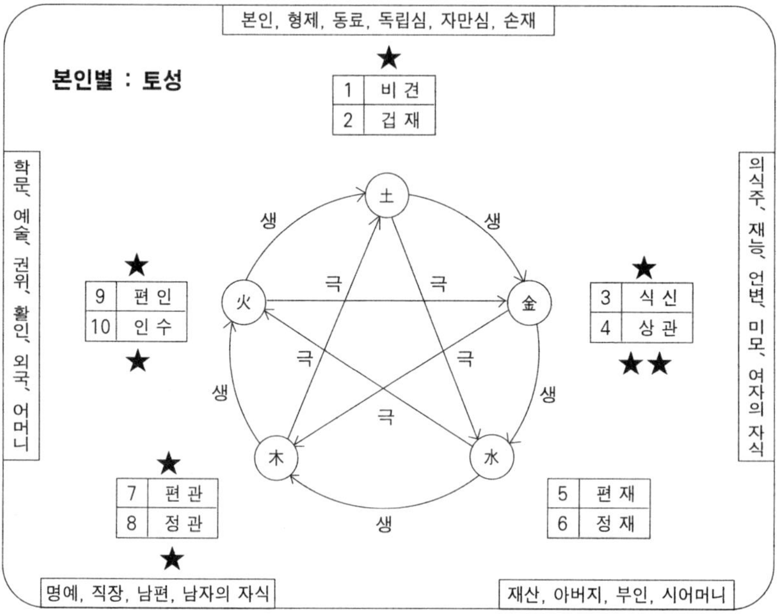

이 분은 명문대학교 사범대를 졸업한 후 모교인 여자고등학교에서 다년간 교사생활을 했다. 사람이 워낙 총명하고 미모까지 겸비해 사법고시와 행정고시 양과에 합격한 남자와 결혼하여 지금까지 유복하게 살고 있다. 이 사주는 비록 재산을 뜻하는 수성(5번, 6번)이 밝게 빛나지는 않으나 지장간 속에 들어 있으니 문제될 것은 없다.

이 사주는 재능과 미모에 해당하는 식신(3번)과 상관(4번)이 밝게 빛나고 있으니 총명하며 외모가 뛰어난 것이다. 그래서 교사로 많은 인기를 누렸고 좋은 남편도 만났다.

이 사주에서 관성(7번, 8번)은 목(木)에 해당하며 다음과 같은 의미가 있다. 첫째 관성은 직장에 해당하는데 목(木)의 성격을 띤다.

명리학에서 목(木)은 자비심을 뜻하며 교육계와 통하니 교사가 된 것이다. 둘째 관성은 남편에 해당하는데 목(木)의 성격을 띤다. 목(木)은 자비심을 뜻하므로 남편이 자비로운 판사를 지낸 것이다.

이 사주의 년주에는 교수나 교사와 인연이 되는 문창귀인, 장성, 학당이 있다. 그리고 월주에는 금여록이 있는데 이것은 금수레에 태워줄 좋은 배우자를 만나 부귀를 누린다는 것을 암시하는 것이다. 이 분은 지금 평소에 자신이 원하던 좋은 승용차를 타고 다닌다.

신살은 명리학이 종합적인 학문으로 체계화되기 이전의 초기단계 때 이것 저것 끌어다 대입해보는 과정에서 자연스럽게 등장하였으리라 추리된다. 생각해보면 통변성이란 것 자체가 천간에서 천간을 본 일종의 신살이다. 그러한 의미에서 사주는 신살을 종합해서 판단하는 것이다. 천간에서 천간을 본 통변성만 강조하고, 지지에서 지지를 보고 천간에서 지지를 보는 신살을 무시하는 것은 그것 자체가 종합적인 판단이 아니다. 종래의 신살을 종합적으로 구사하는 지혜가 필요하다.

■ 전문가를 위한 코너

① 성별 : 여

② 명식 : 乙酉년 甲申월 己巳일 庚午시

③ 경과 : 20일 5시간 24분

④ 주권신 :

⑤ 조후 : 丙, 癸

17장. 청솔마을 사람들

엎드림이 오랜 새는 나는 것이 반드시 높고

먼저 핀 꽃은 지는 것도 또한 빠르다.

이를 알면 발을 잘못 디딜 근심이 없을 것이요

조급한 마음이 사라지리라.

1. 태어난 지 3일만에 버려진 아이

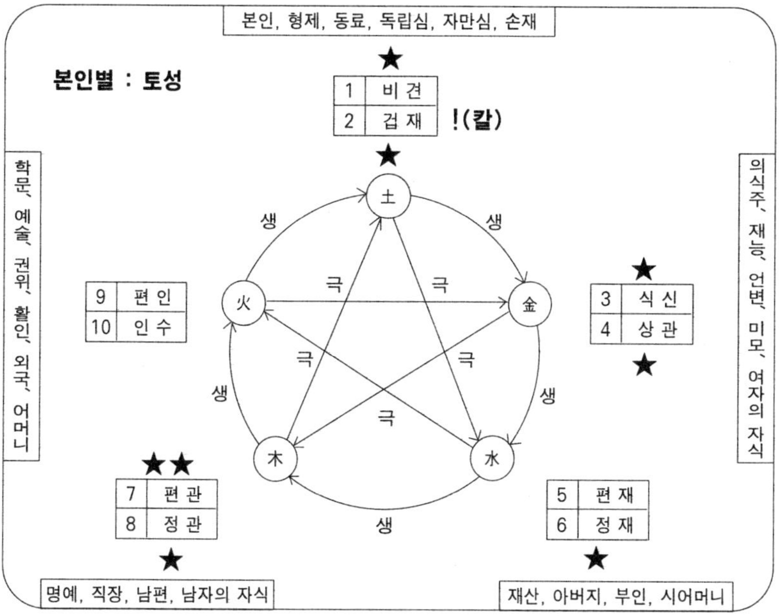

이 사람은 태어난 지 3일만에 남의 집 앞에 버려져 다른 사람 손에서 자랐다. 다시 말해 친어머니에 해당하는 인수(10번)보다 다른 여자를 뜻하는 편인(9번)과 인연이 있는 사람이다.

이 사람은 무오(戊午)일에 태어났는데 무(戊)는 토(土)에 해당하니 본인별은 토(土)가 된다. 그런데 이 무(戊)는 큰 산이고 봄철에 태어났으니 봄철의 큰 산이다. 봄철의 큰 산은 수목을 키우기 위해 무엇보다 하늘에 태양(丙))이 있어야 한다. 이것은 조후(調候)이론에 속하는 문제이다.

위에서 살펴본 것과 같이 이 사람은 봄철의 큰 산인지라 무엇보다도 태양인 병(丙)이 필요하다. 병(丙)은 이 사주에서 인수(10번)가 아니라 편인(9번)에 해당한다. 이 점에 대해서는 명리학을 조금만 공부한 사람이라면 금방 알 수 있을 것이다. 따라서 이 사람은 생모에 해당하는 인수(10번)보다 다른 여인에 해당하는 편인(9번)과 인연을 갖고 태어난 것이다. 이 사람이 처음부터 남의 집 앞에 버려져 남에게 양육되었다고 단정할 수는 없지만 인수(10번)가 나타나 있지 않으니 어머니와 큰 인연이 없는 사주라고 할 수 있다.

사주에 편관과 정관이 많으면 형제별인 비견과 겁재를 극하기 때문에 형제와 인연이 박하거나 멀리 떨어져서 생활한다. 직업에 파란이 많고, 건강이 좋지 못하고, 신체에 장애가 따르고, 성격이 난폭하여 형벌이나 관재구설이 따르고, 빈천하다. 계획적이지 못하며 산만하여 권위를 잃으니 자신의 주장을 관철시키기 어렵고, 정신적으로 활력과 박력이 부족하다.

남자는 사업을 감당할 능력이 부족하여 영속하기 어렵고, 불효자식을 두게 되고, 아내의 건강이 좋지 못하다.

여자는 배우자 선택으로 세월을 허송하고, 직장생활과 인연이 있고, 남편운이 박하여 이변이 발생하기 쉽고, 성격이 공격적이어서 남편에 대해 두 가지 마음을 갖고, 색정으로 인한 삼각관계에 빠지기 쉽고, 남자의 유혹으로 불의의 재난을 당하고, 성희롱이나 강간 등을 당하기 쉽다. 만일 사주에 편관과 정관이 함께 있으면 남녀 모두 매사에 막힘이 많고 구설이 따른다.

이상의 경우와는 반대로 관성(편관, 정관)이 부족하면 남녀 모두 무능하고, 직장운과 명예운이 박하다. 남자는 자식과의 인연이 약하고, 여자는 남편과의 인연이 약하다. 그러나 사주 전체의 구성에 따라 달라질 수도 있으니 잘 살펴야 한다.

편관과 정관은 본인별을 제약하는 별들이기 때문에 지나치게 많으면 본인별이 자유롭지 못하고 부족하면 방종으로 흐르게 된다. 지나친 부자유나 지나친 방종은 모두 바람직하지 못하다.

명리학은 불교의 사상과도 인연을 맺고 있다. 12운(十二運)의 이론이 그것이다. 12운의 이론은 불교의 윤회사상을 반영한 것으로, 인생의 성장과 소멸의 전 과정을 12단계로 나누어 고찰하고, 그 흐름이 수레바퀴처럼 순환을 거듭한다는 사상을 표현한 것이다. 장생(長生), 목욕(沐浴), 관대(冠帶), 건록(建祿), 제왕(帝旺), 쇠(衰), 병(病), 사(死), 묘(墓), 절(絶)), 태(胎), 양(養)으로 진행하다 다시 장생(長生)으로 이어진다. 이 12운의 이론은 12지지를 팔괘(八卦)에 배정하여 자연의 이치와 부합시킨 것으로 나름대로 상당히 깊은 논리를 갖고 있다.

■ 전문가를 위한 코너

① 성별 : 남

② 명식 : 癸卯년 乙卯월 戊午일 辛酉시

③ 경과 : 10일 2시간 13분

④ 주권신 : 년지(甲) 월지(甲) 일지(己) 시지(庚)

⑤ 조후 : 丙, 甲, 癸

2. 동업으로 큰 손해를 본 사장 아들

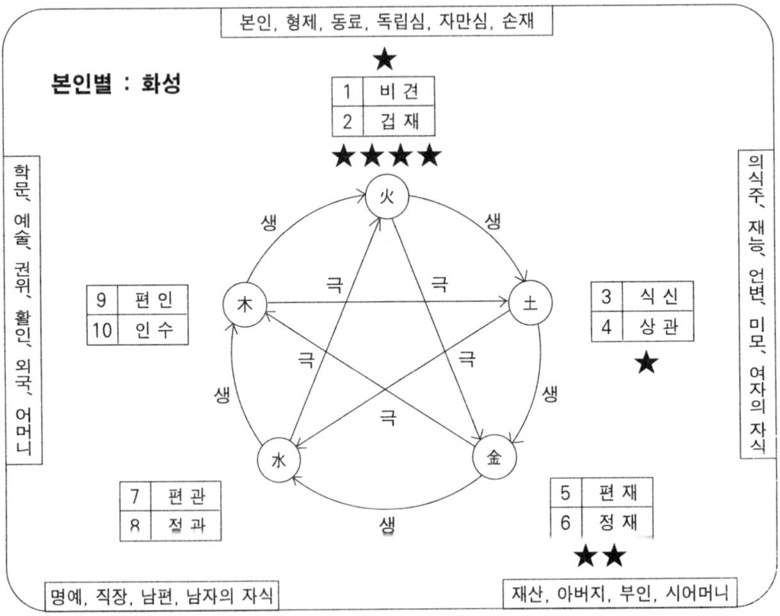

이 사람은 중소기업 사장의 아들인데 친구들과 동업을 하다가 큰 손해를 보고 지금까지 그 여파에 시달리고 있다. 이 사주가 친구들과 동업하는 것이 왜 좋지 않은지 살펴보자.

우선 이 사주를 보면 불(火)이 너무 많다. 본인별도 화(火)인데 같은 화(火)인 겁재(2번)가 4개나 있다. 그러니 불길을 더욱 돋구어 금(金)인 정재(6번)를 녹여버리는 것이다. 정재(6번)는 이 사람의 재산에 해당하니 친구들과 동업을 하다가 큰 손해를 본 것이다. 사주에 비견과 겁재가 많으면 동업은 좋지 않고 봉급생활이 무난하다. 그리고 자기와 같은 별인 비견과 겁재가 너무 많으면 형제가 매우 많거나 반대로 독신이 되는데 이 사람은 외아들이다.

참고로 건강을 살펴보면 사주에 불(火)이 너무 많으면 심장과 소장 질환에 유의해야 한다. 그뿐 아니라 이 사주는 전체적인 균형이 깨진 상태이므로 모든 면의 건강을 조심해야 한다. 현재 이 사람은 건강 전반이 문제라고 한다.

이 사람이 개운하는 방법은 치열한 화(火)를 다스리는 것이다. 고서에서는 이런 경우에는 용(龍)을 타라고 했다. 이것은 사주에 진토(辰土)가 있어야 한다는 뜻이나 이 사주에는 진(辰)이 없다. 사업을 하는 사람이니 돈이 생기면 임야 등 습토에 해당하는 부동산을 사는 것이 좋고, 집이나 사무실 등에 용의 그림을 걸어두면 도움이 될 것이다.

■ 전문가를 위한 코너

① 성별 : 남

② 명식 : 丙午년 庚寅월 丁酉일 丙午시

③ 경과 : 2일 20시간 22분

④ 주권신 : 년지(丙) 월지(戊) 일지(庚) 시지(丙)

⑤ 조후 : 甲, 庚

3. 채소장수 아주머니

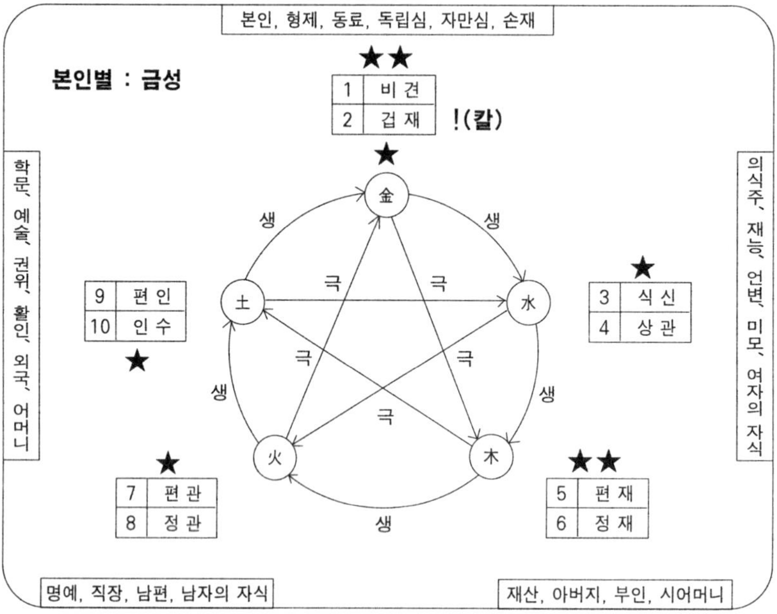

이 분은 채소장수를 하는 아주머니인데 평생을 어렵게 살아왔다고 한다. 얼핏보기에는 모든 별을 골고루 갖추었으니 귀부인의 사주 같다. 그러나 여자 사주의 경우에는 그럴수록 더 세밀하게 살펴보아야 한다. 그러면 이 사람의 사주명식을 살펴보자.

	천간	지지
년	乙	未
월	庚	辰
일	辛	丑
시	戊	戌(「남편의 무덤」)

진술축미(辰戌丑未)는 모두 토(土)에 속하므로 이 네 글자를 무덤 또는 창고라고 한다. 어떤 무덤이고 어떤 창고인지는 경우를 나누어서 살펴보아야 한다. 이 사주에서는 술(戌)이 「남편의 무덤」에 해당한다. 사주에 이렇게 「남편의 무덤」이 있으면 원앙새가 각각 따로 따로 날아가는 형상이라 하여 부부의 인연이 크지 않다고 본다. 이 분은 일단 남편덕이 없다. 그리고 지지에 진술축미(辰戌丑未)를 모두 갖추고 있다. 이런 사주는 남자는 대귀격을 이루나 여자는 팔자가 세고 고독해진다.

이상과 같이 사주에 모든 별을 골고루 갖추고 있지만 큰 문제점들을 내포하고 있어 평생 어렵게 살아온 것이다. 그렇다면 왜 하필이면 채소장수가 되었을까를 살펴보자. 이 사주에서는 식신(3번)이 편재(5번)를 생해주고 있다. 식신은 의식주와 관계된 사업에 해당하는데 채소는 그중에서 식(食)에 해당한다. 이 채소가 편재(5번)인 재물을 형성해주고 있으니 채소장수가 된 것이다.

■ 전문가를 위한 코너

① 성별 : 여

② 명식 : 乙未년 庚辰월 辛丑일 戊戌시

③ 경과 : 4일 21시간 51분

④ 주권신 : 년지(丁) 월지(乙) 일지(癸) 시지(辛)

⑤ 조후 : 壬, 甲

4. IQ 152 아가씨

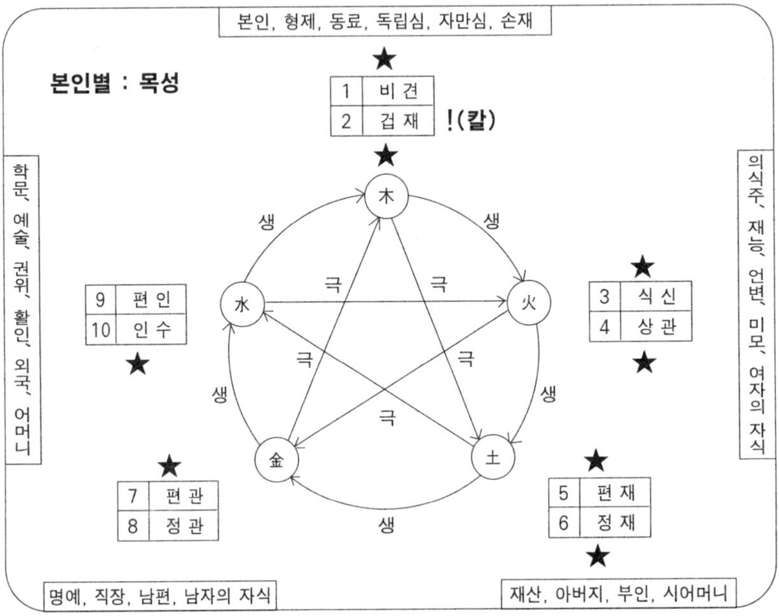

이 아가씨는 서울대학교를 졸업한 후, 동 대학원에서 중국철학인 장자를 공부하고 있는데 IQ가 152나 된다. 앞에서 간명한 채소장수 아주머니와 비슷한 부분이 있지만 자세히 살펴보면 전혀 다르다는 것을 알 수 있을 것이다. 이 사주는 마치 한 마리의 용이 여의주를 물고 하늘로 승천했다가 휘돌아서 다시 하강하는 형상이다. 그림으로 그려보자.

	천간	지지
년	丙 (火)	辰 (土)
월	丁 (火)	酉 (金)
일	乙 (木)	亥 (水)
시	壬 (水)	午 (火)

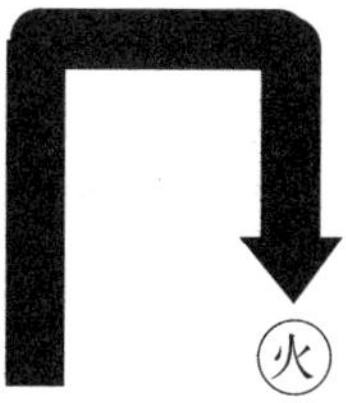

위의 그림을 살펴보면 수(水)→목(木)→화(火)→토(土)→금(金)→수(水)의 형태로 이어져 나간다. 그리고 여의주에 해당하는 화(火)는 바로 재능을 나타내는 식신(3번)과 상관(4번)에 해당한다. 두뇌가 우수한 사람들의 사주를 보면 생하는 쪽으로 잘 통해서 막힘이 없는 경우가 많다.

또한 이 사주는 본인별이 목(木)에 해당하는데 화(火)를 생하고 있다. 나무에 불을 붙여 어둠을 밝히는 형상이요, 나무에 꽃이 피어 세상에 향기와 아름다움을 내뿜는 형상이다. 이런 사주를 목화통명(木火通明) 사주라고 하는데 총명하다. 더구나 장수(7번)가 칼(!)을 쥐고 있는 형상이니 권세와 위엄이 당당하다.

■ 전문가를 위한 코너

① 성별 : 여

② 명식 : 丙辰년 丁酉월 乙亥일 壬午시

③ 경과 : 12일 14시간 22분

④ 주권신 : 일지(甲) 시지(己)

⑤ 조후 : 癸, 丙, 丁

5. 15번이나 유산한 여인

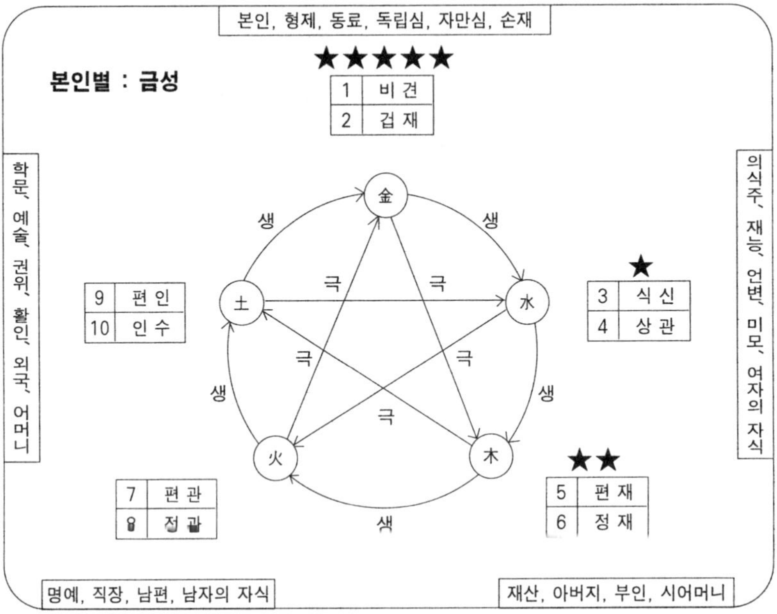

이 여인은 15번이나 유산을 했고, 결국은 자궁수술까지 받았다고 한다. 금(金)이 너무 강한 것이 문제이다. 금(金)은 물(水)을 생하기 때문에 물(水)에게는 좋은 역할을 한다. 그런데 금(金)이 지나치게 강해도 물(水)에게 좋은 역할을 할 수 있을까. 그렇지 않다. 예를 들면 적당한 양의 음식은 기운을 돋구나 지나친 과식은 병을 만든다. 이 사주에서는 지나치게 강한 금(金)이 물(水)을 막아 통하지 못하게 만든 것이다. 물(水)은 막히면 탁해져 제구실을 못하는 법이다. 따라서 이 사주에서는 물에 해당하는 식신(3번)이 엉망이 되었다. 식신이란 무엇인가. 여자에게는 자식과 자궁에 해당하는 것이다. 그러니 어찌 자식과 자궁이 온전하겠는가.

문제는 여기서 그치지 않는다. 지나치게 강한 금(金 : 1번)은 목(木 : 5번)을 후려친다. 목(木)인 편재(5번)는 재산과 아버지에 해당하니 재산이 없고 아버지도 일찍 세상을 떠난 것이다. 그리고 정관(8번)은 남편에 해당하는데 나타나 있지 않으니 남편이 있다 해도 크게 성공하기 어렵다. 이 여인의 남편은 사법고시 준비를 8년이나 했으나 뜻을 이루지 못하고 은행원으로 그쳤다.

이 사주는 여러 별들이 단아하게 배치되어 있으니 사람이 깨끗하고 청수하다. 그런데 경진(庚辰)년인 올해 많은 돈을 벌기 위해 벤처회사에 투자하고 싶단다. 그러나 경진(庚辰)년의 경(庚)은 금(金)이므로 금(金)을 더욱 강하게 만든다. 이때는 손재가 염려되므로 무리한 투자는 삼가하는 것이 좋다.

■ 전문가를 위한 코너

① 성별 : 여

② 명식 : 甲申년 壬申월 庚申일 甲申시

③ 경과 : 16일 14시간 41분

④ 주권신 :

⑤ 조후 : 丁, 甲

6. 미용사

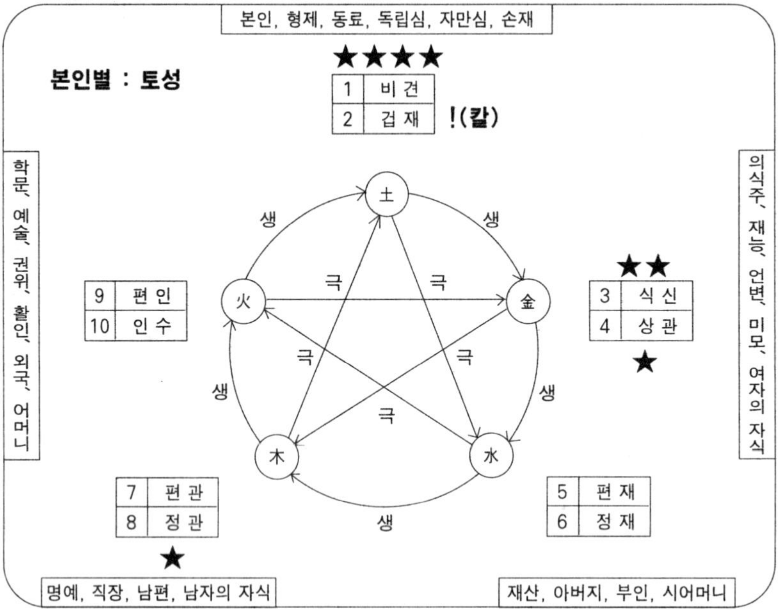

이 여인은 매우 똑똑하고 청수한 미용사인데 19세 때 어머니가 돌아가시고 3개월 후에는 아버지까지 돌아가셨다. 선생님이 되는 것이 꿈이었는데 뜻을 이루지 못하고 26세부터 미용기술을 배워 36세부터 미용실을 운영하고 있는데 한창 번창하고 있다.

어머니와 아버지가 일찍 돌아가신 것은 어머니에 해당하는 인수(10번)와 아버지에 해당하는 편재(5번)가 나타나 있지 않고, 또 별들의 세력이 토성과 금성으로 집중되었기 때문이다.

이 여인이 일찍부터 직업을 갖길 꿈꾸었던 것은 독립심을 뜻하는 토성(1번)이 4개나 빛나고 있기 때문이다. 그리고 이 사주에는 재능을 뜻하는 금성(3번, 4번)이 3개나 있으니 재능을 자랑하는 미용사가 된 것이다.

이 사주는 남편(8번 정관)이 매우 외로운 형상이다. 사주가 자신의 독립사업(1번)과 자식(3번, 4번) 위주로 구성되어 있기 때문이다. 확인한 것은 아니지만 아마 틀림없을 것이다.

이 여인이 개운하는 방법은 비(癸)를 맞는 것이다. 본인별이 토(土)인데 더운 여름에 태어났기 때문이다. 샤워(癸)를 자주하고 차(茶)와 해초(海草)를 가까이 하는 것이 좋다.

세간에는 삼재(三災) 또는 삼재살(三災殺)이란 것이 널리 알려져 있고, 많은 사람들이 이 삼재가 되는 운을 3년간 재수가 없다 하며 매우 두려워 하고 있다. 삼재란 천재(天災), 지재(地災), 인재(人災)의 3가지 재난을 가리킨다. 그러나 이 삼재는 사주 자체와는 상관이 없는 것이고, ○띠생이 ○해를 맞이 했느냐로 따지는 것이다. 전체 사람들의 25%가 해마다 삼재에 해당된다는 이러한 이야기는 그냥 흥미롭게 듣고 넘기면 된다.

■ 전문가를 위한 코너

① 성별 : 여

② 명식 : 甲午년 庚午월 己酉일 辛未시

③ 경과 : 15일 23시간 29분

④ 주권신 : 년지(己) 월지(己)

⑤ 조후 : 癸, 丙

18장. 의료인의 사주

예로부터 재앙은 총애 속에서 자라나니

득의(得意)한 때에 모름지기 빨리 머리를 돌리라.

세상에는 간혹 실패 뒤에 공을 이루는 수도 있나니

뜻대로 안 되는 곳에 이내 손을 놓지 말라.

1. 의사 Ⅰ

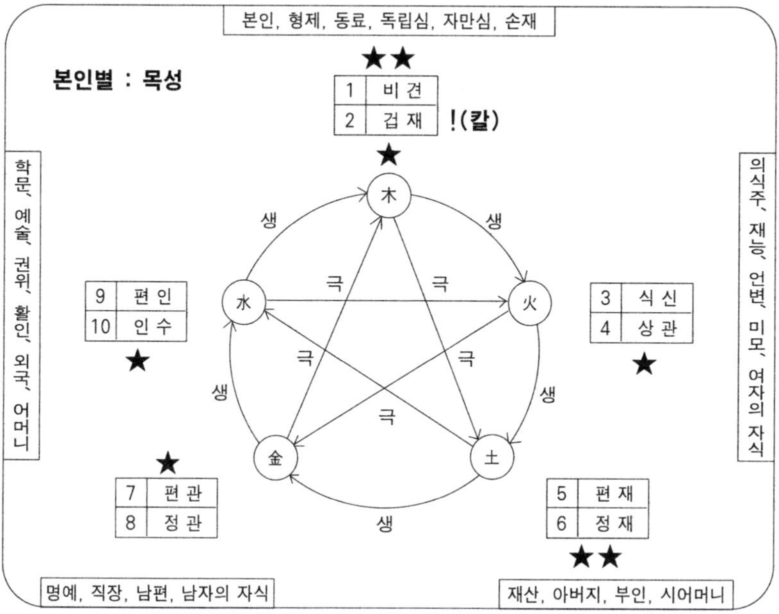

이 사람은 성형외과 의사이다. 의사들의 사주를 보면 지지에 묘유술(卯酉戌) 중 두 글자를 갖춘 경우가 많다. 묘(卯)는 해가 떠오르는 동쪽으로 천지만물에 새로운 생기를 부여하고, 유(酉)는 해가 지는 서쪽으로 천지만물의 피로를 풀어주며, 술(戌)은 하늘의 이치와 통하는 천문(天門)으로 도(道)를 행할 수 있는 관문이 되어 이 세 글자는 모두 활인업과 인연을 갖기 때문이다. 그리고 의사들의 사주에는 충(沖 :충돌), 형(刑: 다스림), 양인(羊刃 : 칼)이 있는 경우가 많다.

	천간	지지	
년	戊	戌	충
월	丙	辰(양인)	
일	乙(본인별)	卯	형
시	戊	子	

지지에 술(戌)과 묘(卯) 두 글자가 있다. 그리고 충(沖), 형(刑), 양인(羊刃)까지 있으니 의사가 된 것이다. 출세한 사람들의 사주를 보면 5개의 별들을 반듯하면서도 골고루 갖추고 있는 경우가 많다. 또 장수(편관)가 칼(!)을 쥐고 있는 형상도 출세가도를 달리는 귀격 사주에 해당한다. 이 사주도 그러하다.

여기서 음양오행과 건강과의 관계를 살펴보자.

① 사주에 목(木)이 지나치게 많으면 간염, 간경화, 담석통증, 관절통 등이 따르고 발목을 잘 삔다.

② 사주에 목(木)이 부족하면 약시, 색맹, 현기증, 간질, 생리불순 등이 따른다.

③ 사주에 화(火)가 지나치게 많으면 몸에 열이 많으며 변비, 고혈압, 협심증, 심장판막증, 당뇨, 류마치스 등이 따른다.

④ 사주에 화(火)가 부족하면 가슴이 두근거리며 잘 놀라고 저혈압, 목덜미 뻐근함, 자궁냉증 등이 따른다.

⑤ 사주에 토(土)가 지나치게 많으면 위궤양, 위암, 췌장암, 맹장염, 화농성질환 등이 따른다.

⑥ 사주에 토(土)가 부족하면 복통, 소화불량, 위경련, 위산과다 등

이 따르고 심하게 살이 찌거나 빠진다.

⑦ 사주에 금(金)이 지나치게 많으면 기관지질환, 편두통, 콧병, 장염, 치통, 무릅관절통 등이 따른다.

⑧ 사주에 금(金)이 부족하면 폐결핵, 치질, 신경과민 등이 따른다.

⑨ 사주에 수(水)가 지나치게 많으면 신장염, 방광염, 요도염, 디스크, 자궁냉증 등이 따른다.

⑩ 사주에 수(水)가 부족하면 신경통, 중풍, 생식기 염증 등이 따르고 소변을 자주 보거나 정력이 감퇴한다.

이상의 경우에도 음양을 정밀하게 구분하여 상극작용과 충작용까지 감안하면 더욱더 정확하게 간명할 수 있을 것이다. 한의학계에서는 음양오행학적인 측면에서 오운육기법을 활용하고 있다.

■ 전문가를 위한 코너

① 성별 : 남

② 명식 : 戊戌년 丙辰월 乙卯일 戊子시

③ 경과 : 3일 7시간 46분

④ 주권신 : 년지(辛) 월지(乙) 일지(甲) 시지(壬)

⑤ 조후 : 癸, 丙, 戊

2. 의사 Ⅱ

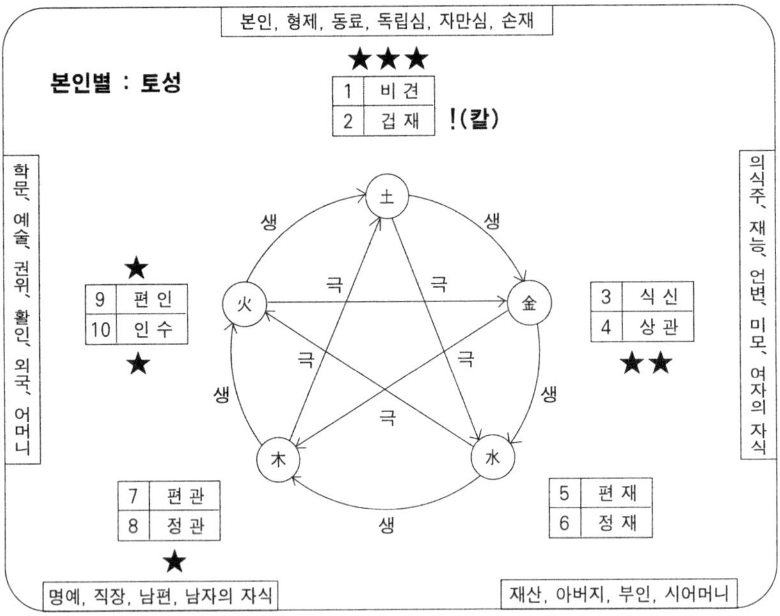

이 사람도 의사인데 일찍 미국으로 건너가 의사생활을 하다가 7~8년 전부터는 의약계통인 화장품 사업에 몰두하고 있다. 을유(乙酉)년 무술(戊戌)일에 태어나 지지에 유(酉)와 술(戌)이 있고, 칼(!)까지 갖추고 있으니 의사가 된 것이다.

이 사람은 무술(戊戌)일에 태어났으니 본인별은 무(戊)인데 무(戊)는 큰 산에 해당한다. 본인별인 무(戊) 즉, 큰 산이 좋아지려면 우선 하늘에서 태양이 빛나야 한다. 태양은 화(火)인데 이것은 위의 그림에서 볼 수 있듯이 갖추어져 있다.

그리고 큰 산에는 큰 나무가 있어야 한다. 큰 나무는 갑(甲)을 말하는데 이 사주에서는 갑(甲)은 없고 을(乙)만 있다. 을(乙)은 작은 나무인데 정관(8번)이 이것이다. 큰 산에 작은 나무만 있으니 명예는 외화내빈에 불과하다. 얼굴이 매우 수척한 것으로 보아 고생을 많이 하고 있는 것 같았다.

또한 큰 산에는 적당한 수분이 있어야 만물을 생육할 수 있다. 다시 말해 물(水)이 있어야 한다. 그런데 이 사주에는 물(水)이 보이지 않으니 태평양을 건너가 외국에서 생활하는 모양이다.

양(+)은 모여서 앞으로 나가는 속성이 있으므로 주로 순행하고, 음(-)은 흩어져 뒤로 물러나는 속성이 있으므로 주로 역행한다. 양(+)이 출생하는 곳에서 음(-)이 사망하고 음양이 서로 교환되는 것은 자연의 이치이다. 갑목(甲木)은 해(亥)월에 생하고 오(午)월에 사한다. 을목(乙木)은 오(午)월에 생하고 해(亥)월에 사한다. 기(氣)와 질(質)의 다른 점이다. 나머지 천간도 이와 같다.

■ 전문가를 위한 코너

① 성별 : 남

② 명식 : 乙酉年 辛巳월 戊戌일 戊午시

③ 경과 : 23일 5시간 53분

④ 주권신 :

⑤ 조후 : 甲, 丙, 癸

3. 의사 Ⅲ

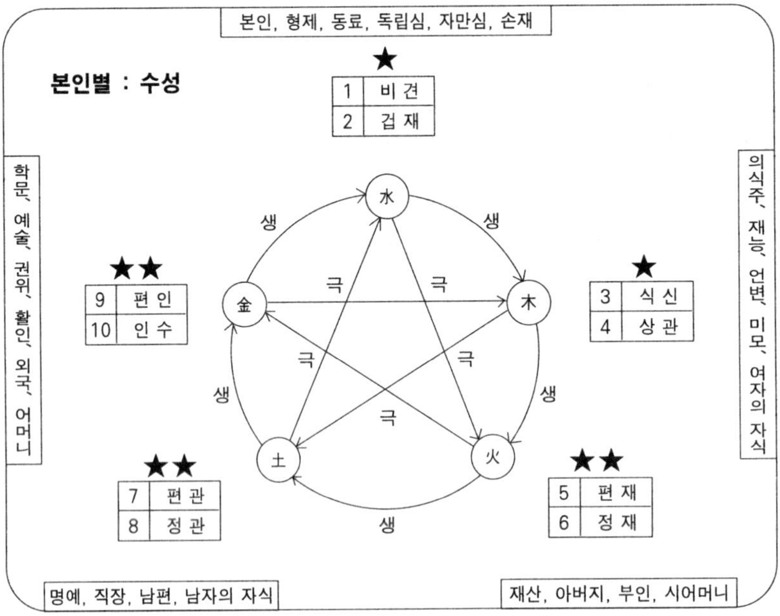

이 사람은 비뇨기과 의사인데 나에게 사주를 간명받기 위해 지방에서 찾아왔다. 부인은 산부인과 의사와 대학교수를 겸하고 있고 어머니 또한 의사라고 한다. 의사가족이다. 의사의 사주라고 해서 반드시 앞에서 말한 것처럼 어떠 어떠한 것들을 갖추고 있어야 하는 것은 아니다. 의사가 그 시대에 각광받는 직업이라면 좋은 사주를 타고난 사람은 그런 직업이 가능한 것이다.

이 사주를 살펴보니 5개의 별을 빠짐없이 모두 갖추고 있다. 더구나 균형이 잘 잡혀 한 줄로 나란히 배치되어 있으니 참으로 아름답다. 이런 사주를 오행주류격(五行周流格)이라 하는데 성격이 원만하여 대인관계가 좋고, 건강하며 평생 복덕이 후하다.

그리고 이 사주는 간지 여덟 글자 모두가 큼직 큼직한 양(+)의 기운을 지니고 있다. 그래서 이 사람은 행동 하나 하나가 모두 시원스러웠다.

이 사주는 년주와 월주에 역마와 지살과 편인이 있으니 외국과 인연이 많다. 그동안 외국의 많은 의사들과 교분을 맺었고, 자신이 주관으로 이들을 초청하여 대규모의 연구발표회를 한다고 날짜를 잡아 놓은 상태이다.

이 사람이 태어난 신(申)월은 본인별인 임수(壬水)의 발원지가 되어 물의 흐름이 거세어지므로 무토(戊土)로 제방을 쌓지 않으면 범람의 여지가 있다. 그런데 배우자궁과 자식궁에 무토(戊土)가 자리잡고 있으니 그 얼마나 기쁜일인가. 멋진 가정을 이룩할 수 있을 것이다.

■ 전문가를 위한 코너

① 성별 : 남

② 명식 : 丙申년 丙申월 壬戌일 甲辰시

③ 경과 : 15일 9시간 49분

④ 주권신 :

⑤ 조후 : 戊, 丁

4. 치과의사 I

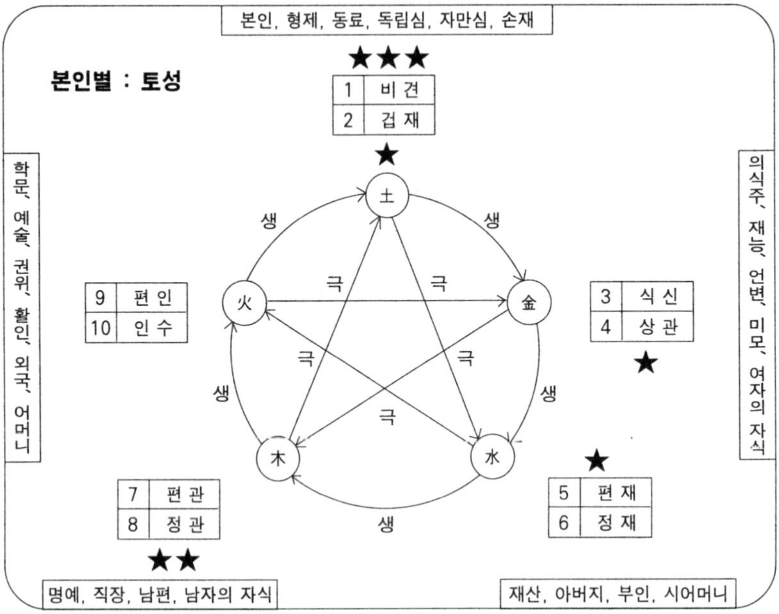

이 분은 치과의사인데 부산에서 의원을 운영하고 있다. 앞에서 의사 사주의 지지에는 묘유술(卯酉戌) 중 두 글자를 갖추고 있는 경우가 많다고 설명했다. 그러나 이 사주처럼 세 글자가 모두 있는 경우도 있다.

	천간	지지
년	乙	酉
월	己	卯
일	戊(본인별)	戌
시	壬	戌

이 사주에는 지지에 묘유술(卯酉戌)이 모두 있고 술(戌)은 겹쳐 있으니 의사와 인연이 많다. 어쨌든 사주에 묘유(卯酉), 유술(酉戌), 묘술(卯戌), 또는 묘유술(卯酉戌)이 있으면 의사, 간호사, 약사, 산파, 병리사, 식품영양사 등 활인업과 인연이 깊다.

이 사주는 독립심을 나타내는 토성(1번, 2번)이 강하기 때문에 대학병원 등 직장생활과는 인연이 없었고 일찍부터 독립적으로 의원을 개원한 것이다. 그리고 강한 토성(1번, 2번)이 배우자에 해당하는 수성(5번, 6번)을 극하고 있으니 부인의 건강이 좋지 않아 늘 걱정이고, 명예에 해당하는 목성(8번)이 잘 빛나고 있으니 학교 동기회 회장직을 맡는 등 이름을 날리고 있다.

■ 전문가를 위한 코너

① 성별 : 남

② 명식 : 乙酉년 己卯월 戊戌일 壬戌시

③ 경과 : 24일 12시간 52분

④ 주권신 :

⑤ 조후 : 丙, 甲, 癸

5. 치과의사 Ⅱ

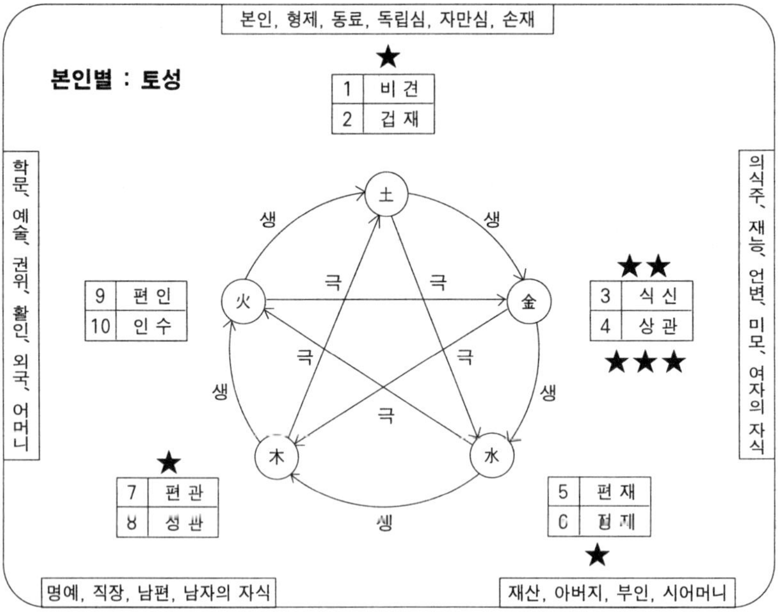

이 분도 의원을 운영하고 있는 치과의사이다. 무술(戊戌)일 신유(辛酉)시에 태어났으니 술(戌)과 유(酉)를 갖추고 있다. 의사와 인연이 있는 사람이다. 그런데 금(金)이 너무 강하여 본인별인 토(土)의 기운을 너무 많이 빼내고 있으니 건강이 좋지 않다. 사주에 금(金)이 너무 강하면 호흡기질환을 조심해야 하는데 이 사람도 만성적인 콧병을 앓고 있다.

이 사주에서 금(金)이 너무 많아 본인의 기운을 지나치게 많이 뺀다는 것은 몸에 상처가 생길 가능성이 많다는 뜻이다. 왜냐하면 몸이 터져서 외부로 쏟아지는 형상이니 상처를 입고 흉터가 생기는 것은 당연한 일이 아니겠는가. 이 사람은 얼굴에 흉터가 있다.

이 사람은 화(火)가 필요하다. 왜냐하면 매우 강한 금(金)을 불(火)로 제압하고, 본인별 토(土)를 불(火)로 도와주어야 하기 때문이다. 치과병원에도 불이 필요할 것이다.

이 분이 개운하려면 치과에서 사용하는 불에 대해 깊이 연구하는 것이 좋다. 그리고 따뜻한 남쪽이나 남(南) 자가 들어간 지역에서 개원하면 좋고, 사무실 벽에 큰 숲 위로 솟아오르는 태양이 있는 그림을 걸어두면 좋다.

사주는 귀성(貴星)으로 이루어지면 좋다. 예를 들어 갑목(甲木)일간에게는 경금(庚金)과 정화(丁火)가 귀성이다. 갑목(甲木)은 큰 수목이므로 경금(庚金)이란 금도끼로 다듬어야 한다. 그러나 경금(庚金)이 너무 거칠면 안되니 정화(丁火)라는 불로 적당히 제련될 필요가 있다. 그러나 을목(乙木)일간에게는 계수(癸水)와 병화(丙火)가 귀성이다. 을목(乙木)은 작은 수목이어서 성장을 필요로 하니 촉촉한 계수(癸水)의 비와 따스한 병화(丙火)의 태양을 필요로 한다.

■ 전문가를 위한 코너

① 성별 : 남

② 명식 : 辛亥년 癸巳월 戊戌일 辛酉시

③ 경과 : 7일 5시간 22분

④ 주권신 : 년지(甲) 월지(庚) 일지(辛) 시지(庚)

⑤ 조후 : 甲, 丙, 癸

6. 한의사

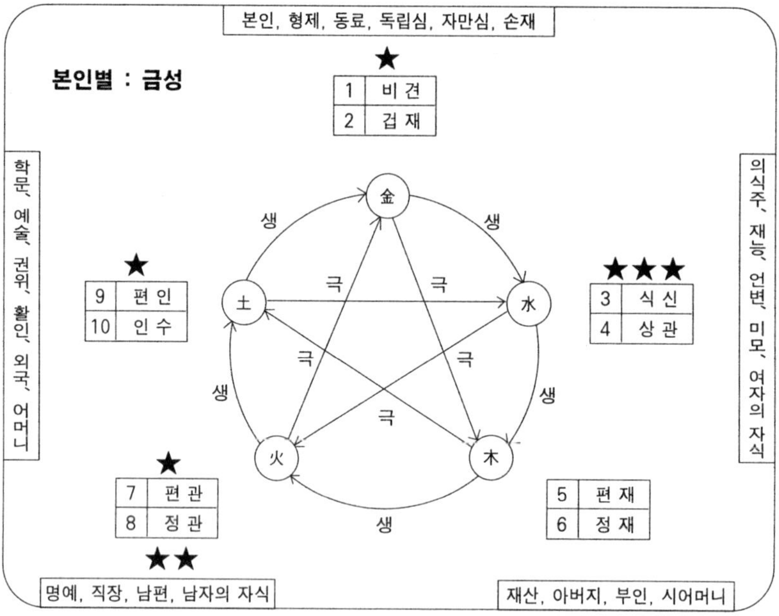

이 분은 중국에서 박사학위를 받은 암전문 한의사이다.

이 사주에는 수성 3개가 나란히 빛나고 있다. 이것은 재능과 미모와 언변에 해당하니 미남이며 여자에게도 인기가 많다. 그러나 수성이 약간 강하므로 이를 다스려 주고, 본인별인 금성을 도와주는 토성이 필요하다. 이 사주에서는 편인(9번)이 여기에 해당한다. 편인은 사람을 살리는 역할을 한다. 그러므로 이 사람이 선택한 한의사라는 직업은 활인(活人)하는 일이니 사주와 관련해서 볼 때 적합한 직업을 찾은 것이다.

그리고 이 사주에는 명위록이 있다. 명위(名位)는 명성과 지위를 말하고 록(祿)은 복을 뜻하니, 명위록이 있으면 명성과 지위에 관한 복을 누린다. 다시 말해 매스컴을 많이 타는 사람이 되는 것이다. 이 사람은 현재 텔레비전에 많이 나오고 있으니 그런 영광을 누리고 있는 것이다. 다른 신살과 마찬가지로 명위록에 관한 설명은 이 정도에서 그치기로 한다.

이 분이 더욱 발전하려면 믿음을 가진 생활을 하는 것이 좋다. 사주에 토(土)를 보강할 필요가 있기 때문이다.

한의학은 음양오행학에 바탕을 두고 있다. 인체의 오장과 육부는 각각 음(-)과 양(+)에 해당하고, 간은 목(木)이고, 심장은 화(火)이며, 위장은 토(土)이고, 폐는 금(金)이며, 신장은 수(水)라는 것이다. 인체의 각 부위를 음양과 오행으로 나누어 판단한다. 오행분석의 예를 들면 간은 피가 집결되어 있으니 확장작용을 하려는 성질이 있어 목(木)이고, 폐는 조직이 퍼져 있으니 수축작용을 하려는 성질이 있어 금(金)이라는 것이다. 그리고 인체의 각 부위는 상생과 상극작용을 한다고 한다. 인간도 하나의 소우주라는 바탕 위에 서 있는 것이다.

■ 전문가를 위한 코너

① 성별 : 남

② 명식 : 丁未년 壬寅월 庚子일 壬午시

③ 경과 : 0일 14시간 59분

④ 주권신 : 년지(丁) 월지(戊) 일지(壬) 시지(丙)

⑤ 조후 : 戊, 丙, 甲

7. 간호사

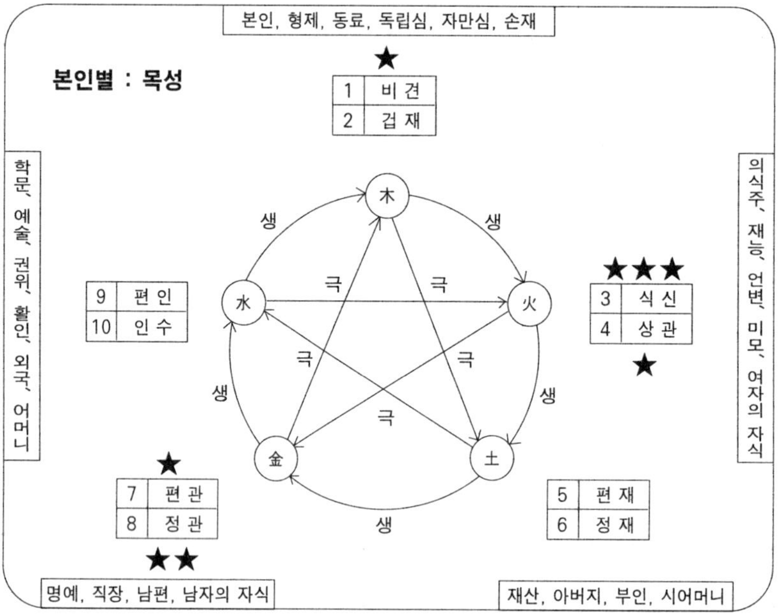

이 분은 간호학과를 졸업한 후 의과대학의 교수로 있다가, 지금은 간호대학 교수가 되었고 간호학 박사학위까지 취득했다.

이 사주에는 화성이 강하게 빛나고 있다. 화성은 미모와 재능과 언변에 해당하니 미모가 뛰어나고 재기가 넘치며 언변도 좋아 나와 함께 있는 동안 줄곧 오! 예!를 연발했다. 유(酉)가 2개 있고 술(戌)이 1개 있으며 남을 다스리는 형(刑)이 있어 의사라고 했더니, 의사는 아니지만 의대와 간호대에서 그와 같은 역할을 해왔다고 한다.

이 사주는 화성이 너무 강하기 때문에 이를 다스리는 수성이 필요하다. 검은색 옷을 입으라고 했더니 평소 그렇게 하고 있단다. 검은색은 수(水)에 해당하기 때문이다. 그리고 또 박씨가 도움이 될 것이라 했더니 깜짝 놀라며 자기는 평생 박모씨의 은혜를 잊을 수 없다고 한다. 박씨는 수(水)에 해당하기 때문이다. 그리고 이 사주에서 화성은 자식에 해당되는데 너무 강하면 오히려 자식과 인연이 없다. 그런데 이 사람 역시 그렇다고 한다.

이 사주는 명예에 해당하는 관성(7번, 8번)이 고립되어 있다. 이런 경우에는 원만한 대인관계를 이루어 소외당하는 일이 없도록 특별히 신경써야 한다.

사주를 간명하다보면 참으로 까다로운 형상을 대할 때가 있다. 본인별 이외에 식상 세력과 관살 세력만으로 이루어진 경우도 그 하나의 예이다. 이 분에게는 수(水)가 큰 도움이 될 것 같아 거기에 따른 이야기를 해주어 몇 가지가 적중되었지만 그것은 우연의 일치일 수도 있다. 이 분은 지금까지 토금(土金)이 어려진 운으로 흘러오면서 크게 발전했는데, 그렇다면 이 형상의 사주는 본인별이 세력을 따라가는 것을 기뻐하는 것이다. 수(水)대운을 맞이하여 애로가 많다고 하니 더욱 그런 판단이 든다.

■ 전문가를 위한 코너

① 성별 : 여

② 명식 : 丁酉년 丁未월 乙酉일 丙戌시

③ 경과 : 5일 1시간 41분

④ 주권신 : 년지(庚) 월지(丁) 일지(庚) 시지(辛)

⑤ 조후 : 癸, 丙

8. 약사

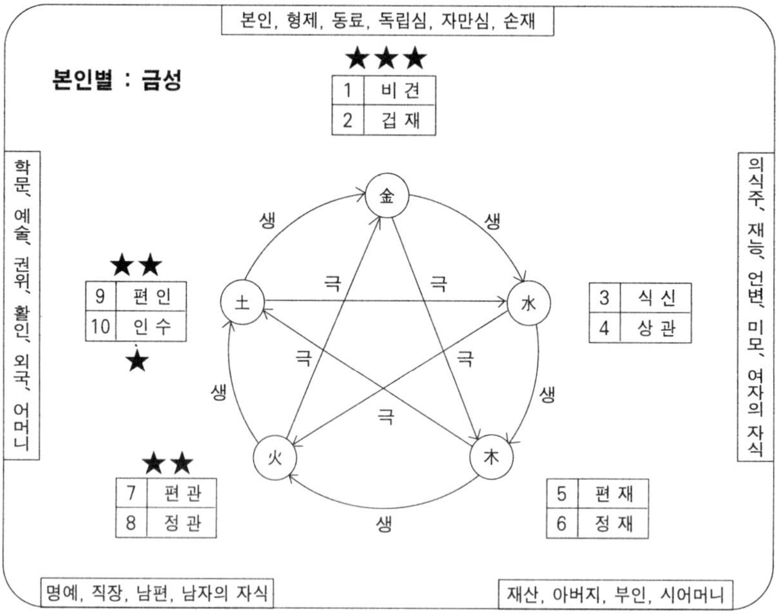

이 여인은 유복한 가정에서 성장하여 좋은 학교를 졸업한 후, 전국 약사고시에 수석으로 합격한 재원이다. 부친이 경찰서장을 역임하신 탓인지 이 여인 역시 강한 금성으로 태어났다. 화성, 토성, 금성이 균형을 이루어 생하고 있으니 격(格)이 깨끗하다. 이런 사람은 맑고 총명하나 모든 기운이 본인에게 집중되어 있어 자아와 독립심이 강하다.

이 사주는 특히 토성(9번, 10번)과 금성(1번)이 강하다. 토성은 편인(9번)과 인수(10번)인데 활인(活人)과 인연이 있고, 금성은 독립심과 인연이 있다. 따라서 약사가 되어 약국을 경영하는 것이다. 그러나 모든 기운이 본인별인 금성으로 집중되는 형상이니 강한 금

(金)을 용광로 불로 적당히 제련시켜야만 좋은 기물을 이룬다. 이 여인은 약사이나 주로 한방을 취급하고 있다. 한방에는 불이 필요하니 좋은 직업이 된다.

이 분이 개운하는 방법은 한방과 화(火)에 대해 연구하는 것이다. 예를 들어 한약재 중 어떤 것이 인체의 화기(火氣)를 증가시키는가에 대한 것들을 말한다.

명리학은 천문학과 밀접한 관계가 있다. 특히 태양과의 관계는 매우 중요하다. 명궁(命宮) 이론도 사람이 태어난 시점에 태양이 어느 궁에 위치하느냐를 문제삼은 것이다. 지금까지 명궁의 작용이라고 알려진 것들은 여러 가지가 있다. 그러나 그중에서도 명궁이 같거나 합이 되면 서로 헤어지는 사례가 거의 없다는 궁합론이 관심을 끈다. 왜냐하면 예를 들어 남녀간의 명궁이 같다고 하면 이는 부부가 같은 쪽으로 머리를 두고 나란히 동침했다가 함께 해돋이를 맞는 형상이어서 잉꼬부부의 궁합이 아닐까 하는 생각이 들기 때문이다.

■ 전문가를 위한 코너

① 성별 : 여

② 명식 : 丙戌년 丙申월 庚午일 庚辰시

③ 경과 : 15일 19시간 38분

④ 주권신 : 일지(己)

⑤ 조후 : 丁, 甲

19장. 복사꽃마을 사람들

세상에 처함에는 한 발자국 사양함을 높다 하나니

물러서는 것은 곧 나아갈 밑천이요

사람을 대접함에는 너그러움을 복이라 하나니

남을 이롭게 하는 것은 실로 저를 이롭게 하는 바탕이다.

1. 인공수정으로 태어난 아기

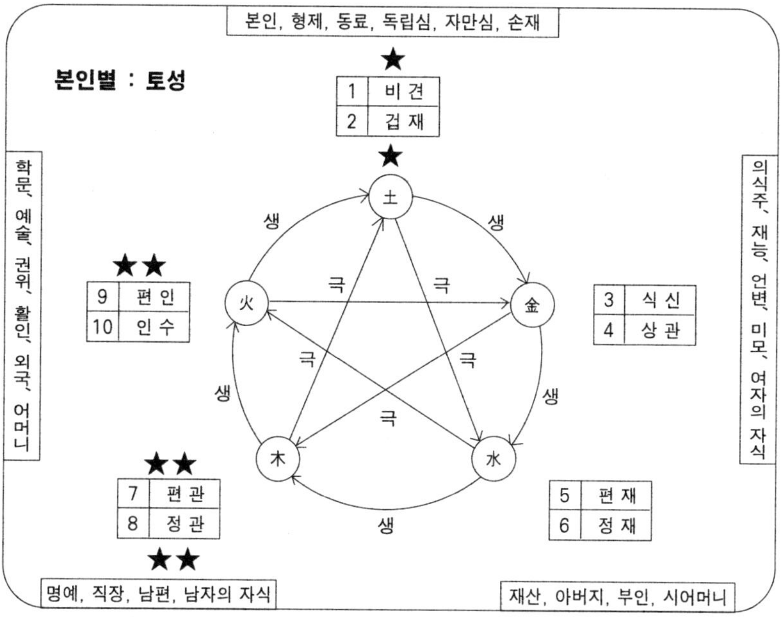

이 아기는 부모가 결혼한 지 9년만에 인공수정으로 태어났다. 쟁쟁한 집안의 자손이다. 어떻게 하면 좋은 사주로 태어나게 할까를 궁리한 끝에 어느 역술가와 상의하여 출생시각을 결정해놓고 제왕절개를 하려고 했다. 그러나 하늘의 뜻이 그렇지 않았는지 산통이 빨리 오는 바람에 정해놓은 시각보다 빨리 출산하게 되었다.

나는 이 아기가 정해놓은 그 시각에 태어났으면 어떤 사주가 되었을까가 궁금하여 풀어보았다. 그 사주는 지금의 사주보다 아기가 감당할 수 없을 정도로 관성(7번, 8번)이 지나치게 강하여 성장하기 힘들 정도이다. 아직도 우리 할아버지 할머니들은 관성 즉, 벼슬만을 추구하시는 모양이다.

그렇다면 이 아기는 왜 인공수정으로 태어나게 되었을까. 이 사주는 우선 관성(7번, 8번)이 너무 강하다. 관성은 명예에 해당하나 본인을 기속하는 것이기도 하다. 왜냐하면 명예를 지니려면 여러 가지 행동의 제약이 따르기 때문이다. 이 사주 역시 관성이 모두 4개나 있어 본인을 강하게 기속하고 있다. 그래서 인공수정이란 남다른 방법으로 이 세상에 태어나게 된 것이다. 그리고 이 사주에는 합(合)이 너무 많다.

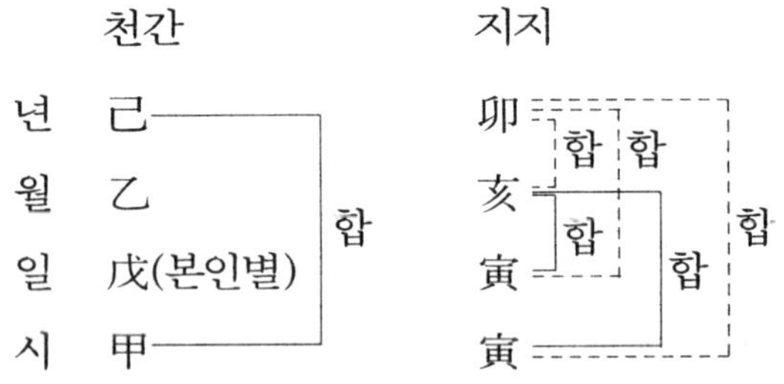

우리는 자신의 사주를 명리학 연구자료로 삼으라는 여인의 사주에서도 합(合)이 5개나 있는 것을 보았다. 그 사람도 인위적으로 태어난 사람으로 출생시각을 조작한 경우이고, 이 아기는 생성자체부터 인위적으로 결정되었으며 비록 실패하긴 했지만 출생시각도 인위적으로 결정된 바가 있었다. 그런데 두 사주의 공통점은 합(合)이 매우 많다는 것이다. 여기서 우리는 합(合)은 인위적이고 계획적인 행동의 소산을 뜻하기도 한다는 것을 알 수 있다.

명리학을 연구하다보면 합(合) 가운데 천간합(天干合)의 이론이 매우 심오하다는 것을 느낀다. 갑(甲)과 기(己)는 합되어 토(土)가 형성된다는 것이다. 서로 상극하나 음양이 다르니 둘 사이는 배우자

관계로 합이 된다는 것을 쉽게 이해할 수 있다. 그러나 왜 토(土)가 형성되는지를 명쾌하게 설명한 학설은 없다. 나는 이것을 이해하기 위해서는 동양전래의 하도(河圖)와 낙서(洛書)를 깊이 연구해야 한다고 생각한다.

하도와 낙서에는 토(土)가 우주의 중심이라고 되어 있다. 동남에서는 8음(-)이 밖에서 안의 2음(-)과 합하여 완성수 10을 이룬다. 그리고 7양(+)은 밖에서 안의 3양(+)과 합하여 완성수 10을 이룬다. 음양이 서로 교차하여 구심점을 이룬다. 서북의 경우도 마찬가지이다. 동남의 구심점이 진사(辰巳)인 지호(地戶)이고, 서북의 구심점이 술해(戌亥)인 천문(天門)이다. 그래서 갑(甲)과 기(己)는 일심동체가 되어 60갑자를 달려가는데, 앞에서 오는 진사(辰巳)인 지호를 통해 우주의 중심인 토(土)의 정기부터 받아 그후 다른 오행을 차례대로 만들어 나간다. 따라서 60갑자의 진사(辰巳) 천간은 토(土)부터 시작되는 것이다.

■ 전문가를 위한 코너

① 성별 : 남

② 명식 : 己卯년 乙亥월 戊寅일 甲寅시

③ 경과 : 13일 22시간 50분

④ 주권신 : 월지(甲) 일지(丙) 시지(丙)

⑤ 조후 : 甲, 丙

2. 생선장수

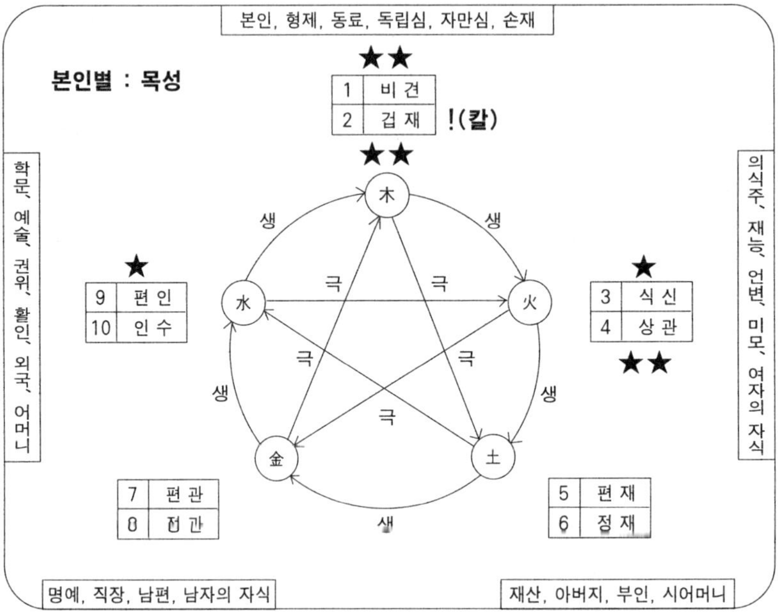

이 분은 생선장수만을 하면서 살아온 사람이다. 세상에는 여러 가지의 직업이 있는데 왜 하필 생선장수를 하게 되었을까.

이 사주는 목성과 화성이 매우 강하기 때문에 마치 나무에 불이 붙어 활활 타오르고 있는 형상이다. 사주가 너무 뜨거우니 물(水)이 필요하고 물(水)에 관한 직업이 적합한데 생선은 바다에서 자라니 생선장수가 된 것이다. 더구나 사주에 생선을 자르는 칼(!)까지 있다. 이와 같이 사주가 필요로 하는 것을 직업으로 선택하여 보완하면 개운할 수 있다. 물론 이 사주를 보고 처음부터 생선장수라고 할 수는 없지만, 물(水)에 관한 직업이 적합하다고는 이야기할 수 있다.

그리고 사주에 나무(木)와 불(火)이 지나치게 많으면 물(水)이 부족하여 변비와 당뇨병에 걸리기 쉬우며 몸에 열이 많고 갈증이 심하다. 이 분은 당뇨가 지병이라고 한다. 이처럼 명리학을 연구하고 활용하면 건강문제도 잘 대처해 나갈 수 있다.

이 사주는 자식궁인 시지에 상관, 비견, 양인이 들어 있다. 자식인 관성(7번, 8번)에게는 모두 부담스런 것들이다. 자녀들과 항상 대화를 하면서 바르게 자랄 수 있도록 특별히 보살펴야 한다.

사주는 출생월에 따라 그 귀성(貴星)이 달라진다. 예를 들면 인(寅)월과 묘(卯)월은 초목이 생기를 돋는 때이고, 이를 뒷받침할 병화(丙火)의 태양과 계수(癸水)의 비가 필요하다. 그러나 해자축(亥子丑)월은 추운 겨울철이고, 수(水)의 기운이 강한 때인지라 따뜻한 병화(丙火)의 태양과 무토(戊土)의 제방이 필요하다. 그리고 미(未)의 건조토와 술(戌)의 조열토가 어울려도 좋다. 다만 축(丑)월은 비록 동습토이긴 하나 갑목(甲木)이 있어야 토(土)의 구실을 제대로 다할 수 있을 것이다.

■ 전문가를 위한 코너

① 성별 : 남

② 명식 : 乙未년 壬午월 甲辰일 丁卯시

③ 경과 : 5일 9시간 46분

④ 주권신 : 년지(丁) 월지(丙) 일지(乙) 시지(甲)

⑤ 조후 : 癸, 庚, 丁

3. 버려진 아기를 키우며 사는 여인

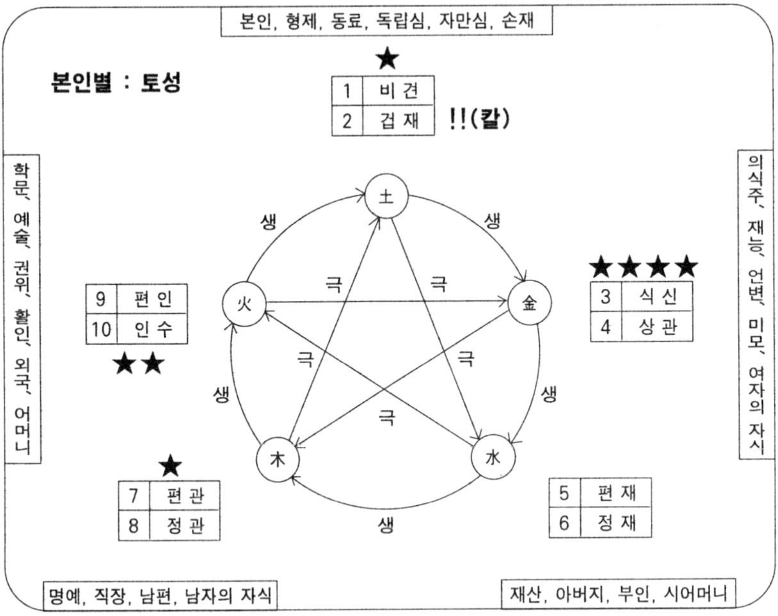

이 여인은 42세에 결혼했다가 60세에 이혼한 사람인데, 자식이 없어 자기 집 문 앞에 버려진 아기를 자식삼아 키워왔다. 그런데 그 자식이 속을 썩인다. 남편과 헤어진 것도 그 자식 때문이란다.

이 사주는 여자에게 자식에 해당하는 금성(3번)이 너무 강하다. 이런 사주는 오히려 자식과 인연이 없다. 따라서 버려진 아기를 자식삼아 키웠어도 인연이 없는 것이다.

그리고 이 사주는 강한 금성(3번)이 남편인 목성(7번)을 후려치고 있는데, 거기다 버려진 아기까지 자식으로 삼아 금성을 하나 더 추가했으니 남편이 떠나버릴 수밖에 없었던 것이다. 이 여인은 이와 같은 나의 설명을 듣고는 버려진 아기를 키우며 살아온 것을 후회하면서도 한편으로는 자식을 키워보고 싶은 모성애는 지금 생각해도 큰 잘못이 아닌 것 같다고 말했다.

이 여인이 개운하려면 화(火)와 이를 도와주는 목(木)을 보충해 주어야 한다. 남동쪽(火木)에 있는 절이나 교회 등을 찾아 지성으로 기도하고, 교우들과 예의(火)있고 자비(木)로운 마음으로 여생을 살아가면 좋다.

60갑자에서 10개의 천간과 12개의 지지가 서로 짝을 이루며 10개의 천간 단위로 1순(旬)을 구성해 나가는데, 각 순마다 2개의 지지가 밀려 나가면서 짝을 이루지 못하니 이 2개의 지지를 그 순중 공망(空亡)이라고 한다. 그러니 공망은 천(天)이 없는 지(地)로 짝이 없는 외톨이 신세이다. 그러나 60갑자는 물레방아처럼 돌아가니 공망은 도표상 형식적으로 존재하는 것으로 볼 수 있다. 그러나 동일 순중의 유정함을 고려해서 오늘날의 해석으로서는 육친과의 분리 또는 외국과의 인연으로 파악할 수 있을 것이다.

■ 전문가를 위한 코너

① 성별 : 여

② 명식 : 庚午년 甲申월 戊午일 庚申시

③ 경과 : 28일 0시간 32분

④ 주권신 :

⑤ 조후 : 丙, 甲, 癸

4. 자식이 물에 떠내려가 죽은 사람

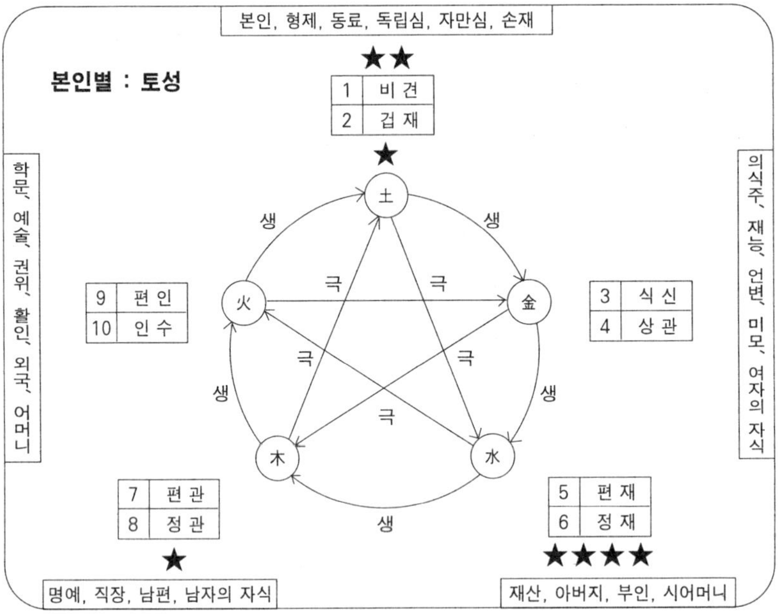

이 분은 경찰공무원이었는데 하나밖에 없는 아들이 물에 떠내려가 죽었다고 한다.

이 사주를 살펴보면 수성(6번)이 너무 세차다. 목성인 정관(8번)은 자식인데 지나치게 세찬 수성인 정재(6번) 4개를 만나 나무가 물에 둥둥 떠내려가는 형국이 되어 아들이 물에 떠내려가 죽은 것이다. 사주에는 합(合)이라는 이론이 있는데 이 사주를 놓고 살펴보자.

	천간	지지	
년	甲	子	합
월	壬	申	
일	己(본인별)	丑	
시	戊	辰	

위에서 보면 신(申)과 자(子), 그리고 진(辰)이 합(合)되어 있다. 이것을 신자진(申子辰) 지지삼합(地支三合)이라 하여 강한 물(水)로 본다.

■ 전문가를 위한 코너

① 성별 : 남

② 명식 : 甲子년 壬申월 己丑일 戊辰시

③ 경과 : 30일 3시간 17분

④ 주권신 :

⑤ 조후 : 丙, 癸

⑥ 기타 : 신자진삼합회국(申子辰三合會局) : 壬水

5. 지능이 낮은 아가씨

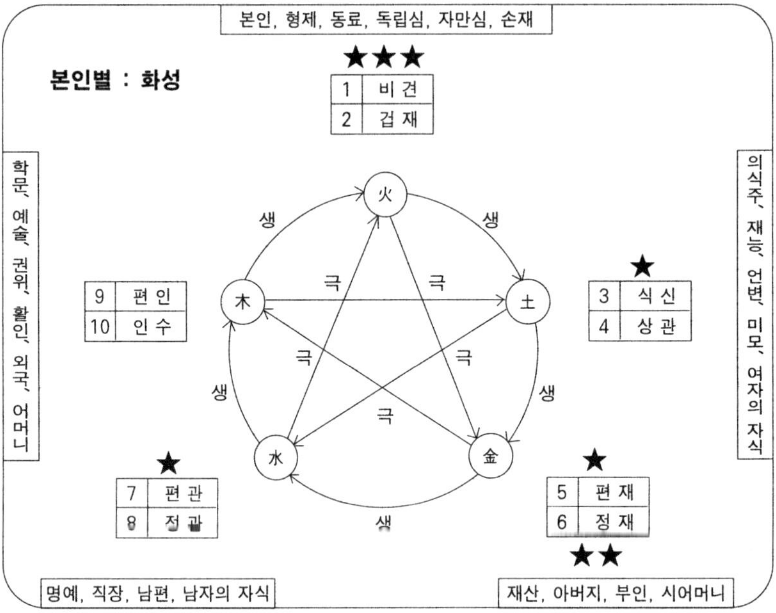

이 아가씨는 부모가 좋은 사주를 만들려고 출생시각을 잡아서 태어났다고 한다. 그러나 예상했던 아들이 아니라 딸이 태어난 것이다. 앞에서 간명한 자신의 사주를 명리학 연구자료로 삼으라는 여인의 경우와 같다. 이 사주 역시 인위적이고 계획적인 출생답게 합(合)이 많다. 그러나 여기서는 지능이 낮은 사주에 초점을 맞추기로 했으니 합(合)에 관한 설명은 생략하기로 한다.

이 아가씨는 키도 작고 아버지와도 화목하지 못하나 무엇보다도 지능이 낮다는 것이 큰 문제라고 한다. 부모는 결혼을 시키지 않을 생각까지 하고 있단다. 왜그럴까.

광물질(金)이 지나치게 많으면 물(水)이 탁해지는데 이 사주가 그렇다. 명예에 해당하는 편관(7번)이 수(水)인데 많은 금(金 : 5번, 6번)으로 인하여 탁해지니 지능이 낮다는 소리를 들으며 명예와는 인연이 없는 것이다. 그리고 화(火)가 매우 강하다. 비견(1번) 3개가 화(火)이다. 화(火)가 너무 강하면 명예에 해당하는 물(水)이 증발되어 버리므로 명예를 얻을 수 없다. 이 아가씨에게는 무엇보다 검은콩이 필요하다. 검은콩은 수(水)를 뜻하기 때문이다.

사주에서는 일간(日干)을 본인으로 본다. 명리학의 초창기에는 년주(年柱)의 간지 위주로 사주간명을 했는데 적중률이 많이 떨어졌다고 한다. 그러나 서기 907년 중국 당나라가 멸망하고 960년 송나라가 들어서기까지 53년간의 이른바 오대(五代)시대에 이르러 서자평(徐子平)이 일간 위주의 사주간명법을 세워 오늘까지 이어지고 있다. 오대는 신라가 멸망하기 전후의 시기에 해당한다.

■ 전문가를 위한 코너

① 성별 : 여

② 명식 : 辛酉년 庚寅월 丙寅일 壬辰시

③ 경과 : 13일 0시간 44분

④ 주권신 : 월지(丙) 일지(丙)

⑤ 조후 : 壬, 庚

6. 지능이 낮은 남자

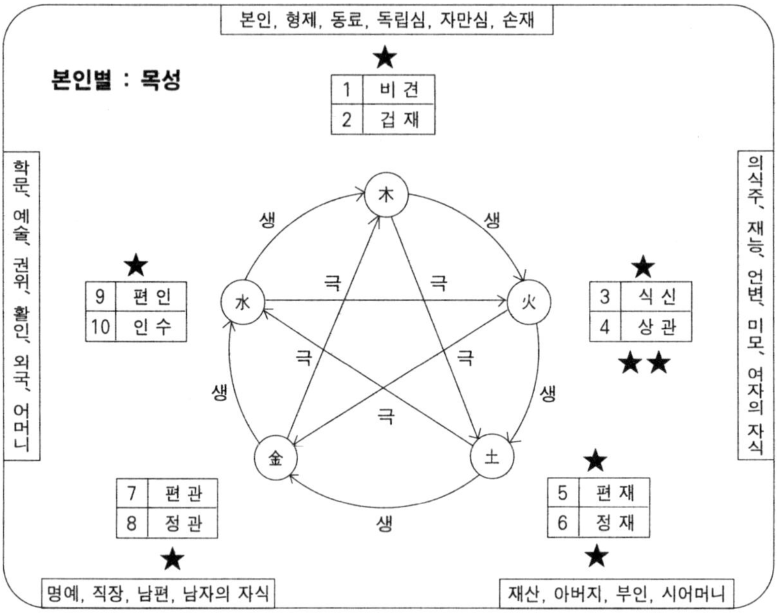

이 사람은 30대 중반의 남자인데 주위에서 저능아로 취급당하고 있다. 전문대학을 졸업하고 지금은 개인회사에서 근무하고 있다. 그렇게 지능이 낮은 사람이라면 어떻게 전문대학까지 졸업하고 개인회사에서 근무를 하고 있는가 하는 의구심이 생긴다.

이 사주를 보면 금성인 정관(8번)이 이 사람의 명예에 해당한다. 그런데 이 정관은 화성인 식신(3번)과 상관(4번)으로부터 공격을 받고 있다. 여기서 더욱 문제가 되는 것은 매우 가까이서 직접적으로 공격을 받고 있다는 것이다.

	천간	지지
년	① 丙(상관)	② 午(식신)
월	③ 丙(상관)	④ 申(정관)
일	⑤ 乙(본인별)	⑥ 丑(편재)
시	⑦ 戊(정재)	⑧ 子(편인)

위에서 볼 수 있듯이 정관(④)은 식신(②)과 상관(①, ③)에게 매우 가까이서 직접적인 공격을 받고 있다. 정관은 이 사람의 명예에 해당하니 어찌 명예가 온전하겠는가. 그래서 저능아라는 소리를 듣는 것이다.

이 사람이 개운하는 방법은 금(金)의 기운을 북돋워주는 것이다. 그렇게 하려면 대인관계에서 의리 하나만이라도 철저하게 지켜, 비록 지능은 낮아도 믿음이 가는 사람이라는 소리를 들어야 한다. 의리는 금(金)이다.

■ 전문가를 위한 코너

① 성별 : 남

② 명식 : 丙午년 丙申월 乙丑일 戊子시

③ 경과 : 26일 14시간 51분

④ 주권신 :

⑤ 조후 : 丙, 癸, 己

20장. 군인의 사주

오롯한 이름 아름다운 절개는 홀로 차지해서는 안 된다.

그 조금을 나누어 남을 줌으로써

해(害)를 멀리하고 몸을 온전히 하라.

욕된 행실 더러운 이름은 온전히 남에게 미루어서는 못쓴다.

그 조금을 이끌어 나에게 돌림으로써

빛을 숨기고 덕을 기르라.

1. 중장

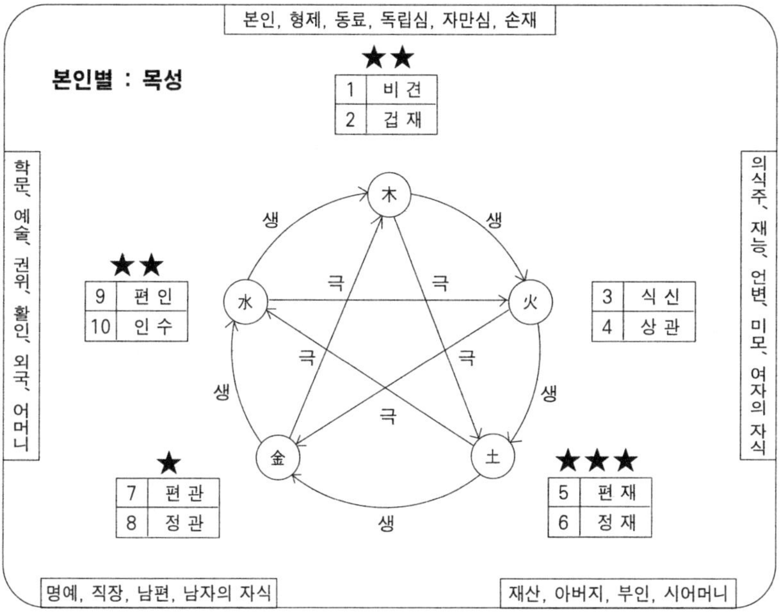

이 분은 지방에서 명문고등학교를 졸업한 후 육군사관학교에 진학했다. 고등학교 동기생 중에는 뛰어난 인재가 많아 당시 서울의 일류고등학교를 제치고 육군사관학교와 서울대학교에서 전체 수석을 차지하는 등 뛰어난 실력을 발휘했다. 이 분 역시 그런 우수한 인재 중의 한 사람이다.

이 사주는 약간의 차이는 있지만 앞에서 간명한 대통령 영부인의 사주와 유사하고, 삼국지에 나오는 제갈공명의 사주와도 유사한 면이 있다. 이 분은 특히 군수담당 일인자로 능력을 인정받았으니 그런 면에서는 제갈공명의 역할을 훌륭하게 수행한 것이다.

이 사주에서 명예를 뜻하는 것은 금성인데, 금성이 강해지는 운인 경신(庚申)대운의 경오(庚午)년에 스타가 되었다. 그후 3년만에 소장이 되었고, 소장이 된 후 또다시 3년만에 중장이 되었다. 겨울철 태생이라 따뜻한 화운(火運)이 길한데, 바로 그 운인 병자(丙子)년에 삼성장군이 되었다. 이 사주는 혼란스럽지 않고 천간이 계(癸), 을(乙), 을(乙), 계(癸)로 모양있게 구성되어 귀격을 이룬다.

여기서 명리학에서 말하는 급신이지(及身而止)에 대해 살펴보자.

사주에서 오행이 순환상생하여 흐름이 끊어지지 않고 이어지면 선조대부터 음덕이 유장하여 성공이 빠르고, 천우신조와 만인의 도움으로 순조롭게 성공의 길이 열려 대부대귀할 수 있다.

그러나 오행이 상생하다 내 몸인 본인별에 와서 흐름을 멈춘다면 급신이지가 되어, 멀리서 생하던 원천이 계속 길게 흐르지 못하는 형상이 된다. 이런 사주는 원대한 이상과 포부를 달성하여 명성을 후세까지 전하기에는 다소 아쉬움이 있고, 대성공으로 승화할듯 하다가 큰 뜻을 완성하기 어렵다. 물론 인간의 욕망은 끝이 없는 것인지라 어느 정도에서 만족할 지는 의문이다.

이 사주는 토(土)는 금(金)을 생하고, 금(金)은 수(水)를 생하고, 수(水)는 본인별인 목(木)을 생한다. 그러나 더 나가지 못하고 본인별인 목(木)에서 멈추었으니 급신이지가 되어 육군대장이 될 사람이 바로 한발 앞에서 중장에 그쳤다. 참으로 애석한 일이나 퇴임 후에도 인생을 아름답게 가꾸는 길이 여러 가지 있으니 과거에 연연할 일은 아니다.

제갈공명은 임신(壬申)년 신해(辛亥)월 병오(丙午)일 경인(庚寅)시에 태어났다. 정확한 주권신은 알 수 없지만 정기 위주로 보면 본인별인 병(丙)에서 멈춘 후 상생이 되지 않았으니 급신이지가 되었다. 그래서 위, 촉, 오의 삼국통일의 원대한 포부를 달성하지 못하고 밤하늘의 별로 사라진 것이다.

지금까지 검토해본 급신이지는 오행상생의 기본적인 원리를 설명한 것으로 보면 된다. 그러니 간명자는 사주의 구성이 이렇다 하여 무조건 애석하다는 표현을 써서 상대방을 실망시키는 일이 없도록 각별히 유념해야 할 것이다.

이것 있음에 말미암아 저것이 있고
이것 생김에 말미암아 저것이 생긴다.
이것 없음에 말미암아 저것이 없고
이것 멸함에 말미암아 저것이 멸한다.

■ 전문가를 위한 코너

① 성별 : 남

② 명식 : 癸未년 乙丑월 乙酉일 癸未시

③ 경과 : 15일 19시간 50분

④ 주권신 :

⑤ 조후 : 丙, 丁, 甲

2. 소장

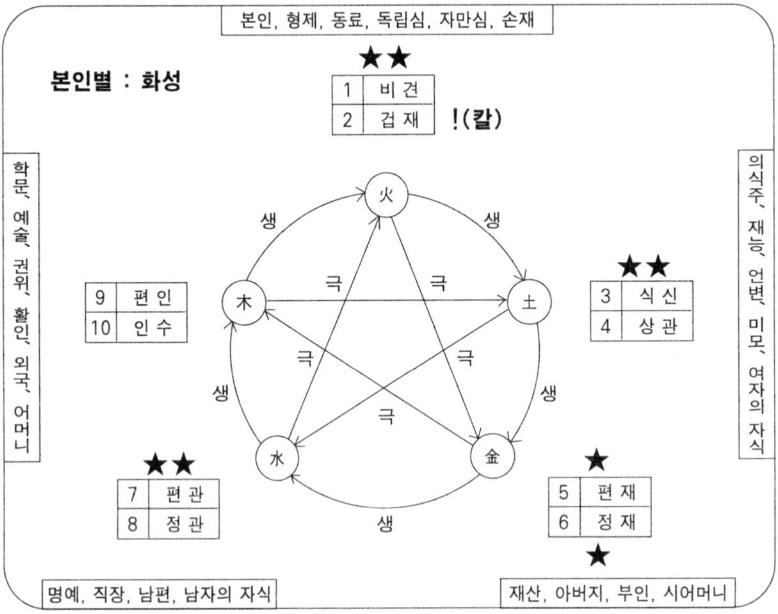

이 분은 육군사관학교를 졸업한 후 소장까지 지낸 사람이다. 50세인 갑인(甲寅)대운 신미(辛未)년에 스타가 되었다. 성격이 빈틈없고 대인관계가 원만하여 더 진급할 수 있었는데도 운이 없어 올라가지 못했다. 동료들도 입을 모아 참으로 아쉬운 일이라고 한다.

이 사주를 살펴보면 장수(7번)가 칼(!)을 쥐고 있는 형상이니 권세와 위엄이 당당하다. 그리고 병신(丙申)일에 태어났으니 본인별은 병(丙)인 하늘의 태양이다. 이 태양이 호수(壬) 위에 빛나고 있어 태양과 호수가 아름다운 경치를 만들어내고 있는 사주이다. 이 사주에서 편관(7번)은 바로 호수(壬)를 뜻하는 물이다. 그리고 이 사주에는 역마(교통, 운수, 수송 등을 포함)와 지살(역마에 속도를 더욱 가

함)이 있어 빠르고 분주하게 이동하는 형상이니 군인의 길을 걸은 것이다.

이 분이 능력에 비해 더이상 올라가지 못했던 것은 본인별인 화성을 도와주고 토성을 제압하여 명예를 올려주는 목성이 없기 때문이다. 스타가 된 50세는 바로 이 목성을 힘차게 안겨주는 갑인(甲寅) 대운이었다.

어느 시인은 명리학을 농부학이라고 비유한 바 있다. 참으로 시인다운 표현이다. 농부에게는 하늘의 달(月)과 해(日)가 중요하다. 달은 음(-)이고 해는 양(+)이다. 그리고 농부의 터전은 토(土)이다. 이 토(土)를 관리하는데는 사계절의 기후가 중요하다. 그런데 목(木)은 봄이고, 화(火)는 여름이고, 금(金)은 가을이고, 수(水)는 겨울이다. 이상의 목(木), 화(火), 토(土), 금(金), 수(水)는 바로 오행이 된다. 오늘날의 동서양은 모두 세월의 흐름 단위인 일주일을 이 음양오행의 일곱 가지로 구성하여 사용하고 있다.

■ 전문가를 위한 코너

① 성별 : 남

② 명식 : 壬午년 庚戌월 丙申일 戊子시

③ 경과 : 0일 17시간 38분

④ 주권신 : 년지(丙)월지(辛) 일지(戊) 시지(壬)

⑤ 조후 : 甲, 壬

3. 직업군인

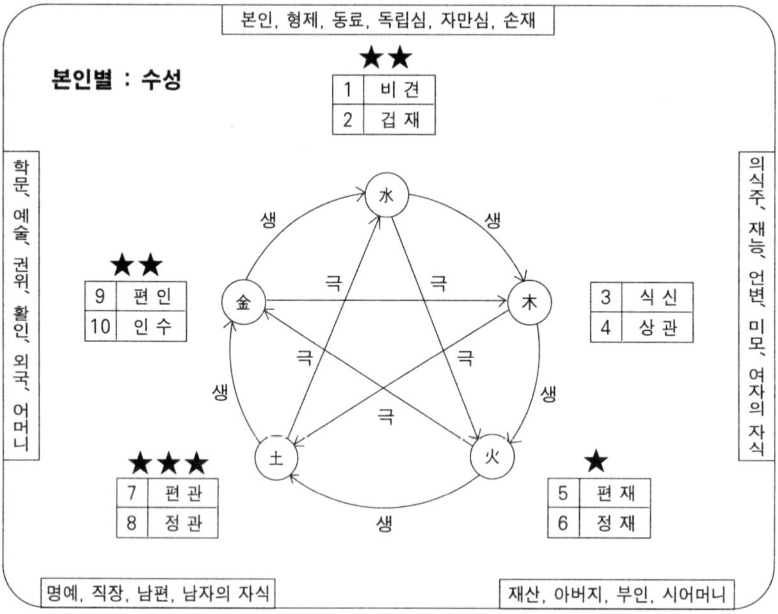

이 분은 육군사관학교를 졸업하지는 않았으나 직업군인으로 중령까지 지내고, 지금은 호텔에서 관리자로 일하고 있다. 의리가 있고 의협심이 강하며 용맹성도 비상하다. 이 사람에게 아쉬운 점은 부인이 뛰어난 미모를 갖고 있으나 일찍 실명했다는 것이다.

남자 사주에서 정재(6번)는 부인에 해당하나 정재가 없을 때는 편재(5번)를 부인으로 본다. 다만 이런 경우에는 부인과의 인연이 박하다고 본다. 그리고 토성이 매우 강하여 상대적으로 부인에 해당하는 화성이 약하다. 거기다 이 화성은 수성(1번)에게 직접적인 공격을 받아 불꽃이 꺼져버리니 부인이 실명한 것이다. 이 사주에서 토성은 직업이나 직장에 해당하는데 너무 강하니 군대에서도 남들보다 힘들고 바쁜 특전사 생활을 했다.

이 사주에도 빠르고 분주하게 이동하는 것을 뜻하는 역마와 지살이 들어 있다. 군인 중에는 이 역마와 지살을 가진 사람이 많다고 한다. 역마와 지살은 교통운수업에도 해당하고, 그 중간에서 숙식을 하는 호텔업도 의미하므로 호텔관리자가 된 것이다.

사주의 간지(干支)에는 각각의 의미와 전설, 신앙적인 것이 있다. 예를 들면 갑인(甲寅), 병오(丙午), 무진(戊辰), 경신(庚申), 임자(壬子)와 같이 양(+)간지로 또 오행이 상하 동일한 것을 그 역량이 강하다고 보았다. 그래서 병오(丙午)와 같이 양화(陽火)가 상하로 동일하게 이루어진 경우는 그 세력이 극히 강렬하여 무엇이라도 태워버린다고 보았기 때문에 병오(丙午)년생 여인은 성격이 격렬하고 남편을 망치게 하는 사람이라고 보아 반 신앙적으로 꺼렸던 것이다.

■ 전문가를 위한 코너

① 성별 : 남

② 명식 : 丙戌년 壬辰월 壬申일 庚戌시

③ 경과 : 23일 1시간 51분

④ 주권신 :

⑤ 조후 : 庚, 甲

21장. 느티마을 사람들

태평한 세상을 당하여서는 몸가짐을 마땅히 방정하게 할 것이요
어지러운 세상을 당하여서는 몸가짐을 원만하게 할 것이며
말세를 당하여서는 마땅히 방(方)과 원(圓)을 아울러 써야 하리로다.
착한 사람을 대함에는 너그럽게 하고
몹쓸 사람을 대함에는 엄하게 하며
범용한 사람을 대함에는 마땅히 너그러움과 엄함을
아울러 지녀야 한다.

1. 스튜어디스

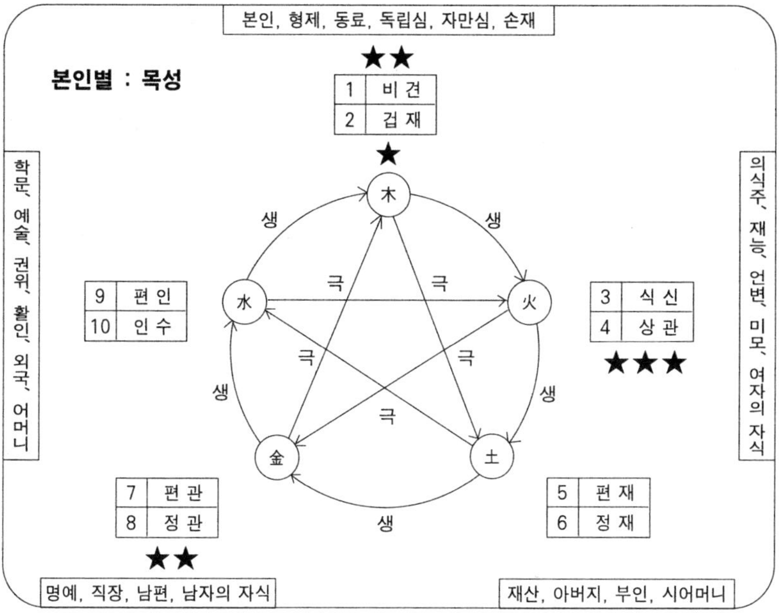

이 여인은 결혼하기 전까지 스튜어디스 생활을 했다. 결혼 초에 유산이 되더니 5년이 지나도 아기가 없어 걱정이다. 어쨌든 홀가분한 몸이라 자주 드나들던 외국으로 건너가 보석공예를 전공한 후, 지금은 그 방면에서 자영업을 하고 있다.

이 사주는 본인별에 해당하는 목성의 기운을 빼는 화성(4번)과 본인별인 목성을 공격하는 금성(8번)만 있기 때문에 목성이 약하다. 그러므로 수성(9번, 10번)의 도움이 필요하다. 수성은 화성을 제압하고 금성을 이끌어서 본인별을 도와주는 역할을 하기 때문이다. 이처럼 물(水)의 도움을 기뻐하니 바다를 넘나들며 외국에서 생활하는 것이다.

사주에 사(巳)나 인(寅)이 있고 이것이 역마나 지살에 해당하면 항공계와 인연이 있다. 왜냐하면 사(巳)나 인(寅)은 지장간에 불(火)이 있으면서 역마와 지살인 차에 해당되어 화차(火車), 즉 하늘을 나는 비행기가 되기 때문이다. 이 여인은 을사(乙巳)일에 태어났는데 사(巳)가 지살에 해당하므로 비행기와 인연이 있어 스튜어디스가 된 것이다.

그리고 아기와 인연이 없는 것은 자식에 해당하는 화성(4번)이 너무 강하고, 사주에 물(水)이 없기 때문이다. 사주에 물(水)이 없으면 건조하여 생명을 잉태하기 어렵다.

사주에 식신이나 상관이 지나치게 많으면 본인별의 기운을 빼기 때문에 건강이 좋지 않으며 남에게 주는 것을 좋아한다. 이런 사주는 말이 많아 시비가 잦을 수 있으니 입을 조심해야 하고, 자식복이 약하며 빈천하다. 특히 남자는 반항적인 성격 때문에 출세하기 어렵다. 여자는 남편복이 박하고 헤어질 염려가 있으며, 낙태나 난산이 따르기도 하고 남편에게 막힘이 많다. 항상 자식에 대한 근심을 하게 되고 자식을 두지 못하는 경우도 있다. 그리고 식상이 중첩된 여자는 남의 자식을 기르는 경우도 있다.

만일 식신이나 상관이 부족하면 재산을 생해줄 수 없으니 가난을 면하기 어렵고, 사업운이 없으니 월급생활을 하는 것이 좋고, 원대한 이상과 포부를 펴기 어렵다. 남자는 아내의 건강이 좋지 못하고, 여자는 자식복이 약하며 유방과 자궁 계통의 질환을 조심해야 한다.

사주를 간명해보면 대부분 오행을 골고루 갖추고 있는 경우는 드물고, 어느 하나가 강하거나 모자라거나 한두 개의 오행으로 집중되어 있다. 이런 경우에는 오행의 상호균형에 따라 판단해야 하는데 식신이나 상관의 경우에도 마찬가지이다. 따라서 식신이나 상관이 지나치게 많아도 편인이나 인수로 다스릴 수 있으면 탈이 없고, 부족해도 생해줄 수 있는 능력이 있으면 무난하다.

사주의 주인공이 어느 달 어느 날에 태어났느냐는 것은 기후 구성과 관련하여 매우 중요한 문제이고, 그것이 사주의 축을 이룬다. 그래서 월지를 특히 중하게 여기고 일간은 핵이라 하여 본인으로 보는 것은 매우 탁월한 발상이다. 그러나 일간을 본인으로 보아 그 강약을 논해서 거기에 따른 전체의 균형을 살펴 간명해나가다 보면 사실과 어긋날 때가 드물지 않아 일간 하나만을 본인이라고 보아야 하는지 의구심이 든다. 사주는 운로를 제외한 전체가 본인이다.

■ 전문가를 위한 코너

① 성별 : 여

② 명식 : 丙午년 甲午월 乙巳일 庚辰시

③ 경과 : 8일 19시간 40분

④ 주권신 : 년지(丙) 월지(丙) 일지(庚) 시지(乙)

⑤ 조후 : 癸, 丙

2. 관광운수업과 인연이 없는 사람

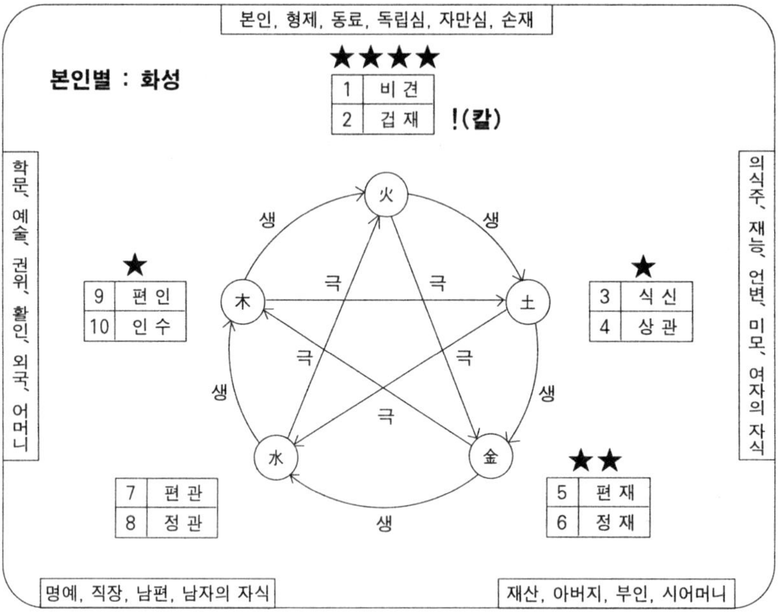

이 분은 지방의 명문가에서 태어나 유복한 환경 속에서 성장한 후 , 좋은 대학교를 졸업했으나 사법시험과는 인연이 없었다. 수성(7번, 8번)이 명예인데 이것이 나타나 있지 않기 때문이다. 23세부터 32세까지가 계유(癸酉)대운인데 계(癸)는 수(水)이므로 관운이 들어왔으나 무술(戊戌)시에 태어나 무(戊)와 무계합(戊癸合)되어 관운이 역할을 하지 못한 것이다.

이 분은 아버지의 관광운수업을 이어받았으나 하는 일마다 운이 따르지 않아 결국은 부도가 났다. 그때가 나무(木)의 기운이 강해져 불꽃이 더욱더 강렬하게 피어올라 금(金)인 편재(5번)를 녹이는 목운(木運)이었다.

이 사주는 불기운이 너무 강하기 때문에 교통운수같은 화(火)에 관한 사업은 좋지 않고, 물(水)이 땅을 적셔주어 습토가 강한 불기운을 흡수해야 좋다. 다시 말해 물(水)에 관한 사업이 좋다는 뜻이다. 부도를 내고 매우 어렵게 생활하다가 생수회사에서 크게 활약하여 엄청난 실적과 명예를 올리고 훌륭한 관리자로 등장했다. 지금은 그 회사에서 입지전적인 인물로 회자되고 있다.

사주의 용신(用神)은 일간 이외의 것으로 사주를 꽃피울 수 있는 핵이 되는 글자이다. 그 글자에 해당하는 통변성이나 오행을 용신으로 할 수도 있다. 용신이란 용어는 체(體)인 일간이 꼭 필요로 해서 용(用)하는 신(神)이란 뜻이다. 용신이 훌륭하면 운로에 따라 멋진 꽃을 피울 수 있다. 그러나 용신이 약하거나 깨져 있거나 흠이 있으면 보잘것 없는 꽃이 피게 된다. 용신이 불분명한 사주도 많으므로 용신에 너무 집착하면 안된다.

■ 전문가를 위한 코너

① 성별 : 남

② 명식 : 甲申년 庚午월 丙寅일 戊戌시

③ 경과 : 25일 17시간 19분

④ 주권신 :

⑤ 조후 : 壬, 庚

⑥ 기타 : 인오술삼합회국(寅午戌三合會局) : 丙火

3. 양란으로 성공한 공대 졸업생

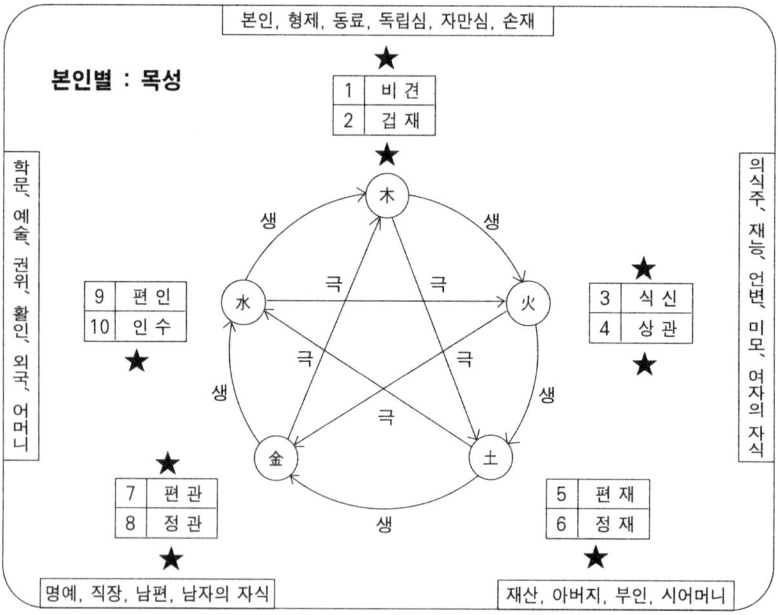

이 분은 법대나 사관학교를 가고 싶어 했으나 할아버지의 만류로 공대 조선학과를 선택했다. 대학을 졸업하고는 전공과는 무관한 오파상을 시작했다. 그리고 영어와 일본어에 능통한데, 사주의 같은 기둥에 역마나 지살이 상관과 함께 있으면 외국어에 능통한 경우가 많다. 역마와 지살은 외국과 인연이 되고 상관은 재능이기 때문이다. 이 사주도 역마와 상관이 시기둥에 함께 있다.

그런데 47세부터 내리막길을 달리다 드디어는 집까지 팔게 되는 아픔을 겪었는데, 이때가 임오(壬午)대운 기간 중이었다. 정축(丁丑)월에 태어났고, 정(丁)은 의식주를 뜻하는 길성인데 대운의 임(壬)이 와서 합(合)했기 때문이다. 이렇게 합(合)이 되면 길성도 연애를 하느라 본분을 망각한다.

이 분은 겨울철 태생이라 화(火)가 필요하다. 비록 본인별은 목(木)이지만 추운 겨울의 나무(木)이므로 불(火)이 나무(木)의 기운을 빼앗는 것이 아니라, 오히려 나무(木)를 따뜻하게 도와주는 작용을 한다. 따라서 불(火)과 그것을 생해주는 나무(木)에 관계된 직업이 좋다. 불은 꽃으로 볼 수 있고 나무는 난초로 볼 수 있으니 난초에 꽃을 피워 양란업으로 성공한 것이다. 그것도 따뜻한 중국에서 재배된 양란을 들여와 판매하고 있다고 한다.

용신은 사주를 판단하는 기준이 된다. 그래서 남자의 경우 용신이 인수이면 정재는 좋은 역할을 못할 것이니 아내로 인한 화를 당할 수 있다는 추리가 나온다. 그러나 용신이 정재이면 아내의 큰 도움을 기대할 수 있다. 용신이 확실하지 않는 경우에는 과거를 살펴볼 것이고, 그것이 어려우면 사주 전체의 구성과 운로를 보아가며 판단하는 것이 오판을 줄이는 지름길이 될 것이다.

■ 전문가를 위한 코너

① 성별 : 남

② 명식 : 甲申년 丁丑월 乙酉일 戊寅시

③ 경과 : 10일 2시간 55분

④ 주권신 : 년지(壬) 월지(辛) 일지(庚) 시지(丙)

⑤ 조후 : 丙

4. 바람둥이

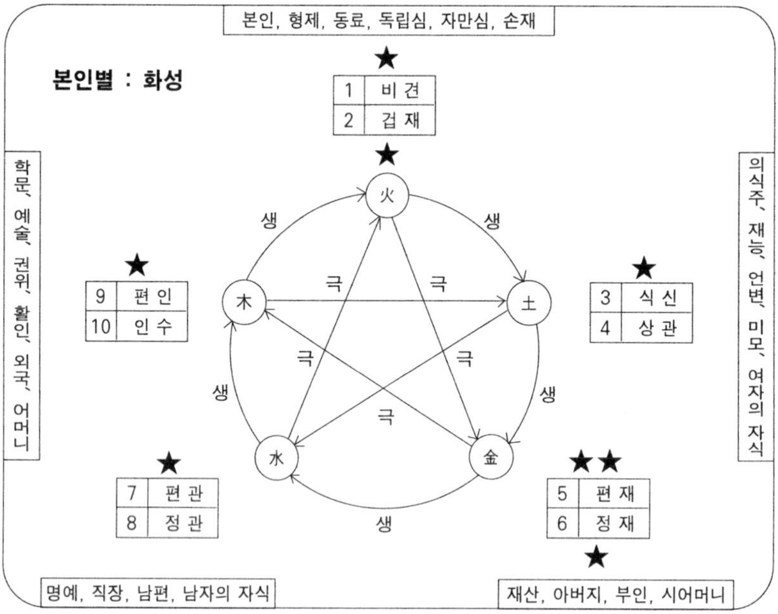

내 사무실에 자주 놀러오는 친구가 있는데 우리 나라에서 손꼽히는 회사의 사장직을 지낸 사람이다. 어느날 자기 남동생의 사주라고 하면서 간명해달라는 것이다. 나는 대뜸 이 사람은 바람둥인데 이성으로 인한 화를 조심해야 한다고 했더니, 친구는 씩 웃으면서 사실 그 문제 때문에 간명을 부탁했다는 것이다.

이 사주는 부인인 정재(6번)보다 부인 외의 여자인 편재(5번)가 많으니 바람끼가 많을 수밖에 없다. 좀더 자세히 살펴보자.

	천간	지지
년	辛	卯(도화)
월	庚	子(도화)
일	丁(본인별)	酉(도화)
시	丙	午(도화)

지지에 자오묘유(子午卯酉)가 모두 있다. 자오묘유(子午卯酉)는 각각 도화(桃花)에 해당한다. 즉 복숭아꽃을 말한다. 복숭아꽃이 만발해 있으니 어찌 풍류를 즐기지 않겠는가.

■ 전문가를 위한 코너

① 성별 : 남

② 명식 : 辛卯년 庚子월 丁酉일 丙午시

③ 경과 : 15일 4시간 57분

④ 주권신 : 시지(己)

⑤ 조후 : 甲, 庚

5. 경호원

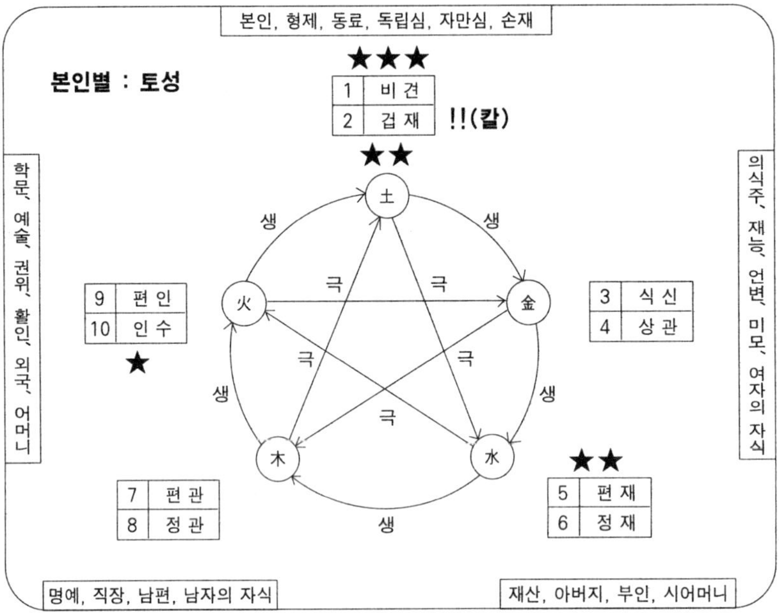

이 분은 대학에서 비서경영학을 전공한 후, 제1야당 당수의 경호원이 되었다. 이 사람이 왜 이런 특이한 직업을 갖게 되었을까.

이 사주는 본인별인 토성이 매우 강한데 칼까지 2개나 갖추고 있으니 강한 기운을 빼주어야 한다. 금성이 그 역할을 해야 하는데 나타나 있지 않다. 그러나 이에 해당하는 직업을 선택하면 개운할 수 있다. 금(金)에 관한 직업으로는 군인, 경호원, 무기취급 등이 있다. 그래서 경호원이 된 것이다.

이 분이 수행하던 제1야당 당수는 드디어 대통령에 당선되었다. 동료들은 대부분 청와대 경호실로 들어갔으나 그 영광을 함께 누리지 못했다. 명예를 뜻하는 목성인 관성(7번, 8번)이 나타나 있지 않아 일단 명예와는 인연이 박하기 때문이다. 그러나 관성이 없다고 해서 비관할 일만은 아니다. 운에서 관성운을 만나거나 관성을 뒷받침해 주는 운을 만나면 된다.

관운은 그렇다고 하고 곧 좋은 일이 있을 것이다. 왜냐하면 금년은 경진(庚辰)년이고 내년은 신사(辛巳)년이니 모두 금(金)의 기운이 강하고, 현재의 대운도 신유(辛酉)의 금(金)이니 재운이 따르기 때문이다. 꼭 관운만 추구할 필요가 있겠는가.

같은 년월일시에 태어난 세 남자의 사주를 놓고 달리 풀이해줄 수 있을까. 얼마든지 가능하다. 이성계는 임금이 되기 전 파자점(破字占)을 본 적이 있다. 그가 선택한 「문(問)」이란 글자를 보고 상대방은 좌군우군(左君右君)이니 앞으로 임금이 될 것이라고 했다. 그후 똑같은 글자를 선택한 다른 사람에게는 문(門) 앞에서 입(口)만 가지고 구걸하는 거지라고 했다. 사주에서도 예를 들어 비겁(比劫)이 전부이고 재(財)가 1위인 경우 그 주인공에 따라 한 사람은 거지, 또 한 사람은 고승대덕, 나머지 한 사람은 교수라고 말해 줄 수 있다.

■ 전문가를 위한 코너

① 성별 : 남

② 명식 : 戊申년 戊午월 戊午일 壬戌시

③ 경과 : 11일 20시간 11분

④ 주권신 : 년지(壬) 월지(己) 일지(己) 시지(丁)

⑤ 조후 : 壬, 甲, 丙

6. 42세 때 사법시험에 합격한 사람

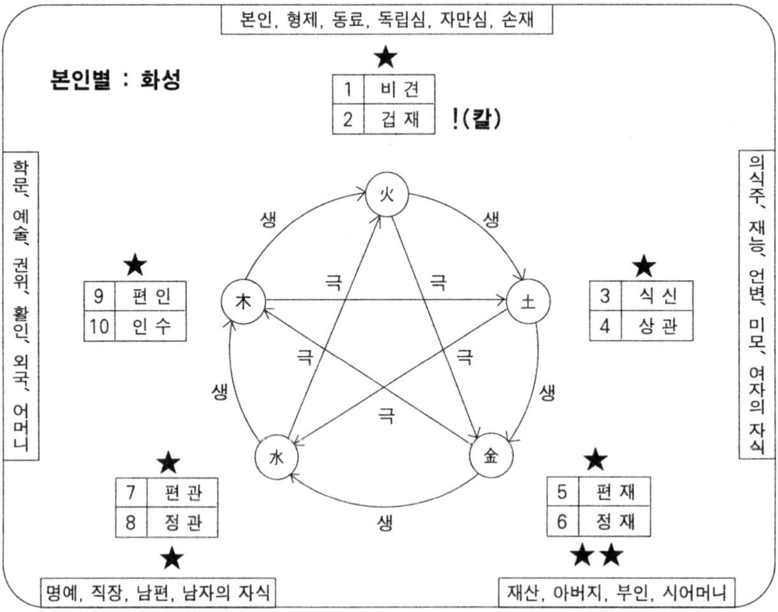

이 분을 대하면서 당신은 그동안 두 번의 큰 변화를 겪었는데 그 중 한 가지가 42세 때라고 했더니 깜짝놀라며 바로 그때 사법시험에 합격했다는 것이다.

이 사주에서 본인별은 화성인데 화성에는 두 가지가 있다. 하나는 태양의 불이고 또 하나는 인공적인 불이다. 태양의 불은 병(丙)이고 인공적인 불은 정(丁)인데, 정묘(丁卯)일에 태어나 정(丁)이 본인별이니 인공적인 불이다. 인공적인 불은 불길을 살려주면 좋은데, 불길을 살려주려면 햇볕(丙)에 통나무(甲)를 바짝 말린 다음 쪼개서 땔감으로 삼아주면 좋다. 다시 말해 병(丙)과 갑(甲)이 있어야 한다는 뜻이다. 따라서 병(丙)과 갑(甲) 두 가지를 모두 갖추는 42세 때 사법시험에 합격한 것이다. 이때가 병진(丙辰)대운 갑자(甲子)년이었다. 좀더 자세히 살펴보자.

	천간	지지	
년	癸	未	합
월	庚	申	
일	丁(본인별)	卯	합
시	辛	亥	합

지지에서 해묘미(亥卯未)가 삼합(三合)을 이루어 작은 나무(乙)들의 집합이 되었다. 그러나 물(7번, 8번)에 젖은 작은 나무들이라 햇볕(丙)에 통나무(甲)를 바짝 말려 땔감으로 삼은 해에 크게 발전한 것이다. 또 한번 큰 변화는 17세 때인데 설명은 생략하기로 한다.

■ 전문가를 위한 코너

① 성별 : 남

② 명식 : 癸未년 庚申월 丁卯일 辛亥시

③ 경과 : 29일 3시간 11분

④ 주권신 :

⑤ 조후 : 甲, 庚, 丙, 戊

22장. 종교인의 사주

내가 남에게 공이 있거든 그것은 생각하지 말고

허물이 있거든 그것을 생각하라.

사람이 나에게 은혜 있거든 그것을 잊지 말고

내가 남에게 원망이 있거든 그것은 잊어버려라.

1. 승려 Ⅰ

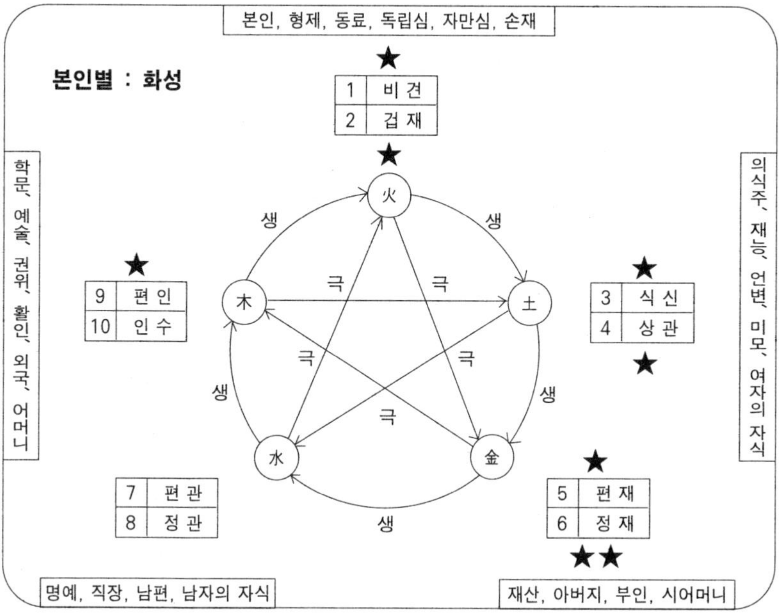

이 분은 여유있는 가정에서 태어나 대학까지 졸업한 후 스님이 된 사람이다. 지금은 사찰 한 곳을 맡아 운영하고 있는데 틈이 나는대로 여러 방면의 학문을 섭렵하느라 쉴틈이 없다고 한다. 이 분은 왜 승려가 되었는지 살펴보자.

사주에서 가장 지대한 영향력을 발휘하는 것은 출생월이다. 그것도 어느 기운이 왕성할 때이냐가 중요하다. 양력으로 4월 18일에 태어났으니 토(土)인 무(戊)가 왕성할 때이고, 무(戊)는 상관(4번)에 해당한다. 상관이 왕성하면 교육자나 종교인과 인연이 있고 학문과도 인연이 많다. 또 토(土)는 성실과 신용을 상징하니 신앙심이나 종교심과도 통하기 때문에 승려가 된 것이다. 그리고 이 사주는 몸에 염주를 지니고 있는 형상이다.

	천간	지지
년	① 乙	② 酉
월	③ 庚	④ 辰
일	⑤ 丁(본인별)	⑥ 巳
시	⑦ 丙	⑧ 午

천간의 순서는 갑(甲), 을(乙), 병(丙), 정(丁)의 순으로 진행되는데 이 사주에는 을(乙 : ①), 병(丙 : ⑦), 정(丁 : ⑤)이 있다. 비록 병(丙 : ⑦)과 정(丁 : ⑤)의 순서는 바뀌어 있지만 어쨌든 염주알이 그런대로 꿰어져 있는 형상이다. 그리고 지지는 자(子), 축(丑), 인(寅), 묘(卯), 진(辰), 사(巳), 오(午)의 순인데 진(辰 : ④), 사(巳 : ⑥), 오(午 : ⑧)가 있으니 이것은 염주알이 제대로 꿰어져 있는 형상이다. 이상과 같이 염주를 지니고 있는 형상이라 스님이 되었다. 만약 천간의 염주알까지 순서대로 되어 있었더라면 더 큰 스님이 되었을 것이다.

불교에서는 무엇보다 마음을 강조한다. 마음에 얽힌 일화 두 가지를 소개해본다.

어느날 스님 세 분이 바다 위로 지나가는 돛단배를 보고 자신의 견해를 말하기로 했다. 한 스님은 바람이 돛을 부풀려 밀어주니 배가 가는 것이라고 했고, 또 한 스님은 배가 스스로 바람을 이용해 나가는 것이라고 했고, 마지막 스님은 배가 움직이는 것은 외부의 힘 때문도 아니고 자력에 의한 것도 아니라고 하며 두 분의 마음이 움직이는 것이라고 했다.

다음은 육조(六祖) 혜능 대사의 이야기이다.

혜능이 스승으로부터 법통을 물려받는 것을 시기하는 무리들을 피해 숭산 소림사에 잠간 머물 때의 일이다. 스님들이 당간지주 위에서 펄럭이는 깃발을 보며 논쟁을 벌이고 있었다. 바람이 깃발을 움직이게 한다는 주장과 깃발 스스로 바람을 타고 펄럭인다는 주장으로 나뉘었다. 지켜보던 혜능은 침묵을 깨고 깃발이 움직이는 것은 바라보는 사람의 마음 때문이라고 설파해서 육조로 추대되었다.

이 스님의 경우도 마음을 갈고 닦아 투명하게 하는 수행에 전념하고 있다하니, 사주 천간에 있는 염주알도 자연스럽게 순서대로 꿰어질 것이다.

■ 전문가를 위한 코너

① 성별 : 남

② 명식 : 乙酉년 庚辰월 丁巳일 丙午시

③ 경과 : 12일 23시간 38분

④ 주권신 : 일지(庚) 시지(己)

⑤ 조후 : 甲, 庚

2. 승려 Ⅱ

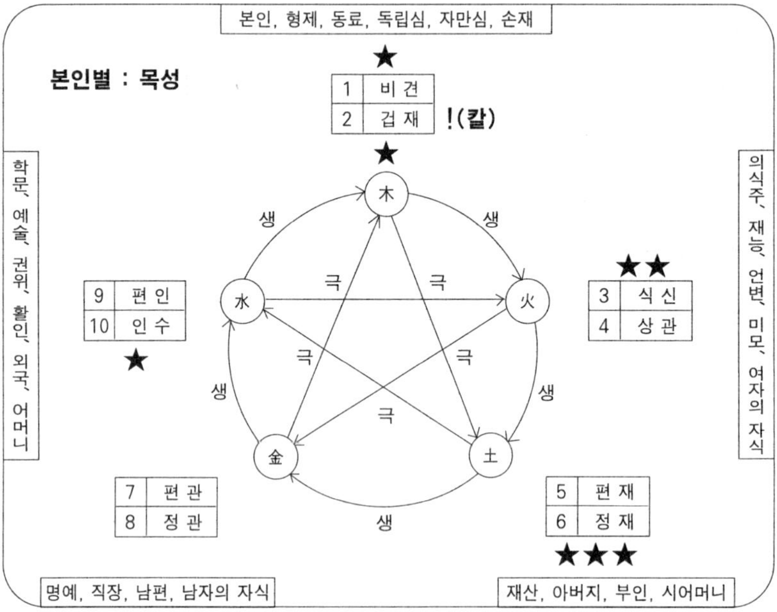

이 분은 불교계의 작은 종파에 몸을 담고 있으나 상당한 권위를 지닌 스님이다. 16세부터 객지생활을 하다가 계유(癸酉)대운 을사(乙巳)년인 27세에 출가했다. 대처승인데 서른을 넘어 남매를 두었다고 한다.

이 사주도 별들의 배치상태가 앞에서 간명한 스님의 경우와 비슷하다. 다른 것은 양력으로 12월 23일인 추운 겨울에 태어났다는 것이다. 따라서 따뜻한 화기(火氣)가 필요한데 화성에 속하는 직업을 선택하면 좋다. 그러면 이 화성은 무엇인가. 식신(3번)과 상관(4번)이 여기에 해당한다. 식신과 상관은 교육자나 종교인 등과 인연이 많아 스님이 된 것이다. 스스로 자신에게 적합한 길을 선택한 것이다. 그런데 이 분의 동생이 골수염으로 다섯 번이나 수술을 했다고 하니 그 이유를 살펴보기로 하자.

	천간	지지	
년	① 己	② 卯(겁재, 칼)	형
월	③ 丙	④ 子	
일	⑤ 甲(본인별)	⑥ 午	
시	⑦ 己	⑧ 巳	

지지에 있는 묘(卯 : ②)는 형제에 해당하는 겁재이며 칼(!)이니 이 분의 형제는 칼과 인연이 많은 사람이다. 칼은 평소에는 별 문제가 없으나 충(沖)이나 형(刑)을 만나면 큰 일이 벌어진다. 충이나 형은 큰 동요를 뜻하기 때문이다. 그런데 묘(卯 : ②)는 자(子 : ④)와 형되어 칼이 움직이니 칼을 대는 수술을 다섯 번이나 받은 것이다.

■ 전문가를 위한 코너

① 성별 : 남

② 명식 : 己卯년 丙子월 甲午일 己巳시

③ 경과 : 15일 1시간 13분

④ 주권신 : 일지(己)

⑤ 조후 : 丁, 庚, 丙

3. 목사

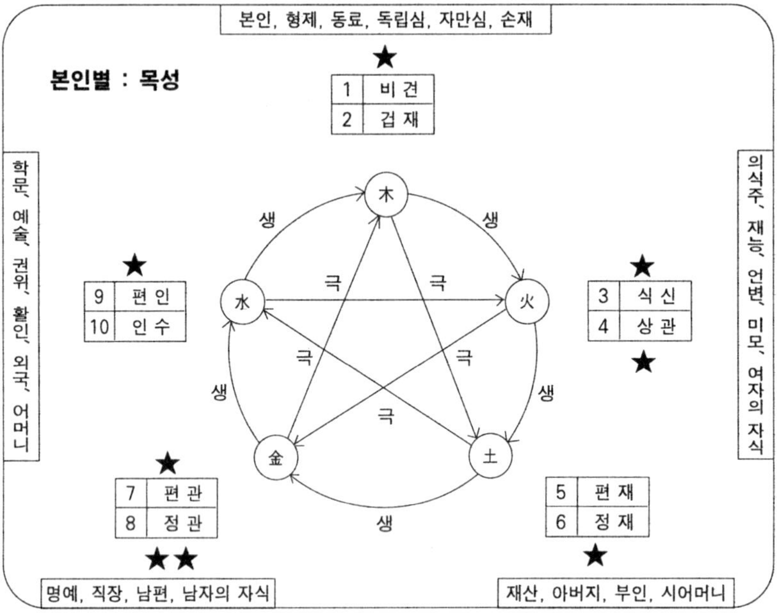

이 분은 언변이 매우 뛰어난 목사인데 남동생도 마찬가지이다. 경찰공무원인 아버지와 교육공무원인 어머니 밑에서 너무 엄한 가정교육을 받으며 성장하여 반대작용으로 말씀이 많은 모양이다. 지금은 교회의 중앙조직에서 교육을 담당하고 있다. 이 분이 왜 언변이 뛰어난 목사가 되었는지 살펴보자.

	천간	지지	
년	癸	巳	합
월	戊	午	
일	乙(본인별)	未	
시	辛	巳	

이 사주에는 큰 합(合)이 있다. 이것을 방합(方合)이라고 한다. 사주에 큰 합이 있으면 용모가 수려하고 정직하며 원만한 인격자이다. 그리고 육친간에 화목하고 친선함이 남다르며 총명하다.

그런데 이 사주에 있는 사오미방합(巳午未方合)은 큰 불(火)을 뜻한다. 불(火)은 화성이고 언변과 재능을 의미한다. 화성이 크게 빛나고 있으니 식신(3번)과 상관(4번)이 매우 강한 힘을 발휘한다. 법륜도에는 언변과 재능에 해당하는 식신(3번)과 상관(4번)이 각 1개씩으로 되어 있지만 사오미방합(巳午未方合)이 있으니 실제로는 그 이상이 된다. 이 강력한 화(火)를 따라 언변과 재능을 자랑하는 목사가 된 것이다. 식신과 상관은 교육자나 종교인 등과 인연이 많고 언변과 재능을 나타낸다.

■ 전문가를 위한 코너

① 성별 : 남

② 명식 : 癸巳년 戊午월 乙未일 辛巳시

③ 경과 : 7일 2시간 3분

④ 주권신 : 년지(庚) 월지(丙) 일지(丁) 시지(庚)

⑤ 조후 : 癸, 丙

23장. 양지마을 사람들

몸가짐을 지나치게 깨끗히 말 것이니

때묻고 더러움을 다 용납할 것이요,

사람과 사귐에는 너무 분명히 말 것이니

선악(善惡)과 현우(賢愚)를 함께 포용해야 한다.

1. 다리를 저는 수재

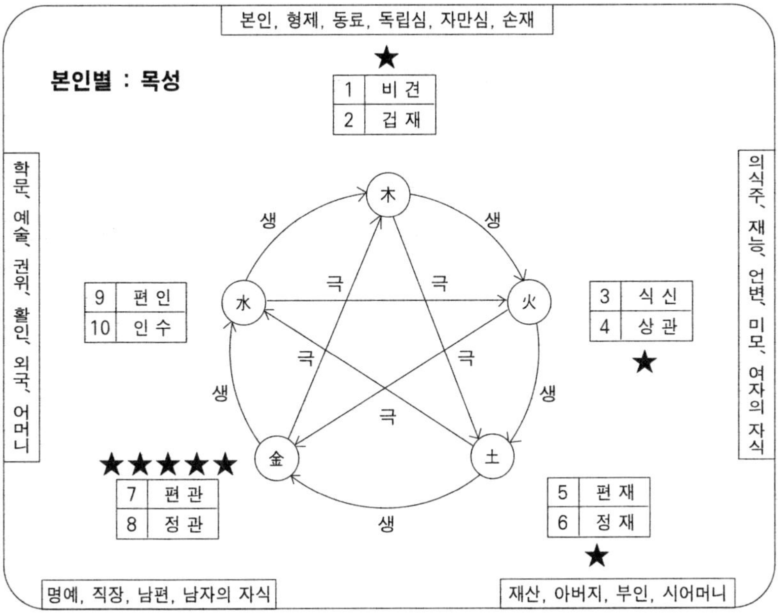

이 분은 옛날에 일류고등학교가 존재할 당시 중급 이하의 고등학교를 졸업하고도 자신의 노력만으로 서울법대에 입학한 수재이다. 인품까지 갖추었는데 한쪽 다리를 절어 거동이 자유롭지 못하다.

이 사주의 본인별은 목성인데 금성(7번)이 무려 5개나 되어 본인별인 목성을 후려치고 있다. 법륜도를 보면 편관(7번) 5개가 일직선의 화살표 방향으로 본인별(1번)을 극하고 있다. 이런 사주를 금다목단(金多木斷)이라고 하여 나무(木)가 끊어진다고 한다. 매우 강한 금(金)이 나무(木)를 다치게 하기 때문이다. 이 사주의 금성은 왜 이렇게 강해졌는지 살펴보자.

	천간	지지	
년	① 辛(金)	② 巳	합
월	③ 辛(金)	④ 丑	합
일	⑤ 乙(본인별)	⑥ 酉	합
시	⑦ 丙	⑧ 戌	

위에서 볼 수 있듯이 이 사주에는 큰 지지삼합이 있다. 사유축(巳酉丑)이 만나면 커다란 금(金)이 형성된다. 천간에 있는 신(辛 : ①, ③)이 금(金)이고, 지지삼합까지 모두 합쳐서 금(金)이 되니 금성이 매우 강해진 것이다.

이 분은 사주 자체에 금(金)이 너무 많아 금다목단(金多木斷) 현상이 일어나 한쪽 다리를 절게 될 가능성을 내포하고 있었는데, 11세인 경자(庚子)대운 신묘(辛卯)년에 사고를 당했다. 경자(庚子)와 신묘(辛卯)의 경(庚)과 신(辛)은 모두 금(金)에 해당한다. 사주 자체에 금(金)이 많은데 또 금운(金運)을 만났으니 어찌 무사하겠는가.

오행의 생극제화 원리를 살펴보면 다음과 같다.

① 물이 많으면 나무는 뜨고(수다목부 : 水多木浮), 불은 꺼지고(수다화멸 : 水多火滅), 흙은 떠내려가고(수다토류: 水多土流), 금은 잠긴다(수다금침 : 水多金沈).

② 나무가 많으면 불은 꺼지고(목다화식 : 木多火熄), 흙은 갈라지고(목다토경 : 木多土傾), 쇠는 부러지고(목다금결 : 木多金缺) 물은 없어진다(목다수축 : 木多水縮).

③ 불이 많으면 나무는 불살라 없어지고(화다목분 : 火多木焚), 흙

은 초토화되고(화다토초 : 火多土焦), 쇠는 녹아버리고(화다금용 : 火多金熔), 물은 끓어서 증발된다(화다수비 : 火多水沸).

④ 흙이 많으면 나무는 부러지고(토다목절 : 土多木折), 불은 어두워지고(토다화회 : 土多火晦), 금은 묻혀버리고(토다금매 : 土多金埋), 물은 말라버린다(토다수어 : 土多水淤).

⑤ 쇠가 많으면 나무는 잘라지고(금다목단 : 金多木斷), 불은 꺼지고(금다화식 : 金多火熄), 흙은 변해버리고(금다토변 : 金多土變), 물은 막혀 통하지 않는다(금다수체 : 金多水滯).

■ 전문가를 위한 코너

① 성별 : 남

② 명식 : 辛巳년 辛丑월 乙酉일 丙戌시

③ 경과 : 26일 12시간 57분

④ 주권신 :

⑤ 조후 : 丙

⑥ 기타 : 사유축삼합회국(巳酉丑三合會局) : 辛金

2. 한쪽 눈을 잃은 사장

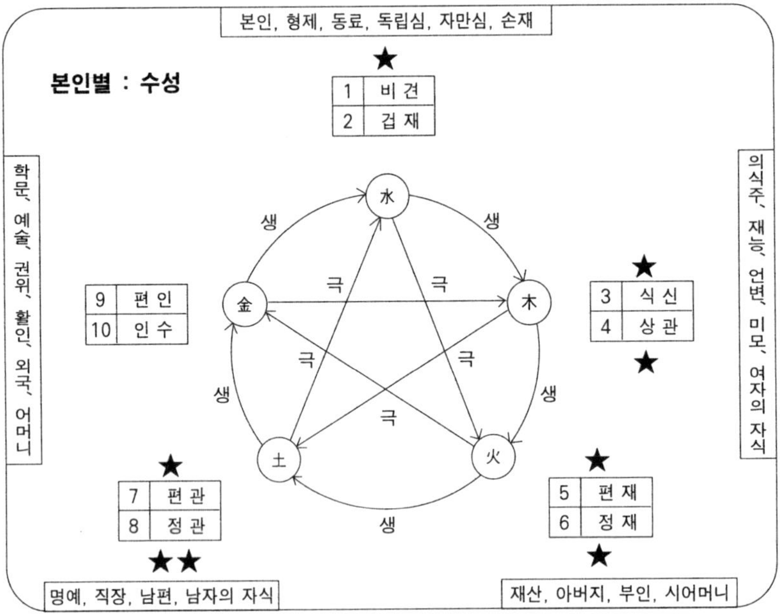

이 분은 시골에서 농업고등학교를 졸업하고 자신의 노력만으로 서울에 있는 명문대에 입학한 수재이다. 6년 동안 공무원 생활을 하다가 공기업체로 자리를 옮겨 16년 동안 재직했고, 공기업체 사장까지 지냈다. 그런데 몸이 매우 약하고 한쪽 눈을 잃었다.

이 사주에는 본인별인 수성을 도와주는 금성이 하나도 없다. 모두가 본인별의 기운을 빼거나 공격하는 별 뿐이니 신약할 수밖에 없다. 그런데 문제는 신약에 그치지 않는다는 것이다. 신약의 정도를 넘어 그 이상의 화액을 당할 확률이 높은 사주이다. 왜냐하면 강한 화성(5번, 6번)이 강한 토성(7번, 8번)을 밀어주어 토성이 매우 강해졌는데, 이것이 일직선 화살표 방향으로 본인별인 수성을 공격하고 있기 때문이다. 따라서 몸이 온전할 수 없는 사주이다. 2세 때 한 쪽 눈을 잃었는데 그때가 바로 기묘(己卯)년이다. 기(己)는 토(土)에 해당한다. 사주 자체가 토(土)가 매우 강한데 또 토운(土運)을 만났으니 어찌 무사하겠는가.

이 분이 건강해지려면 금기(金氣)를 보충해야 한다. 그렇게 되면 토기(土氣)를 빼내어 금(金)을 생하게 만들고 본인별인 수성을 도와줄 것이다. 그러려면 매일 광물질이 많이 함유된 온천수로 목욕을 하는 것이 좋다. 이 분은 몇 년 동안 그렇게 했는데 십 년 이상은 젊어진 듯 건강하다고 한다.

■ 전문가를 위한 코너

① 성별 : 남

② 명식 : 戊寅년 己未월 癸卯일 丙辰시

③ 경과 : 2일 3시간 58분

④ 주권신 : 년지(戊) 월지(丁) 일지(甲) 시지(乙)

⑤ 조후 : 庚, 辛, 壬, 癸

3. 금융맨

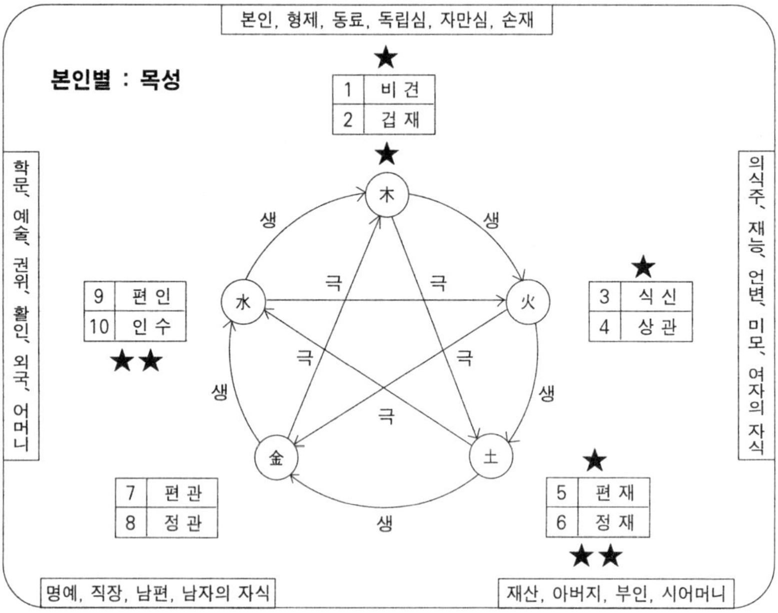

이 분은 대학교를 졸업한 후 평생 금융계통과 인연을 맺은 사람이다. 금융계와 인연이 되는 사주는 어떤 것인지 살펴보기로 하자.

	천간	지지	
년	癸	未	
월	丙	辰(財庫)	합
일	甲(본인별)	子	
시	乙	丑(官庫)	합

이 사주의 본인별은 목성인데 갑자(甲子)일에 태어났으니 갑자(甲子) 모두를 본인으로 보기도 한다. 이 갑자(甲子)를 중심으로 합(合)

이 이루어지면 합(合)되는 것이 본인에게 적합한 직업이나 사안이 된다.

이 사주는 갑자(甲子)를 중심으로 2개의 합(合)이 있다. 자축합(子丑合)과 자진합(子辰合)인데 하나는 관고(官庫)이고 또 하나는 재고(財庫)이다. 여기서 재고라고 표시된 진(辰)은 재고가 아니라는 학자도 있다. 그러나 여기서는 일단 재고로 본다.

관고는 재정공무원과 인연이 있고, 재고는 금융계통과 인연이 있다. 어쨌든 둘다 재정이나 금융과 인연이 있는 것이다. 이것들이 본인과 합이 되니 평생 금융업과 인연을 맺은 것이다. 관고와 재고에 관한 이론은 명리학을 조금만 공부하면 자연히 터득할 수 있으니 여기서는 이 정도만 이해하면 된다.

이상과 같이 복잡한 설명이 아니더라도 이 사주는 편재(5번)와 정재(6번)가 강하여 금융계통과 인연을 맺었다고 보아도 무방하다. 그러나 금성인 관성(7번, 8번)이 나타나 있지 않아 사장직은 맡아보지 못했다. 그러나 갑자(甲子)와 을축(乙丑)이 순서를 갖추고 있어 모양새가 돋보이니 크게 발전할 것이다.

■ 전문가를 위한 코너

① 성별 : 남

② 명식 : 癸未년 丙辰월 甲子일 乙丑시

③ 경과 : 30일 1시간 48분

④ 주권신 :

⑤ 조후 : 庚, 丁, 壬

4. 호텔맨

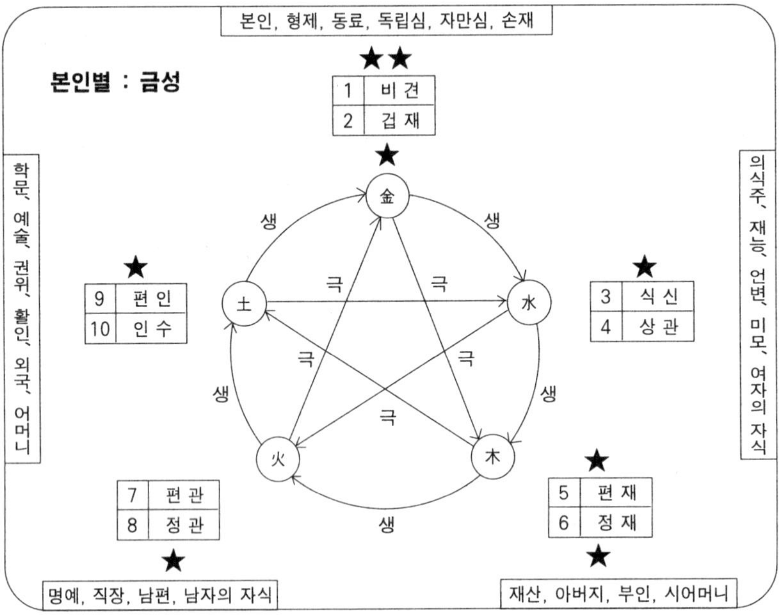

이 분은 대학교를 졸업한 후, 서울에 있는 유명한 호텔에 입사하여 경리직을 수행하다 사장까지 지냈다. 줄곧 경리직과 인연이 된 것은 앞의 금융맨 사주와 같은 이론으로 이해하면 된다.

이 사주의 본인별은 금성인데 신묘(辛卯)일에 태어났으니 신묘(辛卯) 모두를 본인으로 본다. 그런데 이 신묘(辛卯)를 중심으로 합(合)이 이루어지면 합이 되는 것은 적합한 직업이나 사안이 된다.

	천간	지지
년	甲	申(지살)
월	辛	未(財庫) ┐ 합
일	辛(본인별)	卯 ┘
시	癸	巳(역마)

이 사주는 신묘(辛卯)를 중심으로 하나의 합이 이루어지고 있는데 그것은 재고(財庫)이다. 다시 말해 금융계통과 합이 되어 경리직과 인연을 맺은 것이다. 그러면 호텔과는 어떻게 인연이 되었을까.

이 사주에는 역마와 지살이 들어 있다. 사(巳)는 역마에 해당하고, 신(申)은 지살에 해당한다. 역마와 지살은 교통, 관광, 숙식업 등을 의미하니 관광호텔과 깊은 인연을 맺은 것이고, 명예를 뜻하는 정관(8번)이 있으니 사장직까지 지낸 것이다.

■ 전문가를 위한 코너

① 성별 : 남

② 명식 : 甲申년 辛未월 辛卯일 癸巳시

③ 경과 : 18일 18시간 24분

④ 주권신 :

⑤ 조후 : 壬, 甲, 庚

5. 중국 아가씨

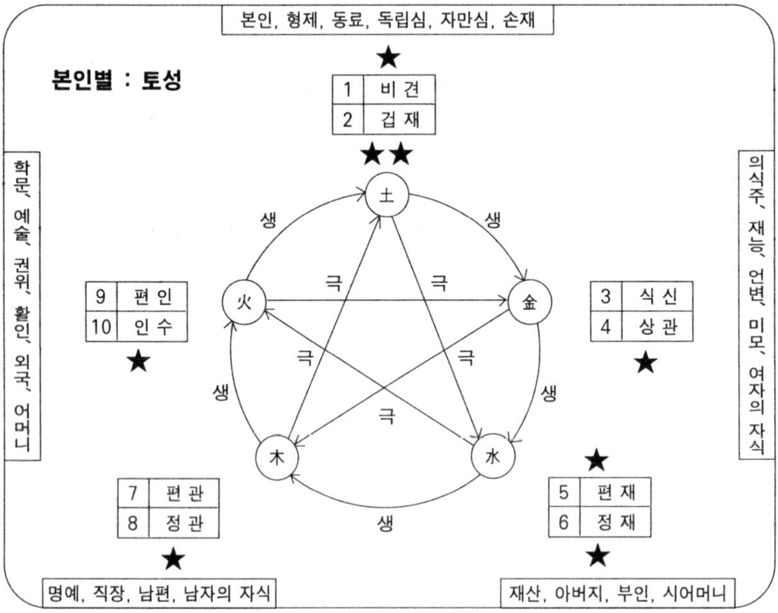

이 아가씨는 중국 장춘에서 태어나 그 곳에서 사범대학 수학과를 졸업한 중국인으로 매우 사교적이다. 1995년 기미(己未)대운 을해(乙亥)년에 우리 나라에 와서 지금까지 학원에서 중국어를 강의하고 있다. 아버지는 일본어 교사이고 다섯 형제 중에 두 명이 교직에 있다고 한다. 60평이 넘는 아파트에서 생활할 정도로 여유가 있다.

이 아가씨는 33세의 노처녀인데 한국 남자와 결혼하고 싶단다. 본국에서 결혼하려면 총각들이 줄을 서서 프로포즈해올 것이라고 한다. 이유는 본인과 집안이 모두 훌륭하기도 하지만 특히 수입이 좋기 때문이라고 한다. 중국에서는 일년 내내 벌어야 텔레비전 한 대를 살 수 있는데 이 아가씨의 수입은 열두 대나 살 수 있으니 중국

총각들이 선망할만도 하다.

이 아가씨는 어떻게 우리 나라와 인연을 맺었을까. 외국인의 사주를 볼 때는 국가간의 시차를 고려해야 될 때가 있다. 일본은 우리 나라보다 조금 일찍 해가 뜨고, 중국은 우리 나라보다 조금 늦게 뜬다. 우리 나라 안에서도 지역에 따라 약간의 차이가 있다.

이 사주는 본인별인 토성이 강하니 독립심이 강하다. 그리고 신(申)과 사(巳)는 지살이 되는데 지살은 교통, 관광, 호텔 등을 의미하는 동시에 외국과도 인연이 많으니 우리 나라와 인연을 맺은 것이다. 이 아가씨는 우리 나라 말도 매우 능통하다. 사주의 같은 기둥에 재능을 뜻하는 상관과 외국을 뜻하는 지살이 함께 있으면 외국어에 능통하다. 이 사주도 신(申)이 상관인 동시에 지살에 해당된다.

참고로 우리 나라와 인연을 맺은 1995년을 살펴보면, 그때는 기미(己未)대운 을해(乙亥)년이었다. 기미(己未)는 모두 토(土)에 해당하니 본인별인 토성이 더욱 강해져 독립을 한다. 을해(乙亥)년은 을(乙)이 목(木)으로 이 아가씨의 직장과 명예에 해당하니, 우리 나라에서 직장을 얻고 중국 총각들에게 선망의 대상이 되는 명예를 누리는 것이다.

■ 전문가를 위한 코너

① 성별 : 여

② 명식 : 戊申년 壬戌월 己巳일 甲子시

③ 경과 : 17일 10시간 25분

④ 주권신 :

⑤ 조후 : 甲, 丙, 癸

6. 일본 여성

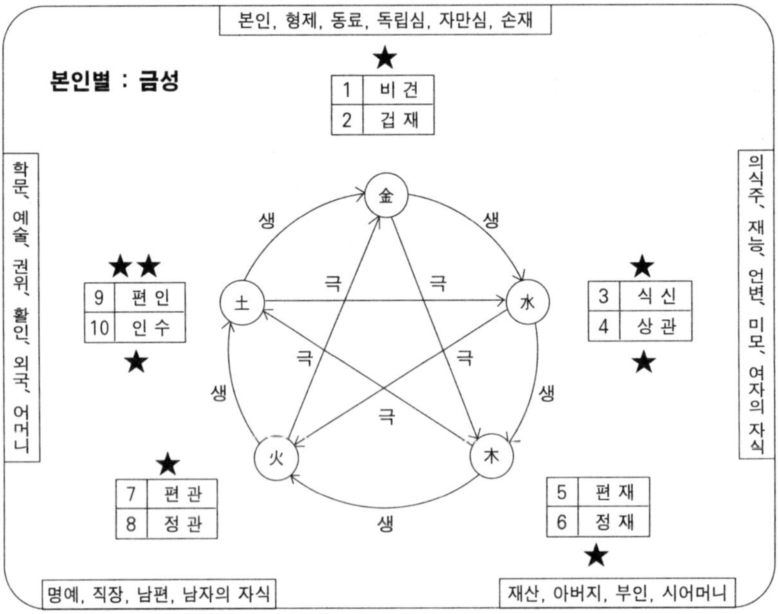

이 분은 60대 중반이 지난 일본 여성으로 명리학에 관심이 많다. 친구가 일본에 외교관으로 가 있을 때 친분을 맺은 사람인데, 우리 나라로 여행을 왔을 때 함께 나를 찾아와 만나게 되었다. 친구가 이 여인의 옆에 나란히 앉아 통역을 해주었다. 남편은 군용기 파이롯트였는데 지금은 댄스교사를 하고 있고, 자신은 자식이 없는 홀가분한 몸이라 세계 각국을 가보지 않은 곳이 없다고 한다.

이 여인은 추운 겨울에 태어나 불(火)이 필요한데 남편에 해당하는 화성이 곧 불(火)이니 남편은 이 분에게 매우 유익한 존재가 된다. 남편에 해당하는 별이 화성이라는 것은 남편이 불(火)과 인연이 있다는 뜻이고, 비행기는 화차에 속하기 때문에 비행기를 다루는 파이

롯트가 된 것이다. 댄스 역시 화려한 불빛이 있어야 좋으니 남편이 화려한 불빛 아래에서 춤을 추는 댄스교사가 된 것이다. 그러면 이 사람이 자식을 두지 못한 이유가 무엇인지 살펴보기로 하자.

	천간	지지	주권신
년	乙	亥(편인) ↓	(戊)
월	己(인수) ⟶	丑(상관)	(癸)
일	庚(본인별)	↑ 寅(편인)	(戊)
시	壬(식신)	午(공망)	(丙)

위에서 보는 것처럼 자식에 해당하는 상관은 인수와 편인에게 가까이서 직접적인 공격을 받고 있다. 인수와 편인은 상관을 공격하는 별들이다. 이처럼 상관이 공격을 받고 있으니 자식과 인연이 없고, 시 천간에 있는 식신도 자식에 해당하나 그 아래에 있는 오(午)가 공망되어 함께 힘이 없으니 역시 자식과 인연이 없다. 이 분이 외국과 인연이 있는 것은 외국을 뜻하는 토성이 강하고, 해(亥)와 인(寅)이 외국을 뜻하는 지살에 해당하기 때문이다.

■ 전문가를 위한 코너

① 성별 : 여

② 명식 : 乙亥년 己丑월 庚寅일 壬午시

③ 경과 : 2일 15시간 28분

④ 주권신 : 년지(戊) 월지(癸) 일지(戊) 시지(丙)

⑤ 조후 : 丙, 丁, 甲

24장. 숨어 있는 대가들의 사주

일이 뜻대로 되지 않을 때는 나보다 못한 사람을 생각하라.

원망하고 탓하는 마음이 절로 꺼지리라.

마음이 자만 해 지거든 나보다 나은 사람을 생각하라.

정신이 절로 분발하리라.

1. 주역 · 관상 · 명리에 통달한 교수

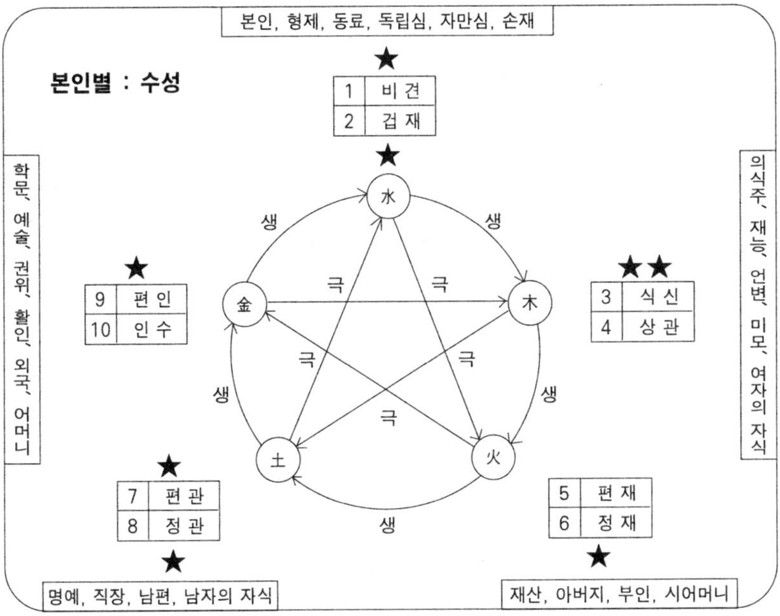

이 분은 서울법대를 졸업하고 몇년 후에 서울 중심가에 동양철학원을 개설했다. 일찌기 주역, 관상, 명리로 인기를 모은 사람이고, 소설에서 주인공의 주변인물로 등장한 적도 있다. 일찍부터 불교에 심취했고 지금은 지방에서 대학교수로 있다.

이 사주에는 의사의 사주에서 많이 볼 수 있는 묘유술(卯酉戌)이 모두 들어 있다. 묘유술(卯酉戌)은 의약분야에만 해당하는 것이 아니라 활인업(活人業 : 사람을 살리는 직업) 전반에 해당한다. 다시 말하면 도, 의술, 점, 역, 종교 등과도 인연이 많다.

묘(卯)는 해가 뜨는 동쪽으로 만물에 새로운 생기를 부여하고, 유(酉)는 해가 지는 서쪽으로 만물의 피로를 풀어주며, 술(戌)은 하늘의 이치와 통할 수 있는 천문(天門) 즉, 도를 행할 수 있는 관문이니 묘유술(卯酉戌)은 모두 활인업과 인연이 많은 것이다. 따라서 이 분은 묘유술(卯酉戌)을 모두 갖추고 있어 주역 · 관상 · 명리 등 활인(活人) 학문에 통달한 것이다.

그러면 대학교수가 된 것은 무엇때문일까. 묘(卯)월인 양력 3월 말일 경에 태어났으니 목(木)인 을(乙)이 활동하는 시기이고, 을(乙)은 식신(3번)에 해당한다. 사주에 식신이 왕성하면 재능과 언변이 좋아 훌륭한 대학교수가 될 수 있기 때문에 그렇게 된 것이다. 더구나 이 사주에 있는 묘(卯)는 학당(學堂)에 해당하는데 이것이 있으면 다른 사람을 지도교수하는 사람이 된다.

이 분이 통달한 주역, 관상, 명리는 음양오행에서 비롯된 것들인데 그 시원은 언제이며 주요내용은 무엇일까.

인류의 역사는 대개 전설과 설화로 시작된다. 사마천의 사기(史記)에 의하면 중원대륙의 역사는 삼황(복희, 신농, 황제) 오제(소호, 전욱, 제곡, 요, 순)에서 시작되어 하(夏), 은(殷), 주(周) 3대의 역사로 이어진다고 기록하고 있다.

선가(仙家)에서는 하느님이 그의 아들을 지상에 내려보내 신시(神市)를 연 것이 지금(서기 2000년)으로부터 5898년 전이라고 한다. 그리고 삼황에 속하는 복희는 신시 5대 태우의의 막내아들로 천하(天河) 용마의 등에 나타난 하도(河圖)를 보고 복희팔괘를 만들었고, 그후 주나라 문왕은 낙수(洛水) 거북의 등에 나타난 낙서(洛書)를 보고 문왕팔괘를 만들었다고 한다.

하도와 낙서에는 우주와 음양오행의 신비가 담겨 있다. 하도는 체

(體)이며 오행의 상생작용을 나타내고, 낙서는 용(用)이며 오행의 상극작용을 나타낸다. 태초에 음양이 분리되어 물(H_2O)이 생기고, 이것이 수소와 산소로 분리되어 하늘의 불이 형성된다. 그 과정에서 상승과 하강작용이 이루어져 천지만물은 태어나면서부터 구심점을 형성해서 빙글빙글 돌게 된다. 달은 지구의 둘레를 돌고, 지구는 태양의 둘레를 본다. 태양 또한 다른 별자리를 돌아 이와 같이 모든 천체들이 하느님이 계신 자미신궁을 중심으로 원무를 추고 있다. 음양오행의 이론은 이러한 우주의 신비를 말해주고, 인간도 하나의 소행성이니 우주의 질서 속에 조화를 이루며 살아가라고 일러준다.

■ 전문가를 위한 코너

① 성별 : 남

② 명식 : 乙酉년 己卯월 癸巳일 壬戌시

③ 경과 : 19일 12시간 52분

④ 주권신 :

⑤ 조후 : 庚, 辛

2. 퇴계학의 권위자

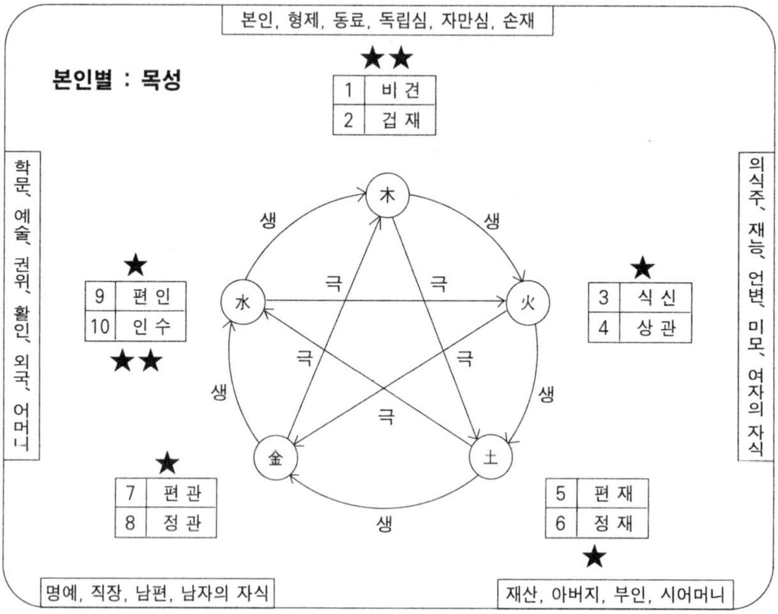

이 분은 서울법대를 졸업한 후, 퇴계학 연구에 몰두하여 지금은 그 방면의 권위자가 되어 중국에까지 널리 알려진 인물이다. 자신은 퇴계 선생의 후손이기 때문에 조상의 학문을 계승발전시켜 보고자 하는 일념에서 젊은시절부터 이 학문을 연구했다고 한다. 그동안 많은 저술활동을 해왔고, 평소 언행을 보면 마치 선인과 같다.

이 사주는 본인별이 목성인데 화성을 생하고 있다. 목성은 나무이고 화성은 불이나 꽃이니 나무에 불을 밝혀 어두운 세상을 밝혀주는 형상이고, 나무에 꽃이 피어 온누리를 아름답게 하며 향기를 발하고 있는 형상이다. 그런데 화성인 식신(3번)이 수성인 편인(9번)과 인수(10번)로부터 많은 공격을 받고 있다. 따라서 화성이 좀더 힘차게 빛을 내려면 이 화성을 보강해주는 화운(火運)이 좋다.

이 분은 더운 여름철(양력 7월) 출생인지라 우선적으로 물이 필요하나, 사주 자체에 수성인 편인(9번)과 인수(10번)를 매우 많이 갖추고 있으니 오히려 물(水)이 너무 많아 화성이 위축되어 있다. 따라서 화운(火運)이 필요하다.

이 분은 51세부터 60세까지는 정축(丁丑)대운이고, 61세부터 70세까지는 병자(丙子)대운이다. 정축(丁丑)과 병자(丙子)의 정(丁)과 병(丙)은 불(火)이니, 정(丁)과 병(丙)이 힘을 발휘할 기간에는 더 큰 명성을 누릴 수 있다.

동방세계에서는 음양오행의 이론을 설명하기 위한 복희시대의 천하(天河)의 용마(龍馬)와 주나라 문왕 때의 낙수(洛水)의 거북이의 이야기가 전해내려 온다. 세상에는 희한한 모습의 동식물도 많고 삼라만상의 모습이 모두 신비롭다. 그런데 이것을 바라보는 인간의 마음이 중요하다. 평소 우주의 원리를 골똘히 생각하는 사람은 어떤 계기를 만나 크게 눈을 뜰 수 있으리라.

■ 전문가를 위한 코너

① 성별 : 남

② 명식 : 乙酉년 壬午월 乙亥일 戊子시

③ 경과 : 29일 12시간 54분

④ 주권신 :

⑤ 조후 : 癸, 丙

3. 풍수지리의 대가

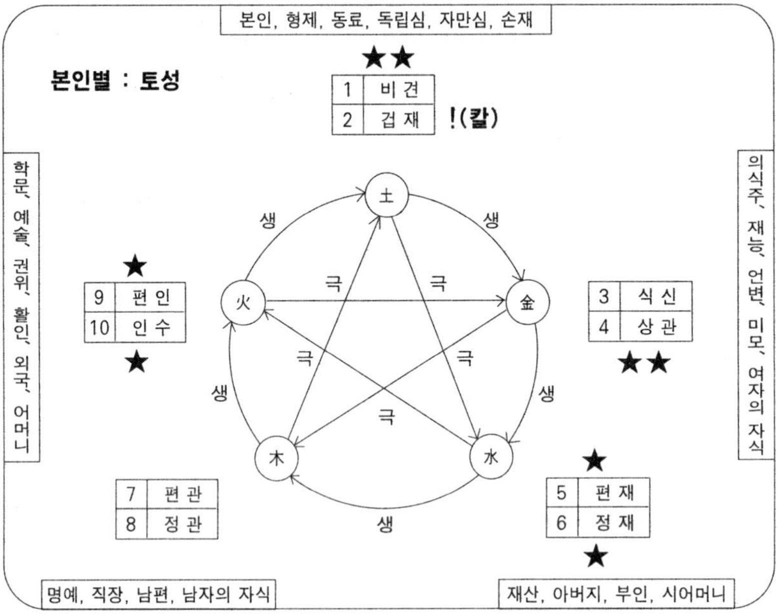

이 분은 서울법대를 졸업한 후 10년 정도 회사에 다니다, 지금은 정원수 등을 취급하는 조경업을 하고 있다. 할아버지는 한학자이고 부친은 한의사를 지낸 자손답게 어려서부터 한학에 재능이 있었다. 중·고등학교를 다닐 때는 선생님을 대신해서 급우들에게 한학을 가르칠 정도의 실력이었다고 한다. 술좌석에서는 상을 두드리며 소동파의 적벽부를 노래하듯이 읊어나간다.

사주에서는 그 사람이 어느 달에 출생했는가가 매우 중요하다. 왜냐하면 달이 기후에 미치는 영향이 매우 지대하기 때문이다. 이 분은 양력 6월의 더운 여름철에 태어났는데 6월초 태생이니 편인이 강할 때이다. 편인은 특수한 분야나 학문, 외국어, 활인업 등과 깊은 인연이 있으니 한학에 능통한 것이고 특수한 학문인 풍수지리의 대가가 된 것이다.

그리고 조경업에 종사하게 된 것은 사주에 목성이 나타나 있지 않아 그것을 직업으로 보완한 것으로 해석한다. 본인별이 토성인 흙인데 흙은 나무가 필요하기 때문이다. 할아버지께서 이 점을 간파하시고 이 분의 이름에 나무목(木) 자를 넣어 지으셨다고 한다.

명리학을 농부학이라고 보면 농부가 되어야 명리를 가장 잘 깨달을 수 있다. 옛날 농경사회에서는 농부의 터전인 토(土)가 달과 해와 봄, 여름, 가을, 겨울과의 관계에서 어떻게 변화되어 가는가를 매우 깊이 있고 정확하게 연구했다. 동지날 0시에 갈대를 태운 재를 생토에 묻어놓으면 15일만에 재가 없어져 15일을 1절기로 정하고, 기가 5일마다 옮겨가는 것을 파악했다. 그리고 동지날 0시와 하지날 0시는 음양의 교체가 이루어지는 것으로 보았다.

■ 전문가를 위한 코너

① 성별 : 남

② 명식 : 癸未년 戊午월 戊戌일 壬戌시

③ 경과 : 2일 22시간 11분

④ 주권신 : 년지(丁) 월지(丙) 일지(辛) 시지(辛)

⑤ 조후 : 壬, 甲, 丙

4. 보살행의 대가

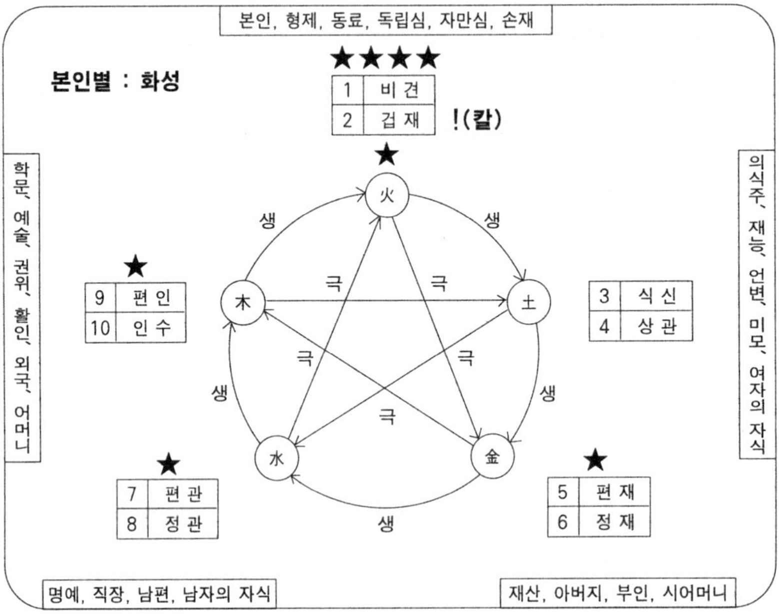

이 분은 서울법대를 졸업한 후 불교에 심취하여 입산까지 했다가 보살행(세상 사람들을 널리 구하고 보살펴주는 실천행위)을 하기 위하여 속세로 돌아와 오랜 기간 대학교수로 활동했다. 문학에도 뛰어나 우리 나라에서 손꼽히는 신문사 신춘문예에도 으뜸으로 당선되었다. 틈틈이 저술에 몰두하여 매우 향기가 높은 작품들을 내놓았다. 지금은 법회강좌를 개설하여 대중을 상대로 금강경 등을 강의하면서 부처님의 참뜻을 알리고 있고, 보살행을 다하기 위한 모임을 만들어 주관자로서 유마거사의 소임을 하기에 바쁘다.

이 사주는 본인별이 화성인데 불꽃이 매우 맹렬하기 때문에 강한 불기운을 습토로 흡수시켜 주어야 길하다. 토(土)는 믿음, 신앙, 신용, 성실을 나타내니 토(土)에 관한 직업과 인연을 맺었다. 토(土)는 재능과 언변에도 해당하여 대학교수가 된 것이고, 토(土)와 인연이 깊은 신앙생활에 몰두하게 되어 보살행의 대가가 되었다.

동양 전래의 하도(河圖)와 낙서(洛書)를 연구해보면 토(土)의 역할이 신비롭다. 전체를 포용하고 스스로 구심체역할을 한다. 이 분은 바로 이런 역할을 하는 것이다.

동방세계의 음양오행 사상은 음양론에 바탕을 둔 오행론의 전개이다. 그런데 음양론이 매우 심오하다. 음과 양은 서로 별개의 존재가 아니라 상호보완하면서 완성을 이루어 나가는 관계인데 그러면서도 음과 양은 끊임없이 서로 교차변화하여 음이 양이 되고 양이 음이 된다. 그러나 음은 음이요 양은 양이다. 색즉시공(色卽是空)이요 공즉시색(空卽是色)이고, 산은 산이요 물은 물인 것이다. 생(生)은 양이고 사(死)는 음이다.

■ 전문가를 위한 코너

① 성별 : 남

② 명식 : 甲申년 丙寅월 丙午일 丁酉시

③ 경과 : 7일 11시간 7분

④ 주권신 : 년지(壬) 월지(丙) 일지(丙) 시지(庚)

⑤ 조후 : 壬, 庚

5. 현대 인상학의 선구자

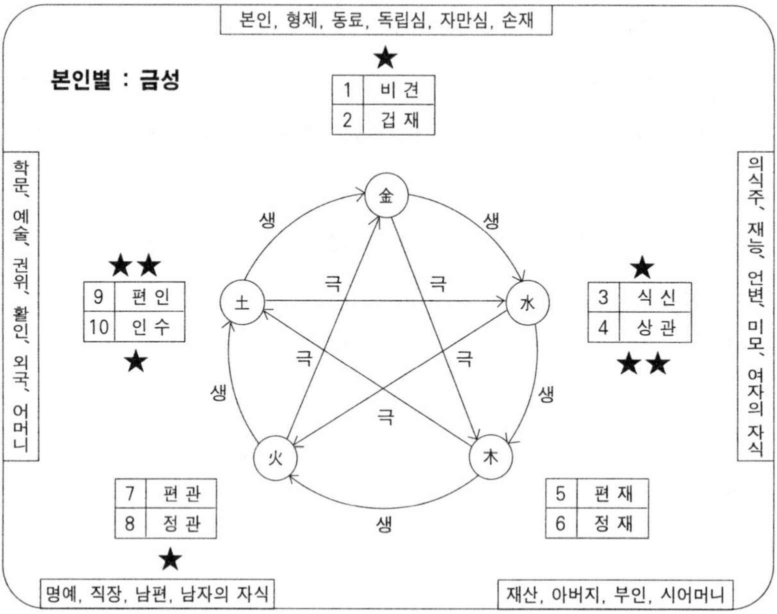

이 분은 현대 인상학의 선구자이다. 현대 인상학의 선구자라고 표현한 것은 이 분의 강의내용이 매우 분석적이고 다양하며 시대적인 감각을 띠고 있기 때문이다.

이 분은 사범학교를 졸업하고 대학에서 기계공학을 전공한 후 대학원에서 공학석사학위까지 취득했다. 초 · 중 · 고등학교에서 15년간 교사생활, 공기업체와 사기업체, 자영업에 이르기까지 인생유전이 다양하다. 지금은 우리 나라에서 손꼽히는 문화센터에서 유창한 화술로 인상학 강의를 하고 있고, 지방 대학교 평생교육원에까지 출강하여 인기를 모으고 있다.

사주에서는 태어난 달이 중요하다고 했다. 이 분은 양력 1월인 편인이 강할 때 태어났는데 편인은 특수한 분야나 학문, 활인업 등과 깊은 인연이 있으니 현대적 인상학과 인연을 맺어 선구자가 된 것이다. 그리고 유창한 화술은 언변에 해당하는 식신(3번)과 상관(4번)인 수성이 매우 강하기 때문이다.

이 분이 개운하려면 태양을 뜻하는 따뜻한 병화(丙火)로 보강해야 한다. 추운 겨울철 출생이기 때문이다. 이 사주에서는 배우자궁인 일지에서 병화(丙火)가 빛나고 있으므로 부인의 덕이 매우 큰 형상이다. 항상 부인을 태양처럼 받들고 존중하면 더욱 개운할 수 있을 것이다. 아울러 이 분은 목기(木氣)도 보완해야 한다. 많은 수(水)를 흡수해서 화(火)를 생하는 동시에 왕성한 토(土)를 견제하기 때문이다. 그렇게 하려면 지금 하고 있는 교육업(木)에 더욱 전념하는 것이 좋다.

■ 전문가를 위한 코너

① 성별 : 남

② 명식 : 壬午년 癸丑월 辛巳일 壬辰시

③ 경과 : 16일 18시간 35분

④ 주권신 : 년지(己)

⑤ 조후 : 丙, 壬, 戊, 甲

6. 명리학계의 숨은 거인

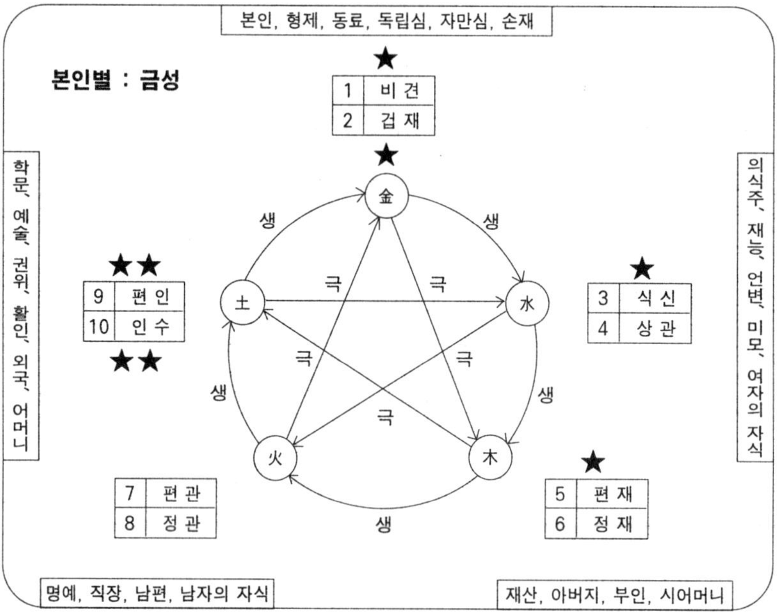

이 분은 명리학계의 숨은 거인이다. 20대 후반부터 명리학 공부를 시작하여 30세인 무진(戊辰)대운 무진(戊辰)년에 산 속으로 들어가 정신수업에 정진했다. 어느 단계에 이르니 신통력이 생겨 상대방이 왜 자신을 찾아왔는지를 알 수 있더란다. 어느날 자신을 찾아온 한 여인에게 "70만원 사건 때문에 왔지요?" 하고 정곡을 찔렀더니 천기누설이 되어 신통력이 사라졌다는 것이다. 그 후 계속 명리학에 정진하여 큰 경지를 이루고, 지금은 우리 나라에서 손꼽히는 문화센터에서 명리학 고급반을 지도하고 있다. 신약(神藥)제조에도 관심이 많아 앞으로 그 방면에도 정진해보고 싶다고 한다.

인수는 순수학문과 인연이 깊고 편인은 특수한 분야나 학문, 활인업 등 실천학문과 인연이 깊다. 그런데 이 사주는 인수(10번)와 편인(9번)이 모두 왕성하니 순수학문이라고 할 수 있는 명리학과 실천학문이라고 할 수 있는 신약제조에 깊은 인연이 있는 것이다. 그리고 하늘로 뜻이 통한다는 술(戌)과 해(亥)를 모두 갖추고 있으니 한 방면의 거인이 될 수 있는 것이다.

이 분이 개운하려면 수(水)와 목(木)을 보완해야 한다. 왕성한 토(土)의 세력을 다스리기 위해서는 수목(水木)이 함께 어울려야 하기 때문이다. 그래서 이 분은 비록 몸은 속세에 담고 있지만 마음 속으로는 항상 맑은 물이 흘러가는 청산의 생활을 동경하고 있다. 이 분은 67세 이후 갑자(甲子)대운을 맞이하게 되는데 수목(水木)이 어우러져 좋은 시절이 된다. 그때는 벽계수와 청산을 벗삼아 학을 타고 노니는 신선이 될 것이다.

■ 전문가를 위한 코너

① 성별 : 남

② 명식 : 己亥년 辛未월 庚戌일 戊寅시

③ 경과 : 18일 22시간 10분

④ 주권신 :

⑤ 조후 : 丁, 甲

7. 기의 달인

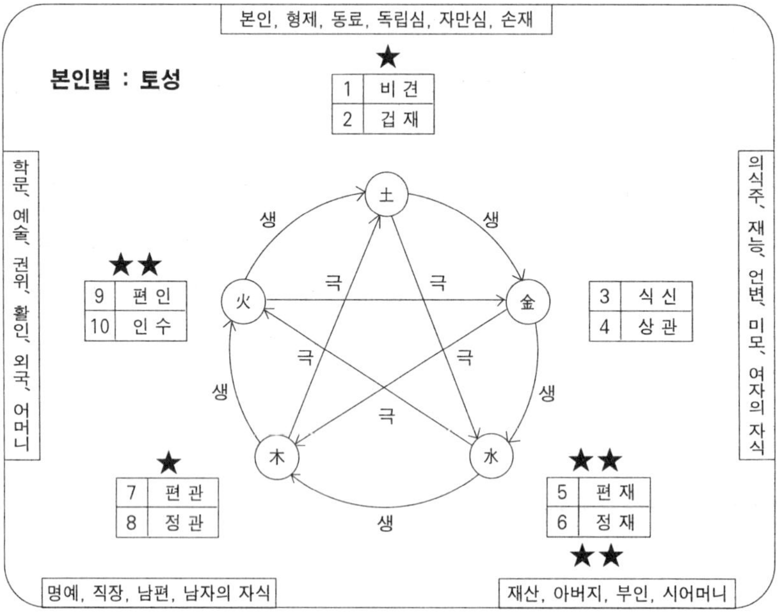

이 분은 대학에서 국문학을 전공한 후 중 · 고등학교 교사를 지내다가 대학교 교무처장을 거쳐 총장에까지 올랐다. 부인도 대학교수이다. 그런데 20여 년간 기(氣) 연구에 몰두하여 달인이 되었다. 항상 머리와 수염을 길게 기르고 있는데 그것이 기를 보존하는 방법이라고 한다. 그리고 늘 기를 측정하는 한 쌍의 구리쇠와 추를 갖고 다니며 필요할 때는 이것을 빙글빙글 돌린다. 그러나 술좌석에서는 학교종이 땡땡땡을 즐겨부르는 어린아이같은 순진함도 지니고 있다.

앞에서도 여러 번 언급했듯이 사주에서는 그 사람이 어느 달 어느 시점에 태어났느냐가 매우 중요하다. 왜냐하면 달이 기후에 미치는 영향이 지대하고 사주는 그 기후배합을 매우 중요시하기 때문이다.

이 분은 양력으로 2월 중순 경에 태어났는데 편인에 해당한다. 편인은 특수한 분야나 학문, 활인업 등과 인연이 많으니 특수한 분야에 속하는 기 연구가가 된 것이다.

그런데 이 사주는 재산, 아버지, 부인을 나타내는 수성이 너무 강하다. 무엇이든지 너무 강하면 좋지 않다고 했다. 따라서 이 분은 재산이 없고 아버지는 아주 일찍 돌아 가셨으며 부인과는 평생 떨어져 살다시피 한다.

사주가 똑 같으면 인간의 운명도 동일할까. 그렇지는 않다. 사주(天)와 환경(地)과 본인의 심상(人)이 삼위일체를 이루어야 하기 때문이다. 천부경(天符經)에서는 천이삼(天二三), 지이삼(地二三), 인이삼(人二三)을 이야기 하고 있다. 이것은 바로 천심(天心), 지심(地心), 인심(人心)의 삼심(三心)이 어우러져야 변화가 가능하다는 것이다. 인생은 윤회한다. 그러나 인과의 법칙은 떠날 수 없다. 우리는 늘 천지인(天地人)의 조화로운 삶을 이룩하여 보다 나은 내생을 도모해야 한다.

■ 전문가를 위한 코너

① 성별 : 남

② 명식 : 甲申년 丙寅월 戊申일 癸丑시

③ 경과 : 8일 19시간 7분

④ 주권신 : 년지(壬) 월지(丙) 일지(壬) 시지(癸)

⑤ 조후 : 丙, 甲, 癸

25장. 하늘인들 또 나를 어찌하랴

1. 채근(菜根)의 맛

채근이란 채소나 야채의 뿌리를 말한다. 젊은세대들은 이 채근의 맛을 잘 모르나 시골에서 가난하게 자란 사람은 채근을 씹을 때의 그 담백하고 향기로운 맛을 기억할 것이다. 사실 나도 도시에서 풍요롭게 생활하면서 채근의 맛을 잊고 생활했다. 그런데 각종 인생사를 논하다보니 문득 채근에 대한 추억이 떠올랐고 예전에 읽은 〈채근담〉을 다시 펼쳐보게 되었다. 그중에 몇 가지 내용들을 이 책의 중간 중간에 기술해 놓았지만 무엇보다도 나의 마음을 울린 것은 다음의 구절이었다.

하늘이 나에게 복을 박하게 준다면 나는 나의 덕을 두텁게 함으로써 이를 맞을 것이요, 하늘이 나의 몸을 수고롭게 한다면 나는 내 마음을 편하게 함으로써 이를 도울 것이며, 하늘이 나에게 곤궁한 길을 준다면 나는 나의 도를 형통케 함으로써 그 길을 열 것이니 이와 같으면 하늘인들 또 나를 어찌하랴.

위의 내용은 심상(心相)의 중요성을 강조한 것이다. 비록 빈천 단명할 사주를 타고났다 하더라도 마음쓰기에 따라서는 부귀장수하는 수가 얼마든지 있다. 우리들의 마음 그 자체는 자유자재한 것으로, 타고 나는 것이 아니라고 한다. 나 역시 인간은 결정당하면서 아울러 스스로 결정해나가는 존재라고 본다.

예컨대 자신의 죄업에 대한 심판은 받아야 하는 것이지만 범죄 후 개전의 정이 있어 많은 선행을 거듭한다면 작량감경이나 사면을 받을 수도 있는 것이다. 그러므로 나는 사주가 인간의 운명을 기속하는 결정론적인 것이 아니고, 무심코 살다보면 정해진 운로 그대로 흘러버릴 수 있다는 경고 메시지라고 보는 것이다. 인간은 누구나 불성, 즉 마음을 지니고 있다. 누구나 이것을 맑고 투명하게 갈고 닦으면 하늘인들 또 나를 어찌하겠는가.

명리학은 자평(子平)에 이르는 수신학(修身學)이며 방편학(方便學)이다. 우리는 이와 같은 선현들의 깊은 뜻을 헤아릴 줄 알아야 한다. 엄격하게 말한다면 세상 사람들은 출생시각(시, 분, 초등)이 같을 수가 없으니 하늘에서 부여한 명도 각기 다르다. 설사 출생시각이 같다 해도 태어난 환경이 달라 출발할 때의 여건이 다르면 운명도 다르다. 우리 선현들께서는 대별하여 유영화해본 것이다. 부처님께서도 사람에 따라 설법을 달리한다고 말씀하셨다. 사주간명은 간명자와 간명을 받는 자가 함께 어우러져 진솔한 대화가 이루어질 때 잘 맞는다. 그러나 이것이 전부는 아니다. 왜냐하면 간명을 받는 사람은 결국 자신의 마음에 따라 스스로 앞날을 결정하기 때문이다.

2. 산신각에서 쓴 시

1974년 주흘산 산신각에 머물러 있을 때 쓴 자작시(自作詩)이다.

아가야
안개가 향불처럼 피어 오르고
전생의 궁전이 나래를 펼친 여기
잠시 머물다 간
아빠의 젊은 어느날 이야기야

초록빛 하늘 사이로 춤추는 햇빛은
너의 밝은 미소처럼 방긋이던 아침
그때도
아빠는
촛불을 들고
나비의 꿈을 꾸었단다.

아가야
돌고 돌아 먼 만남 길
커다란 꿈나무 밑에서 쉬어 갈까

아
아득한 꽃잎
춤추며
춤추며
싱그럽게
싱그럽게
내리는구나

올 가을
핏빛 단풍 고와 서리가 차면
양지 숲엔 통새가 모여
자그마한 생
그 노래 할꺼야

아가야
다래가 덤불 덤불 뻗어 오르고
태고의 북춤이
고요를 펼친 여기
잠시 머물다 간
아빠의 젊은 어느날
이야기야

위의 시에 나오는 '아빠의 젊은 어느날'은 을해(乙亥)대운 갑인(甲寅)년의 어느날이다. 대운이 식신이고 년운이 상관이었으니 어찌 시를 쓰지 않을 수 있었겠는가. 어쨌든 그 젊은 어느날은 아득한 광음 속으로 흘러가버렸다.

3. 영원한 청춘

앞에서 나의 젊은 날이 아득한 광음 속으로 흘러가버렸다고 했다. 그렇다면 이제는 청춘이 아니란 말인가. 결코 그렇게 생각하지 않는다. 지나간 세월은 육체의 늙음에 불과했다. 인간의 육체란 덧없는 것이다. 육체는 전유물이 아니다. 청춘은 덧없는 육체의 젊음에서 잠시 동안 얻어지는 형이하학적 욕망의 불꽃이 아니라 이상을 추구하는 정열로 쟁취할 수 있는 형이상학적 이데아의 아름다움이다. 다음과 같은 사무엘 울만의 표현이 멋있다.

청춘은 인생의 어느 한 시기가 아니라 마음의 한 상태이다. 그것은 장미빛 볼, 붉은 입술 그리고 유연한 신체적 동작에 잠시 머물다 가는 존재가 아니라 의지와 상상 그리고 정서의 소산이다.

청춘은 20세의 소년 소녀보다도 60세의 사람에게 더 많이 존재한다. 아무도 연령의 수만으로 늙지 않는다. 우리는 우리의 이상을 버림으로써 늙는다. 연령은 피부를 주름지게 할는지 모른다. 그러나 정열을 포기하는 것은 영혼을 시들게 한다.

우리의 가슴 속에는 미래에 대한 희망과 아름다움에 대한 동경심이 있다. 우리는 우리의 영혼이 냉소주의의 눈과 비관주의 얼음으로 덮여 있을 때, 그때는 20세라도 늙었다. 그러나 우리가 희망과 동경심으로 가득차 있을 때는 나이 80세가 되었더라도 청춘이다.

이 시대를 살아가는 젊은세대들에게 당부하고 싶은 말이 있다. 각자 개성있는 삶을 살아서 영원한 청춘을 구가하라는 것이다. 각자 개성있게 살아가는 것이 이 세상을 풍요롭게 만든다. 오케스트라에서도 각자 자기가 담당한 파트의 소리를 세련미를 다하여 울려낼 때 멋진 하모니가 이루어지지 않던가.

오늘날의 젊은세대들은 너무 한 곳으로만 몰리는 경향이 있다. 너도 나도 한 곳으로만 몰리는 것은 좋은 현상이 아니다.

요즘은 컴퓨터 분야가 인기이다. 너도 나도 컴퓨터 분야로 진출한다. 이때도 자신의 개성을 살려 독자적인 분야를 개척하여 자기만의 꽃송이를 활짝 피워보라는 것이다. 컴퓨터와 명리학을 접목해보는 것도 방법 중의 하나이다.

컴퓨터는 0과 1을 기초로 그 모든 조화를 일으키고 있다. 이것은 바로 동양의 음양철학에 바탕을 두고 있다. 명리학은 이 음양이론에다 오행(五行 : 木火土金水)을 추가해서 구사한 이론이니 서양의 컴퓨터 이론보다 더 정교하고 차원높은 학문이다.

그렇다면 컴퓨터와 명리학을 어떻게 접목시킬까. 우선 특색이 있어야 하고, 세계 각국어로 널리 보급할 수 있는 프로그램을 개발해야 한다. 더 구체적인 방안은 명리학을 공부해서 터득해야 한다. 좋은 프로그램을 개발하기 위해서는 천문학 등 관련 학문에도 깊은 연구가 있어야 하고, 사주를 유형별로 체계화하는데 많은 노력을 기울여야 할 것이다.

젊은 세대들이여!

그대들은 개성있는 삶으로 영원한 청춘을 구가하라. 그리하여 이 세상이 풍요롭고 멋진 하모니가 이루어질 수 있도록 정진하라. 하늘은 스스로 노력하는 자를 돕는다.

부록

1. 음양오행(陰陽五行)

① 음양(陰陽): 음(陰 : −), 양(陽 : +)

② 오행(五行): 목(木 : 나무), 화(火 : 불), 토(土 : 흙),
금(金 : 쇠), 수(水 : 물)

2. 천간(天干)과 지지(地支)

① 사주는 년주(年柱), 월주(月柱), 일주(日柱), 시주(時柱)의 네 기둥을 말하며 각 주(柱)는 천간(天干)과 지지(地支)로 구성된다.

② 천간(天干)의 천(天)은 하늘을 말한다. 하늘은 위에 있는 것이니 간지(干支) 중에 위에 위치한 것을 천간(天干)이라 한다. 예를 들면 갑자(甲子)일 경우 갑(甲)이 천간(天干)이다.

③ 천간(天干)을 간(干)으로 약칭한다.

④ 천간(天干)에는 10개가 있기 때문에 십간(十干)이라고 한다. 십간(十干)의 명칭과 순서는 갑(甲), 을(乙), 병(丙), 정(丁), 무(戊), 기(己), 경(庚), 신(辛), 임(壬), 계(癸)이다.

⑤ 지지(地支)의 지(地)는 땅을 말한다. 땅은 하늘 아래에 있으니 지지(地支)는 천간(天干) 아래에 위치하고, 지(支)라고 약칭한다. 예를 들면 갑자(甲子)일 경우 자(子)는 지(支)가 된다.

⑥ 지지(地支)에는 12개가 있기 때문에 십이지(十二支)라고 한다. 명칭과 순서는 자(子), 축(丑), 인(寅), 묘(卯), 진(辰), 사(巳), 오(午), 미(未), 신(申), 유(酉), 술(戌), 해(亥)이다.

음양오행

五行	木		火		土		金		水	
陰陽 干支	陽 ＋	陰 —	陽 ＋	陰 —	陽 ＋	陰 —	陽 ＋	陰 —	陽 ＋	陰 —
天干	甲	乙	丙	丁	戊	己	庚	辛	壬	癸
地支	寅	卯	午	巳	辰戌	丑未	申	酉	子	亥

3. 육십갑자(六十甲子)

① 천간(天干)과 지지(地支), 다시 말해 십간십이지(十干十二支)를 순서대로 짝을 지어나가면 60개의 간지(干支)가 되는데 이것을 육십갑자(六十甲子)라고 한다.

② 간지(干支)가 위아래로 짝을 지을 때는 반드시 양간(陽干)은 양지(陽支)와 짝이 되고, 음간(陰干)은 음지(陰支)와 짝이 된다.

③ 위와 같이 갑자(甲子), 을축(乙丑), 병인(丙寅), 정묘(丁卯) 순으로 짝을 지어나가면 끝에 계해(癸亥)가 된다.

④ 간(干)이 6번, 지(支)가 5번 도는 사이에 간지(干支)가 골고루 배합되어 (10×6, 12×5) 다른 간지(干支)가 60가지 나오는데 이것이 육십갑자(六十甲子)이다.

육십갑자

甲子	甲戌	甲申	甲午	甲辰	甲寅
乙丑	乙亥	乙酉	乙未	乙巳	乙卯
丙寅	丙子	丙戌	丙申	丙午	丙辰
丁卯	丁丑	丁亥	丁酉	丁未	丁巳
戊辰	戊寅	戊子	戊戌	戊申	戊午
己巳	己卯	己丑	己亥	己酉	己未
庚午	庚辰	庚寅	庚子	庚戌	庚申
辛未	辛巳	辛卯	辛丑	辛亥	辛酉
壬申	壬午	壬辰	壬寅	壬子	壬戌
癸酉	癸未	癸巳	癸卯	癸丑	癸亥

4. 사주팔자(四柱八字)

① 사주(四柱)란 년월일시(年月日時)에 해당하는 간지(干支)를 말한다. 태어난 해의 간지(干支)를 년주(年柱), 태어난 달의 간지(干支)를 월주(月柱), 태어난 날의 간지(干支)를 일주(日柱), 태어난 시간의 간지(干支)를 시주(時柱)라고 한다. 예를 들어 음력으로 1954년 7월 21일 오후 4시 30분 출생이면 다음과 같다.

년주(年柱) : 갑오(甲午) : 생년(生年)의 간지(干支)
년간(年干) 갑(甲), 년지(年支) 오(午)

월주(月柱) : 임신(壬申) : 생월(生月)의 간지(干支)
월간(月干) 임(壬), 월지(月支) 신(申)
일주(日柱) : 정미(丁未) : 생일(生日)의 간지(干支)
일간(日干) 정(丁), 일지(日支) 미(未)
시주(時柱) : 무신(戊申) : 생시(生時)의 간지(干支)
시간(時干) 무(戊), 시지(時支) 신(申)

② 사주(四柱)가 좋으니 나쁘니 하는 것은 간지(干支)의 구성이 잘 되었느냐 잘못되었느냐는 뜻이다.

년주(年柱) : 근(根) : 유년기, 조상, 부모를 본다.
월주(月柱) : 묘(苗) : 청소년기, 부모, 형제를 본다.
일주(日柱) : 화(花) : 장년기, 자신, 배우자를 본다.
시주(時柱) : 실(實) : 노년기, 자식을 본다.

위의 내용은 절대적인 것은 아니니 참고하는 정도로 한다. 육친(六親 : 부모, 형제, 배우자, 자식)과 운한(運限)에 대해서는 이외의 여러 가지 원칙을 종합해서 판단해야 한다.

③ 사주(四柱)는 생년(生年), 생월(生月), 생일(生日), 생시(生時)의 네 기둥을 말하고, 팔자(八字)는 년월일시(年月日時)의 간(干)과 지(支)를 모두 합하면 여덟 글자가 되는데 이것을 팔자라고 하는 것이다. 간명하기 전에 사주팔자의 간지(干支)를 정확하게 뽑을 줄 알아야 한다.

5. 사주구성법(四柱構成法)

(1) 년주(年柱) 정하는 방법

① 년주(年柱)를 정할 때는 입춘(入春)을 기준으로 한다.

② 1년의 기준은 1월 1일부터 12월 말일까지이나 명리학(命理學)으로는 당년의 입춘절입(入春節入) 시각부터 익년 입춘절입(入春節入) 직전까지로 본다.

③ 12월생이라도 입춘(入春)이 절입(節入)되었다면 새해 출생이 되고, 1월생이라도 입춘(入春)이 절입(節入)되지 않았으면 전년도 출생으로 본다.

④ 입춘(入春)을 기준으로 하는 이유는 명리학은 기후변화에 따른 절입을 중요시 하기 때문이다.

⑤ 예를 들어 1980년은 양력 2월 5일이 입춘(入春)이고 음력으로는 12월 19일이다. 따라서 음력 12월 29일까지 11일간은 경신(庚申)년이 아니라 기미(己年)년이나, 명리학(命理學)에서는 입춘(入春)이 지났으므로 경신(庚申)을 그해의 태세(太歲)로 한다. 다시 말해 음력 1월 1일이 되지 않았어도 입춘(入春)만 지나면 다음해의 태세를 쓴다.

⑥ 반면 1982년은 2월 4일이 입춘(入春)이다. 음력으로는 1월 11일이다. 그러나 1월 1일부터 11일간은 해가 바뀌었어도 입춘(入春)이 지나지 않았으니 전년도 태세인 신유(辛酉)를 쓴다.

⑦ 이상과 같이 년(年)의 한계는 음력으로 12월이나 1월이나 관계없이 입춘(入春)을 기준으로 정한다.

(2) 월주(月柱) 정하는 방법

① 월(月)의 기준은 1일부터 말일까지를 1개월로 보는 것이 아니라 절입일시(節入日時)를 기준으로 한다.

② 입춘(入春) 절입일시(節入日時)로부터 인월생(寅月生)이 되고, 경칩(驚蟄) 절입일시(節入日時)부터 묘월생(卯月生)이 되고, 청명(淸明) 절입일시(節入日時)부터 진월생(辰月生)이 된다. 이는 절(節)을 기준으로 해야 기후변화에 정확하기 때문이다.

(3) 일주(日柱) 정하는 방법

① 일주(日柱)는 태어난 당일의 일진(日辰)을 찾아 그대로 기록하면 된다. 00시 01초부터 일이 바뀌는 것이 원칙이다.

② 예를 들어 양력 1944년 8월 27일생이면 일진(日辰)이 계해(癸亥)이니 일주(日柱)는 계해(癸亥)가 된다.

③ 그러나 시간이라는 것은 표준시의 기준에 따라 달라지고 각 지방마다 일(日)의 한계가 조금씩 다르다.

■ 일진(日辰)이 바뀌는 기준

예를 들어 어제가 갑자(甲子)일이었으면 오늘은 을축(乙丑)일이고 내일은 병인(丙寅)일이다. 그런데 갑자(甲子)에서 을축(乙丑), 을축(乙丑)에서 병인(丙寅)으로 바뀌는 시점에 대해서 두 가지 견해가 있다. 하나는 자(子)시 초에 다음날 일진(日辰)으로 넘어간다는 이론이고, 또 하나는 자(子)시의 중간 시점인 자정(子正)에 다음날 일진(日辰)으로 넘어간다는 이론이다. 그러나 명리학(命理學)에서는 기후의 변화를 중시하고 있으니 태양이 가장 먼 거리에 있는 때가 자정(子正)이고 기후변화의 근접점이 될 수 있으니 자정(子正)설이 타당하다고 본다. 자정 1초 후면 다음날이 된다.

(4) 시주(時柱) 정하는 방법

① 표준시는 1961년 8월 10일 이후 동경 135도 기준(동경 127도 30분의 시각에서 +30분)이다. 예를 들면 동경 135도에서 00시 30분은 동경 127도 30분에서는 00시이다.

② 서머타임은 영국에서 처음 실시한 제도로 하절기의 긴 낮시간을 효과적으로 활용하기 위하여 시계를 한 시간 앞당긴 것을 말한다. 서머타임이 적용된 기간에 태어난 사람의 출생시가 12시 10분이라면 1시간을 늦춘 11시 10분으로 해야 하고, 표준시의 기준이 127도 30분에 서머타임을 실시한 경우에 출생시가 11시 40분이면 30분을 늦춘 11시 10분으로 해야 한다.

③ 조자시(朝子時)와 야자시(夜子時)를 구분해서 적용할 때는 두 가지가 다르다. 첫째는 전날 야자시(夜子時)와 당일 조자시(朝子時)는 시(時)는 같지만 일(日)이 달라지고, 두번째는 당일의 조자시(朝子時)와 당일의 야자시(夜子時)는 일(日)은 같고 시(時)의 간(干)만 달라진다. 일진(日辰)이 바뀌는 기준을 자정(子正)으로 보면 조자시(朝子時)와 야자시(夜子時)로 구분함이 타당하다.

시간지

生時 \ 日干	甲己日	乙庚日	丙辛日	丁壬日	戊癸日
(朝子時) 0시 30분 1시 30분	甲子	丙子	戊子	庚子	壬子
(丑) 1시 30분 3시 30분	乙丑	丁丑	己丑	辛丑	癸丑
(寅) 3시 30분 5시 30분	丙寅	戊寅	庚寅	壬寅	甲寅
(卯) 5시 30분 7시 30분	丁卯	己卯	辛卯	癸卯	乙卯
(辰) 7시 30분 9시 30분	戊辰	庚辰	壬辰	甲辰	丙辰
(巳) 9시 30분 11시 30분	己巳	辛巳	癸巳	乙巳	丁巳
(午) 11시 30분 13시 30분	庚午	壬午	甲午	丙午	戊午
(未) 13시 30분 15시 30분	辛未	癸未	乙未	丁未	己未
(申) 15시 30분 17시 30분	壬申	甲申	丙申	戊申	庚申
(酉) 17시 30분 19시 30분	癸酉	乙酉	丁酉	己酉	辛酉
(戌) 19시 30분 21시 30분	甲戌	丙戌	戊戌	庚戌	壬戌
(亥) 21시 30분 23시 30분	乙亥	丁亥	己亥	辛亥	癸亥
(夜子時) 23시 30분 0시 30분	丙子	戊子	庚子	壬子	甲子

1) 일간(日干)이 갑(甲)이나 기(己)에 해당하고 생시(生時)가 0시 30분~01시 30분 조자시(朝子時)이면 시주(時柱)는 갑자(甲子)가 된다.
2) 일간(日干)이 병(丙)이나 신(辛)에 해당하고 생시(生時)가 11시 30분~13시 30분이면 시주(時柱)는 갑오(甲午)가 된다.
3) 일간(日干)이 무(戊)나 계(癸)에 해당하고 생시(生時)가 23시 30분~0시 30분 야자시(夜子時)이면 시주(時柱)는 갑자(甲子)이다.

(5) 대운(大運)

① 대운(大運)은 그 사람의 운명을 10년씩 지배한다.
② 사주는 부귀빈천과 어느 때 좋고 나쁜가를 주목적으로 하기 때문에 반드시 대운(大運)과 함께 동적(動的)으로 파악해야 한다.
③ 월주(月柱)의 간지(干支)가 대운(大運)의 간지(干支)를 정하는 기준이 되고 입운(入運)이라고도 한다.

예 : 남자 양력1944년 8월 27일 16시생
年　甲 申(년주)
月　壬 申(월주): 대운의 간지를 정하는 기준이 된다.
日　癸 亥(일주)
時　庚 申(시주)

⑤ 입운(入運) 다음으로 1운, 2운, 3운, 4운, 5운, 6운, 7운등으로

진행된다.

⑥ 먼저 생년(生年)으로 음양(陰陽)을 구분한다

⑦ 생년(生年)이 갑(甲), 병(丙), 무(戊), 경(庚), 임(壬)에 해당하면 양년생(陽年生)이라 한다.

⑧ 생년(生年)이 을(乙), 정(丁), 기(己), 신(辛), 계(癸)에 해당하면 음년생(陰年生)이라 한다.

⑨ 갑(甲), 병(丙), 무(戊), 경(庚), 임(壬)년에 태어났으면 남자는 양남(陽男), 여자는 양녀(陽女)라 한다.

⑩ 을(乙), 정(丁), 기(己), 신(辛), 계(癸)년에 태어났으면 남자이면 음남(陰男), 여자는 음녀(陰女)라 한다.

⑪ 양남음녀(陽男陰女)는 순행(順行)하고 음남양녀(陰男陽女)는 역행(逆行)한다.

위에서 예를 든 사주는 월주(月柱)인 임신(壬申)이 입운(入運)이다. 이 사주는 양남(陽男)이니 임신(壬申)을 기준으로 순행(順行)하여 1운은 계유(癸酉), 2운은 갑술(甲戌), 3운은 을해(乙亥)이다. 만일 여자라면 양녀(陽女)이니 임신(壬申)을 기준으로 역행(逆行)하여 1운은 신미(辛未), 2운은 경오(庚午), 3운은 기사(己巳)가 된다.

■ 대운수(大運數)

만세력을 보면 일진(日辰) 옆에 대운수(大運數)를 표시해 놓았으니 이것을 활용하면 간편하다. 위의 사주의 대운수(大運數)는 4이다. 따라서 입운(入運)은 1세~4세, 1운은 5세~14세, 2운은 15세~24세, 3운은 25세~34세가 된다.

(6) 지장간(支藏干)과 통변성

① 지지(地支)에는 두세 개의 천간(天干)이 간직되어 있는데 이것을 지장간(支藏干)이라 한다. 예를 들면 자(子)에는 임계(壬癸)가 있고, 해(亥)에는 무갑임(戊甲壬)이 간직되어 있다.

② 지장간(支藏干)은 초기(初氣), 중기(中氣), 정기(正氣)로 나눈다.

③ 초기(初氣)는 여기(餘氣)라고도 하는데 전 달의 기(氣)가 완전히 사라진 것이 아니기 때문에 다음 달에도 영향을 미친다.

④ 중기(中氣)는 지지(地支)가 삼합(三合)하는 제왕성인 자오묘유(子午卯酉)의 천간(天干)오행(五行)을 쓰고 있다.

⑤ 정기(正氣)는 그 달의 기(氣)가 무르익은 것을 말한다. 따라서 지지(地支)오행(五行)과 같은 천간(天干) 오행(五行)을 쓰게 된다.

⑥ 초기(初氣), 중기(中氣), 정기(正氣)의 구분은 태어난 년월일시(年月日時)에서 절입일시(節入日時)를 빼서 그 기간에 해당하는 기(氣)를 선택하면 된다.

예 : 양력 1981년 3월 25일 12시 10분 출생
- 3월 6일 01시 05분(절입일시)

19일 11시간 05분이 된다(월의 심천)

⑦ 사주를 정확히 간명하려면 년지(年支), 월지(月支), 일지(日支), 시지(時支)에서 해당 천간(天干)을 모두 선택해서 판단한다. 월의 심천 즉, 절입일시 경과시간은 년월일시(年月日時)가 모두 어우러져 결정되기 때문이다. 월지(月支)에서만 해당 천간(天干)을

선택하는 것은 완전한 방법이 아니다. 선택되지 않은 지장간(支藏干)이라도 모두 참고해야 한다.

⑧ 통변성은 다음과 같이 결정한다. 일간(본인별)이 갑(甲)인 사람은 지장간 중 주권신 갑(甲)을 만나면 이것의 통변성은 비견이 되고, 을(乙)을 만나면 겁재가 된다.

일간(본인별)이 을(乙)인 사람은 지장간 중 주권신 을(乙)을 만나면 이것의 통변성은 비견이 되고, 갑(甲)을 만나면 겁재가 된다. 일간(본인별)이 계(癸)인 사람은 지장간 중 주권신 계(癸)를 만나면 이것의 통변성은 비견이 되고, 경(庚)을 만나면 인수가 된다. 일간(본인별)과 지장간의 주권신과의 관계에서 결정되는 통변성은 모두 위와 같이 적용하면 된다. 일간(본인별)과 다른 천간을 대조할 때는 주권신이 없으므로 바로 그 천간과의 관계에서 위와 같이 결정한다. 예를 들면 일간(본인별)이 갑(甲)인 사람은 년간 갑(甲)을 만나면 이것의 통변성은 비견이 되고, 월간 경(庚)을 만나면 편관이 되며 시간 계(癸)를 만나면 인수가 된다.

지장간

地支 / 期間	子	丑	寅	卯	辰	巳	午	未	申	酉	戌	亥
初氣	壬 十日 一시간	癸 九日 三시간	戊 七日 二시간	甲 十日 三시간	乙 九日 三시간	戊 七日 二시간	丙 十日	丁 九日 三시간	戊 七日 二시간	庚 十日 三시간	辛 九日 三시간	戊 七日 二시간
中氣		辛 三日 一시간	丙 七日 二시간		癸 三日 一시간	庚 七日 三시간	己 十日 一시간	乙 三日 一시간	壬 七日 二시간		丁 三日 一시간	甲 七日 一시간
正氣	癸 二十日 二시간	己 十八日 六시간	甲 十六日 五시간	乙 二十日 六시간	戊 十八日 六시간	丙 十六日 五시간	丁 十一日 二시간	己 十八日 六시간	庚 十六日 五시간	辛 二十日 六시간	戊 十八日 六시간	壬 十六日 五시간

통변성

通變星 / 日干	比肩	劫財	食神	傷官	偏財	正財	偏官	正官	偏印	印綬
甲	甲	乙	丙	丁	戊	己	庚	辛	壬	癸
乙	乙	甲	丁	丙	己	戊	辛	庚	癸	壬
丙	丙	丁	戊	己	庚	辛	壬	癸	甲	乙
丁	丁	丙	己	戊	辛	庚	癸	壬	乙	甲
戊	戊	己	庚	辛	壬	癸	甲	乙	丙	丁
己	己	戊	辛	庚	癸	壬	乙	甲	丁	丙
庚	庚	辛	壬	癸	甲	乙	丙	丁	戊	己
辛	辛	庚	癸	壬	乙	甲	丁	丙	己	戊
壬	壬	癸	甲	乙	丙	丁	戊	己	庚	辛
癸	癸	壬	乙	甲	丁	丙	己	戊	辛	庚

쉽게 푼 역학(개정판)

쉽게 배워 적용할 수 있는 생활역학서 !

이 책에서는 좀더 많은 사람들이 역학의 근본인 우주의 오묘한 진리와 법칙을 깨달아 보다 나은 삶을 영위하는데 도움이 될 수 있도록 가장 쉬운 언어와 가장 쉬운 방법으로 풀이했다. 역학계의 대가 김봉준 선생의 역작이다.

신비한 동양철학 71 | 백우 김봉준 저 | 568면 | 30,000원 | 신국판

사주명리학 핵심

맥을 잡아야 모든 것이 보인다

이 책은 잡다한 설명을 배제하고 명리학자에게 도움이 될 비법들만을 모아 엮었기 때문에 초심자가 이해하기에는 다소 어려운 부분도 있겠지만 기초를 튼튼히 한 다음 정독한다면 충분히 이해할 것이다. 신살만 늘어놓으며 감정하는 사이비가 되지말기를 바란다.

신비한 동양철학 19 | 도관 박흥식 저 | 502면 | 20,000원 | 신국판

물상활용비법

물상을 활용하여 오행의 흐름을 파악한다

이 책은 물상을 통하여 오행의 흐름을 파악하고 운명을 감정하는 방법을 연구한 책이다. 추명학의 해법을 연구하고 운명을 추리하여 오행에서 분류되는 물질의 운명 줄거리를 물상의 기물로 나들이 하는 활용법을 주제로 했다. 팔자풀이 및 운명해설에 관한 명리감정법의 체계를 세우는데 목적을 두고 초점을 맞추었다.

신비한 동양철학 31 | 해주 이학성 저 | 446면 | 34,000원 | 신국판

신수대전

흉함을 피하고 길함을 부르는 방법

신수는 대부분 주역과 사주추명학에 근거한다. 수많은 학설 중 몇 가지를 보면 사주명리, 자미두수, 관상, 점성학, 구성학, 육효, 토정비결, 매화역수, 대정수, 초씨역림, 황극책수, 하락리수, 범위수, 월영도, 현무발서, 철판신수, 육임신과, 기문둔갑, 태을신수 등이다. 역학에 정통한 고사가 아니면 추단하기 어려우므로 누구나 신수를 볼 수 있도록 몇 가지를 정리했다.

신비한 동양철학 62 | 도관 박흥식 편저 | 528면 | 36,000원 | 신국판 양장

정법사주

운명판단의 첩경을 이루는 책

이 책은 사주추명학을 연구하고자 하는 분들에게 심오한 주역의 이해를 돕고자 하는 의도에서 시작되었다. 음양오행의 상생상극에서부터 육친법과 신살법을 기초로 하여 격국과 용신 그리고 유년판단법을 활용하여 운명판단에 첩경이 될 수 있도록 했고 추리응용과 운명감정의 실례를 하나하나 들어가면서 독학과 강의용 겸용으로 엮었다.

신비한 동양철학 49 | 원각 김구현 저 | 424면 | 26,000원 | 신국판 양장

내가 보고 내가 바꾸는 DIY사주

내가 보고 내가 바꾸는 사주비결

기존의 책들과는 달리 한 사람의 사주를 체계적으로 도표화시켜 한 눈에 파악할 수 있고, DIY라는 책 제목에서 말하듯이 개운하는 방법을 제시한다. 초심자는 물론 전문가도 자신의 이론을 새롭게 재조명해 볼 수 있는 케이스 스터디 북이다.

신비한 동양철학 39 | 석오 전광 저 | 338면 | 16,000원 | 신국판

인터뷰 사주학

쉽고 재미있는 인터뷰 사주학

얼마전만 해도 사주학을 취급하면 미신을 다루는 부류로 취급되었다. 그러나 지금은 하루가 다르게 이 학문을 공부하는 사람들이 폭증하고 있는 것으로 보인다. 젊은 층에서 사주카페니 사주방이니 사주동아리니 하는 것들이 만들어지고 그 모임이 활발하게 움직이고 있다는 점이 그것을 증명해준다. 그뿐 아니라 대학원에는 역학교수들이 점차로 증가하고 있다.

신비한 동양철학 70 | 글갈 정대엽 편저 | 426면 | 16,000원 | 신국판

삼한출판사의
신비한 동양철학 시리즈

적천수 정설
유백온 선생의 적천수 원본을 정석으로 해설

원래 유백온 선생이 저술한 적천수의 원문은 그렇게 많지가 않으나 후학들이 각각 자신의 주장으로 해설하여 많아졌다. 이 책은 적천수 원문을 보고 30년 역학의 경험을 총동원하여 해설했다. 물론 백퍼센트 정확하다고 주장할 수는 없다. 다만 한국과 일본을 오가면서 실제의 경험담을 함께 실었다. 공부하는 사람들에게는 많은 도움이 될 것이라 믿는다.

신비한 동양철학 82 | 역산 김찬동 편역 | 692면 | 34,000원 | 신국판

궁통보감 정설
궁통보감 원문을 쉽고 자세하게 해설

『궁통보감(窮通寶鑑)』은 5대원서 중에서 가장 이론적이며 사리에 맞는 책이며, 조후(調候)를 중심으로 설명하며 간명한 것이 특징이다. 역학을 공부하는 학도들에게 도움을 주려고 먼저 원문에 음독을 단 다음 해설하였다. 그리고 예문은 서낙오(徐樂吾) 선생이 해설한 것을 그대로 번역하였고, 저자가 상담한 사람들의 사주와 점서에 있는 사주들을 실었다.

신비한 동양철학 83 | 역산 김찬동 편역 | 768면 | 39,000원 | 신국판

연해자평 정설(1·2권)
연해자평의 완결판

연해자평의 저자 서자평은 중국 송대의 대음양 학자로 명리학의 비조일 뿐만 아니라 천문점성에도 밝았다. 이전에는 년(年)을 기준으로 추명했는데 적중률이 낮아 서자평이 일간(日干)을 기준으로 하고, 일지(日支)를 배우자로 보는 이론을 발표하면서 명리학은 크게 발전해 오늘에 이르렀다. 때문에 연해자평은 5대 원서 중에서도 필독하지 않으면 안 되는 책이다.

신비한 동양철학 101 | 김찬동 편역 |1권 559면, 2권 309면 | 1권 33,000원, 2권 20,000원 | 신국판

명리입문
명리학의 정통교본

이 책은 옛부터 있었던 글들이나 너무 여기 저기 산만하게 흩어져 있어 공부하는 사람들에게는 많은 시간과 인내를 필요로 하였다. 그래서 한 군데 묶어 좀더 보기 쉽고 알기 쉽도록 엮은 것이다.

신비한 동양철학 41 | 동하 정지호 저 | 678면 | 29,000원 | 신국판 양장

조화원약 평주
명리학의 정통교본

자평진전, 난강망, 명리정종, 적천수 등과 함께 명리학의 교본에 해당하는 것으로 중국 청나라 때 나온 난강망이라는 책을 서낙오 선생께서 자세하게 설명을 붙인 것이다. 기존의 많은 책들이 오직 격국과 용신을 중심으로 감정하는 것과는 달리 십간 십이지와 음양오행을 각각 자연의 이치와 춘하추동의 사계절의 흐름에 대입하여 인간의 길흉화복을 알 수 있게 했다.

신비한 동양철학 35 | 동하 정지호 편역 | 888면 | 46,000원 | 신국판

사주대성
초보에서 완성까지

이 책은 과거 현재 미래를 모두 알 수 있는 비결을 실었다. 그러나 모두 터득한다는 것은 어려울 것이다.역학은 수천 년간 동방의 석학들에 의해 갈고 닦은 철학이요 학문이며, 정신문화로서 영과학적인 상수문화로서 자랑할만한 위대한 학문이다.

신비한 동양철학 33 | 도관 박홍식 저 | 986면 | 49,000원 | 신국판 양장

술술 읽다보면 통달하는 사주학

술술 읽다보면 나도 어느새 도사

당신은 당신 마음대로 모든 일이 이루어지던가. 지금까지 누구의 명령을 받지 않고 내 맘대로 살아왔다고, 운명 따위는 믿지 않는다고, 운명에 매달리지 않는다고 말하는 사람들이 많다. 그러나 우주법칙을 모르기 때문에 하는 소리다.

신비한 동양철학 28 | 조철현 저 | 368면 | 16,000원 | 신국판

사주학

5대 원서의 핵심과 실용

이 책은 사주학을 체계적으로 공부하려는 학도들을 위해서 꼭 알아두어야 할 내용들과 용어들을 수록하는데 중점을 두었다. 이 학문을 공부하려고 많은 사람들이 필자를 찾아왔을 깨 여러 가지 질문을 던져보면 거의 기초지식이 시원치 않음을 보았다. 따라서 용어를 포함한 제반지식을 골고루 습득해야 빠른 시일 내에 소기의 목적을 달성할 수 있을 것이다.

신비한 동양철학 66 | 글갈 정대엽 저 | 778면 | 46,000원 | 신국판 양장

명인재

신기한 사주판단 비법

이 책은 오행보다는 주로 살을 이용하는 비법을 담았다. 시중에 나온 책들을 보면 살에 대해 설명은 많이 하면서도 실제 응용에서는 무시하고 있다. 이것은 살을 알면서도 응용할 줄 모르기 때문이다. 그러나 이 책에서는 살의 활용방법을 완전히 터득해, 어떤 살과 어떤 살이 합하면 어떻게 작용하는지를 자세하게 설명하였다.

신비한 동양철학 43 | 원공선사 저 | 332면 | 19,000원 | 신국판 양장

명리학 | 재미있는 우리사주

사주 세우는 방법부터 용어해설 까지!!

몇 년 전 『사주에 모든 길이 있다』가 나온 후 선배 제현들께서 알찬 내용의 책다운 책을 접했다는 찬사를 받았다. 그러나 사주의 작성법을 설명하지 않아 독자들에게 많은 질타를 받고 뒤늦게 이 책 을 출판하기로 결심했다. 이 책은 한글만 알면 누구나 역학과 가까워질 수 있도록 사주 세우는 방법부터 실제간명, 용어해설에 이르기까지 분야별로 엮었다.

신비한 동양철학 74 | 정담 선사 편저 | 368면 | 19,000원 | 신국판

사주비기

역학으로 보는 역대 대통령들이 나오는 이치!!

이 책에서는 고서의 이론을 근간으로 하여 근대의 사주들을 임상하여, 적중도에 의구심이 가는 이론들은 과감하게 탈피하고 통용될 수 있는 이론만을 수용했다. 따라서 기존 역학서의 아쉬운 부분들을 충족시키며 일반인도 열정만 있으면 누구나 자신의 운명을 감정하고 피흉취길할 수 있는 생활지침서로 활용할 수 있을 것이다.

신비한 동양철학 79 | 청월 박상의 편저 | 456면 | 19,000원 | 신국판

사주학의 활용법

가장 실질적인 역학서

우리가 생소한 지방을 여행할 때 제대로 된 지도가 있다면 편리하고 큰 도움이 되듯이 역학이란 이와같은 인생의 길잡이다. 예측불허의 인생을 살아가는데 올바른 안내자나 그 무엇이 있다면 그 이상 마음 든든하고 큰 재산은 없을 것이다.

신비한 동양철학 17 | 학선 류래웅 저 | 358면 | 15,000원 | 신국판

명리실무

명리학의 총 정리서

명리학(命理學)은 오랜 세월 많은 철인(哲人)들에 의하여 전승 발전되어 왔고, 지금도 수많은 사람이 임상과 연구에 임하고 있으며, 몇몇 대학에 학과도 개설되어 체계적인 교육을 하고 있다. 그러나 아직도 실무에서 활용할 수 있는 책이 부족한 상황이기 때문에 나름대로 현장에서 필요한 이론들을 정리해 보았다. 초학자는 물론 역학계에 종사하는 사람들에게 큰 도움이 될 것이라고 믿는다.

신비한 동양철학 94 | 박흥식 편저 | 920면 | 39,000원 | 신국판

사주특강

자평진전과 적천수의 재해석

이 책은 『자평진전』과 『적천수』를 근간으로 명리학의 폭넓은 가치를 인식하고, 실전에서 유용한 기반을 다지는데 중점을 두고 썼다. 일찍이 『자평진전』을 교과서로 삼고, 『적천수』로 보완하라는 서낙오의 말에 깊이 공감한다.

신비한 동양철학 68 | 청월 박상의 편저 | 440면 | 25,000원 | 신국판

참역학은 이렇게 쉬운 것이다

음양오행의 이론으로 이루어진 참역학서

수학공식이 아무리 어렵다고 해도 1, 2, 3, 4, 5, 6, 7, 8, 9, 0의 10개의 숫자로 이루어졌듯이 사주도 음양과 오행으로 이루어졌을 뿐이다. 그러니 용신과 격국이라는 무거운 짐을 벗어버리고 음양오행의 법칙과 진리만 정확하게 파악하면 된다. 사주는 음양오행의 변화일 뿐이고 용신과 격국은 사주를 감정하는 한 가지 방법에 지나지 않는다.

신비한 동양철학 24 | 청암 박재현 저 | 328면 | 16,000원 | 신국판

사주에 모든 길이 있다

사주를 알면 운명이 보인다!

사주를 간명하는데 조금이라도 도움이 됐으면 하는 바람에서 이 책을 썼다. 간명의 근간인 오행의 왕쇠강약을 세분하고, 대운과 세운, 세운과 월운의 연관성과, 십신과 여러 살이 미치는 암시와, 십이운성으로 세운을 판단하는 법을 설명했다.

신비한 동양철학 65 | 정담 선사 편저 | 294면 | 26,000원 | 신국판 양장

왕초보 내 사주

초보 입문용 역학서

이 책은 역학을 너무 어렵게 생각하는 초보자들에게 조금이나마 도움을 주고자 쉽게 엮으려고 노력했다. 이 책을 숙지한 후 역학(易學)의 5대 원서인 『적천수(滴天髓)』, 『궁통보감(窮通寶鑑)』, 『명리정종(命理正宗)』, 『연해자평(淵海子平)』, 『삼명통회(三命通會)』에 접근한다면 훨씬 쉽게 터득할 수 있을 것이다. 이 책들은 저자가 이미 편역하여 삼한출판사에서 출간한 것도 있고, 앞으로 모두 갖출 것이니 많이 활용하기 바란다.

신비한 동양철학 84 | 역산 김찬동 편저 | 278면 | 19,000원 | 신국판

명리학연구

체계적인 명확한 이론

이 책은 명리학 연구에 핵심적인 내용만을 모아 하나의 독립된 장을 만들었다. 명리학은 분야가 넓어 공부를 하다보면 주변에 머무르는 경우가 많아, 주요 내용을 잃고 헤매는 경우가 많다. 그러므로 뼈대를 잡는 것이 중요한데, 여기서는 「17장. 명리대요」에 핵심 내용만을 모아 학문의 체계를 잡는데 용이하게 하였다.

신비한 동양철학 59 | 권중주 저 | 562면 | 29,000원 | 신국판 양장

말하는 역학

신수를 묻는 사람 앞에서 술술 말문이 열린다

그토록 어렵다는 사주통변술을 쉽고 흥미롭게 고담과 덕담을 곁들여 사실적으로 생동감 있게 통변했다. 길흉을 어떻게 표현하느냐에 따라 상담자의 정곡을 찔러 핵심을 끌어내 정답을 내리는 것이 통변술이다.역학계의 대가 김봉준 선생의 역작.

신비한 동양철학 11 | 백우 김봉준 저 | 576면 | 26,000원 | 신국판 양장

통변술해법

가닥가닥 풀어내는 역학의 비법

이 책은 역학과 상대에 대해 머리로는 다 알면서도 밖으로 표출되지 않아 어려움을 겪는 사람들을 위한 실습서다. 특히 실명감정과 이론강의로 나누어 역학의 진리를 설명하여 초보자도 쉽게 이해할 수 있다. 역학계의 대가 김봉준 선생의 역서인 「알기쉬운 해설·말하는 역학」이 나온 후 후편을 써달라는 열화같은 요구에 못이겨 내놓은 바로 그 책이다.

신비한 동양철학 21 | 백우 김봉준 저 | 392면 | 36,000원 | 신국판

주역육효 해설방법(상·하)
한 번만 읽으면 주역을 활용할 수 있는 책

이 책은 주역을 해설한 것으로, 될 수 있는 한 여러 가지 사설을 덧붙이지 않고, 주역을 공부하고 활용하는데 필요한 요건만을 기록했다. 따라서 주역의 근원이나 하도낙서, 음양오행에 대해서도 많은 설명을 자제했다. 다만 누구나 이 책을 한 번 읽어서 주역을 이해하고 활용할 수 있도록 하는데 중점을 두었다.

신비한 동양철학 38 | 원공선사 저 | 상 810면·하 798면 | 각 29,000원 | 신국판

쉽게 푼 주역
귀신도 탄복한다는 주역을 쉽고 재미있게 풀어놓은 책

주역이라는 말 한마디면 귀신도 기겁을 하고 놀라 자빠진다는데, 운수와 일진이 문제가 될까. 8×8=64괘라는 주역을 한 괘에 23개씩의 회답으로 해설하여 1472괘의 신비한 해답을 수록했다. 당신이 당면한 문제라면 무엇이든 해결할 수 있는 열쇠가 이 한 권의 책 속에 있다.

신비한 동양철학 10 | 정도명 저 | 284면 | 16,000원 | 신국판

나침반 | 어디로 갈까요
주역의 기본원리를 통달할 수 있는 책

이 책에서는 기본괘와 변화와 기본괘가 어떤 괘로 변했을 경우 일어날 수 있는 내용들을 설명하여 주역의 변화에 대한 이해를 돕는데 주력하였다. 그러나 그런 내용을 구분할 수 있는 방법을 전부 다 설명할 수는 없기에 뒷장에 간단하게설명하였고, 다른 책들과 설명의 차이점도 기록하였으니 참작하여 본다면 조금이나마 도움이 될 것이다.

신비한 동양철학 67 | 원공선사 편저 | 800면 | 39,000원 | 신국판

완성 주역비결 | 주역 토정비결
반쪽으로 전해오는 토정비결을 완전하게 해설

지금 시중에 나와 있는 토정비결에 대한 책들은 옛날부터 내려오는 완전한 비결이 아니라 반쪽의 책이다. 그러나 반쪽이라고 말하는 사람은 없다. 그것은 주역의 원리를 모르기 때문이다. 그래서 늦은 감이 없지 않으나 앞으로 수많은 세월을 생각해서 완전한 해설판을 내놓기로 했다.

신비한 동양철학 92 | 원공선사 편저 | 396면 | 16,000원 | 신국판

육효대전
정확한 해설과 다양한 활용법

동양고전 중에서도 가장 대표적인 것이 주역이다. 주역은 옛사람들이 자연을 거울삼아 생활을 영위해 나가는 처세에 관한 지혜를 무한히 내포하고, 피흉추길하는 얼과 슬기가 함축된 점서인 동시에 수양·과학서요 철학·종교서라고 할 수 있다.

신비한 동양철학 37 | 도관 박흥식 편저 | 608면 | 26,000원 | 신국판

육효점 정론
육효학의 정수

이 책은 주역의 원전소개와 상수역법의 꽃으로 발전한 경방학을 같이 실어 독자들의 호기심을 충족시키는데 중점을 두었습니다. 주역의 원전으로 인화의 처세술을 터득하고, 어떤 사안의 답은 육효법을 탐독하여 찾으시기 바랍니다.

신비한 동양철학 80 | 효명 최인영 편역 | 396면 | 29,000원 | 신국판

육효학 총론
육효학의 핵심만을 정확하고 알기 쉽게 정리

육효는 갑자기 문제가 생겨 난감한 경우에 명쾌한 답을 찾을 수 있는 학문이다. 그러나 시중에 나와 있는 책들이 대부분 원서를 그대로 번역해 놓은 것이라 전문가인 필자가 보기에도 지루하며 어렵다는 느낌이 들었다. 그래서 보다 쉽게 공부할 수 있도록 이 책을 출간하게 되었다.

신비한 동양철학 89 | 김도희 편저 | 174쪽 | 26,000원 | 신국판

사주 속으로

역학서의 고전들로 입증하며 쉽고 자세하게 푼 책

십 년 동안 역학계에 종사하면서 나름대로는 실전과 이론에서 최선을 다했다고 자부한다. 역학원의 비좁은 공간에서도 항상 후학을 생각하는 마음으로 역학에 대한 배움의 장을 마련하고자 노력한 것도 사실이다. 이 책을 역학으로 이름을 알리고 역학으로 생활하면서 조금이나마 역학계에 이바지할 것이 없을까라는 고민의 산물이라 생각해주기 바란다.

신비한 동양철학 95 | 김상회 편저 | 429면 | 15,000원 | 신국판

사주학의 방정식

알기 쉽게 풀어놓은 가장 실질적인 역서

이 책은 종전의 어려웠던 사주풀이의 응용과 한문을 쉬운 방법으로 터득하는데 목적을 두었고, 역학이 무엇인가를 알리고자 하는데 있다. 세인들은 역학자를 남의 운명이나 풀이하는 점쟁이로 알지만 잘못된 생각이다. 역학은 우주의 근본이며 기의 학문이기 때문에 역학을 이해하지 못하고서는 우리 인생살이 또한 정확하게 해석할 수 없는 고차원의 학문이다.

신비한 동양철학 18 | 김용오 저 | 192면 | 16,000원 | 신국판

오행상극설과 진화론

인간과 인생을 떠난 천리란 있을 수 없다

과학이 현대를 설정하여 설명하고 있으나 원리는 동양철학에도 있기에 그 양면을 밝히고자 노력했다. 우주에서 일어나는 모든 일을 과학으로 설명될 수는 없다. 비과학적이라고 하기보다는 과학이 따라오지 못한다고 설명하는 것이 더 솔직하고 옳은 표현일 것이다. 특히 과학분야에 종사하는 신의사가 저술했다는데 더 큰 화제가 되고 있다.

신비한 동양철학 5 | 김태진 저 | 222면 | 15,000원 | 신국판

스스로 공부하게 하는 방법과 천부적 적성

내 아이를 성공시키고 싶은 부모들에게

자녀를 성공시키고 싶은 마음은 누구나 같겠지만 가난한 집 아이가 좋은 성적을 내기는 매우 어렵고, 원하는 학교에 들어가기도 어렵다. 그러나 실망하기에는 아직 이르다. 내 아이가 훌륭하게 성장해 아름답고 멋진 삶을 살아가는 방법을 소개한다.

신비한 동양철학 85 | 청암 박재현 지음 | 176면 | 14,000원 | 신국판

진짜부적 가짜부적

부적의 실체와 정확한 제작방법

인쇄부적에서 가짜부적에 이르기까지 많게는 몇백만원에 팔리고 있다는 보도를 종종 듣는다. 그러나 부적은 정확한 제작방법에 따라 자신의 용도에 맞게 스스로 만들어 사용하면 훨씬 더 좋은 효과를 얻을 수 있다. 이 책은 중국에서 정통부적을 연구한 국내유일의 동양오술학자가 밝힌 부적의 실체와 정확한 제작방법을 소개하고 있다.

신비한 동양철학 7 | 오상익 저 | 322면 | 20,000원 | 신국판

수명비결

주민등록번호 13자로 숙명의 정체를 밝힌다

우리는 지금 무수히 많은 숫자의 거미줄에 매달려 허우적거리며 살아가고 있다. 1분 ·1초가 생사를 가름하고, 1등·2등이 인생을 좌우하며, 1급·2급이 신분을 구분하는 세상이다. 이 책은 수명리학으로 13자의 주민등록번호로 명예, 재산, 건강, 수명, 애정, 자녀운 등을 미리 읽어본다.

신비한 동양철학 14 | 장충한 저 | 308면 | 15,000원 | 신국판

진짜궁합 가짜궁합

남녀궁합의 새로운 충격

중국에서 연구한 국내유일의 동양오술학자가 우리나라 역술가들의 궁합법이 잘못되었다는 것을 학술적으로 분석·비평하고, 전적과 사례연구를 통하여 궁합의 실체와 타당성을 분석했다. 합리적인 「자미두수궁합법」과 「남녀궁합」 및 출생시간을 몰라 궁합을 못보는 사람들을 위하여 「지문으로 보는 궁합법」 등을 공개하고 있다.

신비한 동양철학 8 | 오상익 저 | 414면 | 15,000원 | 신국판

역점 | 우리나라 전통 행운찾기

쉽게 쓴 64괘 역점 보는 법

주역이 점치는 책에만 불과했다면 벌써 그 존재가 없어졌을 것이다. 그러나 오랫동안 많은 학자가 연구를 계속해왔고, 그 속에서 자연과학과 형이상학적인 우주론과 인생론을 밝혀, 정치·경제·사회 등 여러 방면에서 인간의 생활에 응용해왔고, 삶의 지침서로써 그 역할을 했다. 이 책은 한 번만 읽으면 누구나 역점가가 될 수 있으니 생활에 도움이 되길 바란다.

신비한 동양철학 57 | 문명상 편저 | 382면 | 26,000원 | 신국판 양장

이렇게 하면 좋은 운이 온다

한 가정에 한 권씩 놓아두고 볼만한 책

좋은 운을 부르는 방법은 방위·색상·수리·년운·월운·날짜·시간·궁합·이름·직업·물건·보석·맛·과일·기운·마을·가축·성격 등을 정확하게 파악하여 자신에게 길한 것은 취하고 흉한 것은 피하면 된다. 이 책의 저자는 신학대학을 졸업하고 역학계에 입문했다는 특별한 이력을 갖고 있기 때문에 더 많은 화제가 되고 있다.

신비한 동양철학 27 | 역산 김찬동 저 | 434면 | 16,000원 | 신국판

운을 잡으세요 | 改運秘法

염력강화로 삶의 문제를 해결한다!

행복과 불행은 누가 주는 것이 아니라 자기 자신이 만든다고 할 수 있다. 한 마디로 말해 의지의 힘, 즉 염력이 운명을 바꾸는 것이다. 이 책에서는 이러한 염력을 강화시켜 삶에서 일어나는 문제를 해결하는 방법을 알려준다. 누구나 가벼운 마음으로 읽고 실천한다면 반드시 목적을 이룰 수 있을 것이다.

신비한 동양철학 76 | 역산 김찬동 편저 | 272면 | 10,000원 | 신국판

복을 부르는방법

나쁜 운을 좋은 운으로 바꾸는 비결

개운하는 방법은 여러 가지가 있으나, 이 책의 비법은 축원문을 독송하는 것이다. 독송이란 소리내 읽는다는 뜻이다. 사람의 말에는 기운이 있는데, 이 기운은 자신에게 돌아온다. 좋은 말을 하면 좋은 기운이 돌아오고, 나쁜 말을 하면 나쁜 기운이 돌아온다. 이 책은 누구나 어디서나 쉽게 비용을 들이지 않고 좋은 운을 부를 수 있는 방법을 실었다.

신비한 동양철학 69 | 역산 김찬동 편저 | 194면 | 11,000원 | 신국판

천직 | 사주팔자로 찾은 나의 직업

천직을 찾으면 역경없이 탄탄하게 성공할 수 있다

잘 되겠지 하는 막연한 생각으로 의욕만 갖고 도전하는 것과 나에게 맞는 직종은 무엇이고 때는 언제인가를 알고 도전하는 것은 근본적으로 다르고, 결과도 다르다. 만일 의욕만으로 팔자에도 없는 사업을 시작했다고 하자, 결과는 불을 보듯 뻔하다. 그러므로 이런 때일수록 침착과 냉정을 찾아 내 그릇부터 알고, 생활에 대처하는 지혜로움을 발휘해야 한다.

신비한 동양철학 34 | 백우 김봉준 저 | 376면 | 19,000원 | 신국판

운세십진법 | 本大路

운명을 알고 대처하는 것은 현대인의 지혜다

타고난 운명은 분명히 있다. 그러니 자신의 운명을 알고 대처한다면 비록 운명을 바꿀 수는 없지만 향상시킬 수 있다. 이것이 사주학을 알아야 하는 이유다. 이 책에서는 자신이 타고난 숙명과 앞으로 펼쳐질 운명행로를 찾을 수 있도록 운명의 기초를 초연하게 설명하고 있다.

신비한 동양철학 1 | 백우 김봉준 저 | 364면 | 16,000원 | 신국판

성명학 | 바로 이 이름

사주의 운기와 조화를 고려한 이름짓기

사람은 누구나 타고난 운명이 있다. 숙명인 사주팔자는 선천운이고, 성명은 후천운이 되는 것으로 이름을 지을 때는 타고난 운기와의 조화를 고려해야 한다. 따라서 역학에 대한 깊은 이해가 선행함은 지극히 당연하다. 부연하면 작명의 근본은 타고난 사주에 운기를 종합적으로 분석하여 부족한 점을 보강하고 결점을 개선한다는 큰 뜻이 있다고 할 수 있다.

신비한 동양철학 75 | 정담 선사 편저 | 488면 | 24,000원 | 신국판

기문둔갑 비급대성

기문의 정수

기문둔갑은 천문지리·인사명리·법술병법 등에 영험한 술수로 예로부터 은밀하게 특권층에만 전승되었다. 그러나 아쉽게도 기문을 공부하려는 이들에게 도움이 될만한 책이 거의 없다. 필자는 이 점이 안타까워 천견박식함을 돌아보지 않고 감히 책을 내게 되었다. 한 권에 기문학을 다 표현할 수는 없지만 이 책을 사다리 삼아 저 높은 경지로 올라간다면 제갈공명과 같은 지혜를 발휘할 수 있을 것이다.

신비한 동양철학 86 | 도관 박흥식 편저 | 725면 | 39,000원 | 신국판

기문둔갑옥경

가장 권위있고 우수한 학문

우리나라의 기문역사는 장구하나 상세한 문헌은 전무한 상태라 이 책을 발간하였다. 기문둔갑은 천문지리는 물론 인사명리 등 제반사에 관한 길흉을 판단함에 있어서 가장 우수한 학문이며 병법과 법술방면으로도 특징과 장점이 있다. 초학자는 포국편을 열심히 익혀 설국을 자유자재로 할 수 있도록 하고, 개인의 이익보다는 보국안민에 일조하기 바란다.

신비한 동양철학 32 | 도관 박흥식 저 | 674면 | 46,000원 | 사륙배판

오늘의 토정비결

일년 신수와 죽느냐 사느냐를 알려주는 예언서

역산비결은 일년신수를 보는 역학서이다. 당년의 신수만 본다는 것은 토정비결과 비슷하나 토정비결은 토정 선생께서 사람들에게 용기와 희망을 주기 위함이 목적이어서 다소 허황되고 과장된 부분이 많다. 그러나 역산비결은 재미로 보는 신수가 아니라, 죽느냐 사느냐를 알려주는 예언서이이니 재미로 보는 토정비결과는 차원이 다르다.

신비한 동양철학 72 | 역산 김찬동 편저 | 304면 | 16,000원 | 신국판

國運 | 나라의 운세

역으로 풀어본 우리나라의 운명과 방향

아무리 서구사상의 파고가 높다하기로 오천 년을 한결같이 가꾸며 살아온 백두의 혼이 와르르 무너지는 지경에 왔어도 누구 하나 입을 열어 말하는 사람이 없으니 답답하다. 불확실한 내일에 대한 해답을 이 책은 명쾌하게 제시하고 있다.

신비한 동양철학 22 | 백우 김봉준 저 | 290면 | 16,000원 | 신국판

남사고의 마지막 예언

이 책으로 격암유록에 대한 논란이 끝나기 바란다

감히 이 책을 21세기의 성경이라고 말한다. 〈격암유록〉은 섭리가 우리민족에게 준 위대한 복음서이며, 선물이며, 꿈이며, 인류의 희망이다. 이 책에서는 〈격암유록〉이 전하고자 하는 바를 주제별로 정리하여 문답식으로 풀어갔다. 이 책으로 〈격암유록〉에 대한 논란은 끝나기 바란다.

신비한 동양철학 29 | 석정 박순용 저 | 276면 | 19,000원 | 신국판

원토정비결

반쪽으로만 전해오는 토정비결의 완전한 해설판

지금 시중에 나와 있는 토정비결에 대한 책들을 보면 옛날부터 내려오는 완전한 비결이 아니라 반면의 책이다. 그러나 반면이라고 말하는 사람이 없다. 그것은 주역의 원리를 모르기 때문이다. 따라서 늦은 감이 없지 않으나 앞으로의 수많은 세월을 생각하면서 완전한 해설본을 내놓았다.

신비한 동양철학 53 | 원공선사 저 | 396면 | 24,000원 | 신국판 양장

나의 천운 | 운세찾기

몽골정통 토정비결

이 책은 역학계의 대가 김봉준 선생이 몽공토정비결을 우리의 인습과 체질에 맞게 엮은 것이다. 운의 흐름을 알리고자 호운과 쇠운을 강조하고, 현재의 나를 조명하고 판단할 수 있도록 했다. 모쪼록 생활서나 안내서로 활용하기 바란다.

신비한 동양철학 12 | 백우 김봉준 저 | 308면 | 11,000원 | 신국판

비법 작명기술

복과 성공을 함께 하려면

이 책은 성명의 발음오행이나 이름의 획수를 근간으로 하는 실제 이용이 가장 많은 기본 작명법을 서술하고, 주역의 괘상으로 풀어 길흉을 판단하는 역상법 5가지와 그외 중요한 작명법 5가지를 합하여 「보배로운 10가지 이름 짓는 방법」을 실었다. 특히 작명비법인 선후천역상법은 성명의 원획에 의존하는 작명법과 달리 정획과 곡획을 사용해 주역 상수학을 대표하는 하락이수를 쓰고, 육효가 들어가 응험률을 높였다.

신비한 동양철학 96 | 임삼업 편저 | 370면 | 30,000원 | 사륙배판

올바른 작명법

소중한 이름, 알고 짓자!

세상 부모들에게 가장 소중한 것이 뭐냐고 물으면 자녀라고 할 것이다. 그런데 왜 평생을 좌우할 이름을 함부로 짓는가. 이름이 얼마나 소중한지, 이름의 오행작용이 일생을 어떻게 좌우하는지 모르기 때문이다.

신비한 동양철학 61 | 이정재 저 | 352면 | 19,000원 | 신국판

호(雅號)책

아호 짓는 방법과 역대 유명인사의 아호, 인명용 한자 수록

필자는 오래 전부터 작명연구에 열중했으나 대부분의 작명책에는 아호에 관해서는 전혀 언급하지 않고, 간혹 거론했어도 몇 줄 정도의 뜻풀이에 불과하거나 일반작명법에 준한다는 암시만 풍기며 끝을 맺었다. 따라서 필자가 참고한 문헌도 적었음을 인정한다. 아호에 관심이 있어도 자료를 구하지 못하는 현실에 착안하여 필자 나름대로 각고 끝에 본서를 펴냈다.

신비한 동양철학 97 | 임삼업 편저 | 390면 | 20,000원 | 신국판

관상오행

한국인의 특성에 맞는 관상법

좋은 관상인 것 같으나 실제로는 나쁘거나 좋은 관상이 아닌데도 잘 사는 사람이 왕왕있어 관상법 연구에 흥미를 잃는 경우가 있다. 이것은 중국의 관상법만을 익히고 우리의 독특한 환경적인 특징을 소홀히 다루었기 때문이다. 이에 우리 한국인에게 알맞는 관상법을 연구하여 누구나 관상을 쉽게 알아보고 해석할 수 있도록 자세하게 풀어놓았다.

신비한 동양철학 20 | 송파 정상기 저 | 284면 | 12,000원 | 신국판

정본 관상과 손금

바로 알고 사람을 사귑시다

이 책은 관상과 손금은 인생을 행복하게 만든다는 관점에서 다루었다. 그야말로 관상과 손금의 혁명이라고 할 수 있다. 여러분도 관상과 손금을 통한 예지력으로 인생의 참주인이 되기 바란다. 용기를 불어넣어 주고 행복을 찾게 하는 것이 참다운 관상과 손금술이다. 이 책이 일상사에 고민하는 분들에게 해결방법을 제시해 줄 것이다.

신비한 동양철학 42 | 지창룡 감수 | 332면 | 16,000원 | 신국판

이런 사원이 좋습니다

사원선발 면접지침

사회가 다양해지면서 인력관리의 전문화와 인력수급이 기업주의 애로사항이 되었다. 필자는 그동안 많은 기업의 사원선발 면접시험에 참여했는데 기업주들이 모두 면접지침에 관한 책이 있으면 좋겠다는 것이다. 그래서 경험한 사례를 참작해 이 책을 내니 좋은 사원을 선발하는데 많은 도움이 될 것이라고 믿는다.

신비한 동양철학 90 | 정도명 지음 | 274면 | 19,000원 | 신국판

핵심 관상과 손금

사람을 볼 줄 아는 안목과 지혜를 알려주는 책

오늘과 내일을 예측할 수 없을만큼 복잡하게 펼쳐지는 현실에서 살아남기 위해서는 사람을 볼줄 아는 안목과 지혜가 필요하다. 시중에 관상학에 대한 책들이 많이 나와있지만 너무 형이상학적이라 전문가도 이해하기 어렵다. 이 책에서는 누구라도 쉽게 보고 이해할 수 있도록 핵심만을 파악해서 설명했다.

신비한 동양철학 54 | 백우 김봉준 저 | 188면 | 14,000원 | 사륙판 양장

작명 백과사전

36가지 이름짓는 방법과 선후천 역상법 수록

이름은 나를 대표하는 생명체이므로 몸은 세상을 떠날지라도 영원히 남는다. 성명운의 유도력은 후천적으로 가공 인수되는 후존적 수기로써 조성 운화되는 작용력이 있다. 선천수기의 운기력이 50%이면 후천수기도의 운기력도50%이다. 이와 같이 성명운의 작용은 운로에 불가결한조건일 뿐 아니라, 선천명운의 범위에서 기능을 충분히 할 수 있다.

신비한 동양철학 81 | 임삼업 편저 | 송충석 감수 | 730면 | 36,000원 | 사륙배판

작명해명

누구나 쉽게 활용할 수 있는 체계적인 작명법

일반적인 성명학으로는 알 수 없는 한자이름, 한글이름, 영문이름, 예명, 회사명, 상호, 상품명 등의 작명방법을 여러 사례를 들어 체계적으로 분석하여 누구나 쉽게 배워서 활용할 수 있도록 서술했다.

신비한 동양철학 26 | 도관 박흥식 저 | 518면 | 19,000원 | 신국판

역산성명학

이름은 제2의 자신이다

이름에는 각각 고유의 뜻과 기운이 있어 그 기운이 성격을 만들고 그 성격이 운명을 만든다. 나쁜 이름은 부르면 부를수록 불행을 부르고 좋은 이름은 부르면 부를수록 행복을 부른다. 만일 이름이 거지같다면 아무리 운세를 잘 만나도 밥을 좀더 많이 얻어 먹을 수 있을 뿐이다. 저자는 신학대학을 졸업하고 역학계에 입문한 특별한 이력으로 많은 화제가 된다.

신비한 동양철학 25 | 역산 김찬동 저 | 456면 | 26,000원 | 신국판

작명정론

이름으로 보는 역대 대통령이 나오는 이치

사주팔자가 네 기둥으로 세워진 집이라면 이름은 그 집을 대표하는 문패라고 할 수 있다. 따라서 이름을 지을 때는 사주의 격에 맞추어야 한다. 사주 그릇이 작은 사람이 원대한 뜻의 이름을 쓰면 감당하지 못할 시련을 자초하게 되고 오히려 이름값을 못할 수 있다. 즉 분수에 맞는 이름으로 작명해야 하기 때문에 사주의 올바른 분석이 필요하다.

신비한 동양철학 77 | 청월 박상의 편저 | 430면 | 19,000원 | 신국판

음파메세지 (氣)성명학

새로운 시대에 맞는 새로운 성명학

지금까지의 모든 성명학은 모순의 극치를 이룬다. 그러나 이제 새 시대에 맞는 음파메세지(氣) 성명학이 나왔으니 복을 계속 부르는 이름을 지어 사랑하는 자녀가 행복하고 아름다운 삶을 살아갈 수 있도록 하는데 도움이 되었으면 한다.

신비한 동양철학 51 | 청암 박재현 저 | 626면 | 39,000원 | 신국판 양장

아호연구

여러 가지 작호법과 실제 예 모음

필자는 오래 전부터 작명을 연구했다. 그러나 시중에 나와 있는 책에는 대부분 아호에 관해서는 전혀 언급하지 않았다. 그래서 아호에 관심이 있어도 자료를 구하지 못하는 분들을 위해 이 책을 내게 되었다. 아호를 짓는 것은 그리 대단하거나 복잡하지 않으니 이 책을 처음부터 끝까지 착실히 공부한다면 누구나 좋은 아호를 지어 쓸 수 있을 것이라고 생각한다.

신비한 동양철학 87 | 임삼업 편저 | 308면 | 26,000원 | 신국판

한글이미지 성명학

이름감정서

이 책은 본인의 이름은 물론 사랑하는 가족 그리고 가까운 친척이나 친구들의 이름까지도 좋은지 나쁜지 알아볼 수 있도록 지금까지 나와 있는 모든 성명학을 토대로 하여 썼다. 감언이설이나 협박성 감명에 흔들리지 않고 확실한 이름풀이를 볼 수 있을 것이다. 그리고 아름답고 멋진 삶을 살아갈 수 있는 이름을 짓는 방법도 상세하게 제시하였다.

신비한 동양철학 93 | 청암 박재현 지음 | 287면 | 10,000원 | 신국판

용의 혈 | 풍수지리 실기 100선

실전에서 실감나게 적용하는 풍수의 길잡이

이 책은 풍수지리 문헌인 만두산법서, 명산론, 금랑경 등을 이해하기 쉽도록 주제별로 간추려 설명했으며, 풍수지리학을 쉽게 접근하여 공부하고, 실전에 활용하여 실감나게 적용할 수 있도록 하는데 역점을 두었다.

신비한 동양철학 30 | 호산 윤재우 저 | 534면 | 29,000원 | 신국판

현장 지리풍수

현장감을 살린 지리풍수법

풍수를 업으로 삼는 사람들이 진가를 분별할 줄 모르면서 많은 법을 알았다고 자부하며 뽐낸다. 그리고는 재물에 눈이 어두워 불길한 산을 길하다 하고, 선하지 못한 물)을 선하다 한다. 이는 분수 밖의 것을 바라기 때문이다. 마음가짐을 바로 하고 고대 원전에 공력을 바치면서 산간을 실사하며 적공을 쏟으면 정교롭고 세밀한 경지를 얻을 수 있을 것이다.

신비한 동양철학 48 | 전항수·주관장 편저 | 434면 | 36,000원 | 신국판 양장

찾기 쉬운 명당

실전에서 활용할 수 있는 책

가능하면 쉽게 풀어 실전에 도움이 되도록 했다. 특히 풍수지리에서 방향측정에 필수인 패철 사용과 나경 9층을 각 층별로 설명했다. 그리고 이 책에 수록된 도설, 즉 오성도, 명산도, 명당 형세도 내거수 명당도, 지각형세도, 용의 과협출맥도, 사대혈형 와겸유돌 형세도 등은 국립중앙도서관에 소장된 문헌자료인 만산도단, 만산영도, 이석당 은민산도의 원본을 참조했다.

신비한 동양철학 44 | 호산 윤재우 저 | 386면 | 19,000원 | 신국판 양장

해몽정본

꿈의 모든 것

시중에 꿈해몽에 관한 책은 많지만 막상 내가 꾼 꿈을 해몽을 하려고 하면 어디다 대입시켜야 할지 모르는 경우가 많았을 것이다. 그러나 최대한으로 많은 예를 들었고, 찾기 쉽고 명료하게 만들었기 때문에 해몽을 하는데 어려움이 없을 것이다. 한집에 한권씩 두고 보면서 나쁜 꿈은 예방하고 좋은 꿈을 좋은 일로 연결시킨다면 생활에 많은 도움이 될 것이다.

신비한 동양철학 36 | 청암 박재현 저 | 766면 | 19,000원 | 신국판

해몽 | 해몽법

해몽법을 알기 쉽게 설명한 책

인생은 꿈이 예지한 시간적 한계에서 점점 소멸되어 가는 현존물이기 때문에 반드시 꿈의 뜻을 따라야 한다. 이것은 꿈을 먹고 살아가는 인간 즉 태몽의 끝장면인 죽음을 향해 달려가고 있는 인간이기 때문이다. 꿈은 우리의 삶을 이끌어가는 이정표와도 같기에 똑바로 가도록 노력해야 한다.

신비한 동양철학 50 | 김종일 저 | 552면 | 26,000원 | 신국판 양장

명리용어와 시결음미

명리학의 어려운 용어와 숙어를 쉽게 풀이한 책

명리학을 연구하는 이들은 기초공부가 끝나면 자연스럽게 훌륭하다고 평가하는 고전의 이론을 접하게 된다. 그러나 시결과 용어와 숙어는 어려운 한자로만 되어 있어 대다수가 선뜻 탐독과 음미에 취미를 잃는다. 그래서 누구나 어려움 없이 쉽게 읽고 깊이 있게 음미할 수 있도록 원문에 한글로 발음을 달고 어려운 용어와 숙어에 해석을 달아 이 책을 내게 되었다.

신비한 동양철학 103 | 원각 김구현 편저 |300면 | 25,000원 | 신국판

완벽 만세력

착각하기 쉬운 서머타임 2도 인쇄

시중에 많은 종류의 만세력이 나와있지만 이 책은 단순한 만세력이 아니라 완벽한 만세경전으로 만세력 보는 법 등을 실었기 때문에 처음 대하는 사람이라도 쉽게 볼 수 있도록 편집되었다. 또한 부록편에는 사주명리학, 신살종합해설, 결혼과 이사택일 및 이사방향, 길흉보는 법, 우주천기와 한국의 역사 등을 수록했다.

신비한 동양철학 99 | 백우 김봉준 저 | 316면 | 24,000원 | 사륙배판

완벽 사주와 관상

우리의 삶과 관계 있는 사실적 관계로만 설명한 책

이 책은 우리의 삶과 관계 있는 사실적 관계로만 역을 설명하고, 역에 대한 관심과 흥미를 갖게 하고자 관상학을 추록했다. 여기에 추록된 관상학은 시중에서 흔하게 볼 수 있는 상법이 아니라 생활상법, 즉 삶의 지식과 상식을 드리고자 했다.

신비한 동양철학 55 | 김봉준·유오준 공저 | 530면 | 36,000원 | 신국판 양장

사람을 보는 지혜

관상학의 초보에서 실용까지

현자는 하늘이 준 명을 알고 있기에 부귀에 연연하지 않는다. 사람은 마음을 다스리는 심명이 있다. 마음의 명은 자신만이 소통하는 유일한 우주의 무형의 에너지이기 때문에 잠시도 잊으면 안된다. 관상학은 사람의 상으로 이런 마음을 살피는 학문이니 잘 이해하여 보다 나은 삶을 삶을 영위할 수 있도록 노력해야 한다.

신비한 동양철학 73 | 이부길 편저 | 510면 | 20,000원 | 신국판

한눈에 보는 손금

논리정연하며 바로미터적인 지침서

이 책은 수상학의 연원을 초월해서 동서합일의 이론으로 집필했다. 그야말로 논리정연한 수상학을 정리하였다. 그래서 운명적, 철학적, 동양적, 심리학적인 면을 예증과 방편에 이르기까지 상세하게 기술했다. 이 책은 수상학이라기 보다 바로미터적인 지침서 역할을 해줄 것이다. 독자 여러분의 꾸준한 연구와 더불어 인생성공의 지침서가 될 수 있을 것이다.

신비한 동양철학 52 | 정도명 저 | 432면 | 24,000원 | 신국판 양장

이런 집에 살아야 잘 풀린다

운이 트이는 좋은 집 알아보는 비결

한마디로 운이 트이는 집을 갖고 싶은 것은 모두의 꿈일 것이다. 50평이니 60평이니 하며 평수에 구애받지 않고 가족이 평온하게 생활할 수 있고 나날이 발전할 수 있는 그런 집이 있다면 얼마나 좋을까? 그런 소망에 한 걸음이라도 가까워지려면 막연하게 운만 기대하고 있어서는 안 된다. 좋은 집을 가지려면 그만한 노력이 있어야 한다.

신비한 동양철학 64 | 강현술·박흥식 감수 | 270면 | 16,000원 | 신국판

점포, 이렇게 하면 부자됩니다

부자되는 점포, 보는 방법과 만드는 방법

사업의 성공과 실패는 어떤 사업장에서 어떤 품목으로 어떤 사람들과 거래하느냐에 따라 판가름난다. 그리고 사업을 성공시키려면 반드시 몇 가지 문제를 살펴야 하는데 무작정 사업을 시작하여 실패하는 사람들이 많다. 그래서 이 책에서는 이러한 문제와 방법들을 조목조목 기술하여 누구나 성공하도록 도움을 주는데 주력하였다.

신비한 동양철학 88 | 김도희 편저 | 177면 | 26,000원 | 신국판

쉽게 푼 풍수

현장에서 활용하는 풍수지리법

산도는 매우 광범위하고, 현장에서 알아보기 힘들다. 더구나 지금은 수목이 울창해 소조산 정상에 올라가도 나무에 가려 국세를 파악하는데 애를 먹는다. 따라서 사진을 첨부하니 많은 활용하기 바란다. 물론 결록에 있고 산도가 눈에 익은 것은 혈 사진과 함께 소개하였다. 이 책을 열심히 정독하면서 답산하면 혈을 알아보고 용산도 할 수 있을 것이다.

신비한 동양철학 60 | 전항수·주장관 편저 | 378면 | 26,000원 | 신국판

음택양택

현세의 운·내세의 운

이 책에서는 음양택명당의 조건이나 기타 여러 가지를 설명하여 산 자와 죽은 자의 행복한 집을 만들 수 있도록 했다. 특히 죽은 자의 집인 음택명당은 자리를 옳게 잡으면 꾸준히 생기를 발하여 흥하나, 그렇지 않으면 큰 피해를 당하니 돈보다도 행·불행의 근원인 음양택명당에 관심을 기울여야 한다.

신비한 동양철학 63 | 전항수·주장관 지음 | 392면 | 29,000원 | 신국판

정본 | 완벽 만세력

착각하기 쉬운 서머타임 2도인쇄

시중에 많은 종류의 만세력이 있지만 이 책은 단순한 만세력이 아니라 완벽한 만세경전이다. 그리고 만세력 보는 법 등을 실었기 때문에 처음 대하는 사람이라도 쉽게 볼 수 있다. 또 부록편에는 사주명리학, 신살 종합해설, 결혼과 이사 택일, 이사 방향, 길흉보는 법, 우주의 천기와 우리나라 역사 등을 수록하였다.

신비한 동양철학 99 | 김봉준 편저 | 316면 | 20,000원 | 사륙배판

원심수기 통증예방 관리비법

쉽게 배워 적용할 수 있는 통증관리법

『원심수기 통증예방 관리비법』은 4차원의 건강관리법으로 질병이 악화되는 것을 예방하여 건강한 몸을 유지하는데 그 목적이 있다. 시중의 수기요법과 비슷하나 특장점은 힘이 들지 않아 어린아이부터 노인까지 누구나 시술할 수 있고, 배우고 적용하는 과정이 쉽고 간단하며, 시술 장소나 도구가 필요 없으니 언제 어디서나 시술할 수 있다.

신비한 동양철학 78 | 원공 선사 저 | 288면 | 16,000원 | 신국판

운명으로 본 나의 질병과 건강

타고난 건강상태와 질병에 대한 대비책

이 책은 국내 유일의 동양오술학자가 사주학과 정통명리학의 양대산맥을 이루는 자미두수 이론으로 임상실험을 거쳐 작성한 자료다. 따라서 명리학을 응용한 최초의 완벽한 의학서로 질병을 예방하고 치료하는데 활용하면 최고의 의사가 될 것이다. 또한 예방의학적인 차원에서 건강을 유지하는데 훌륭한 지침서로 현대의학의 새로운 장을 여는 계기가 될 것이다.

신비한 동양철학 9 | 오상익 저 | 474면 | 26,000원 | 신국판

서체자전

해서를 기본으로 전서, 예서, 행서, 초서를 연습할 수 있는 책

한자는 오랜 옛날부터 우리 생활과 뗄 수 없음에도 잘 몰라 불편을 겪는 사람들이 많아 이 책을 내게 되었다. 이 책에서는 해서를 기본으로 각 글자마다 전서, 예서, 행서, 초서 순으로 배열하여 독자가 필요한 것을 찾아 연습하기 쉽도록 하였다.

신비한 동양철학 98 | 편집부 편 | 273면 | 16,000원 | 사륙배판

모든 질병에서 해방을 1·2

건강실용서

우리나라는 아주 오랜 옛날부터 건강과 관련한 약재들이 산천에 널려 있었고, 우리 민족은 그 약재들을 슬기롭게 이용하며 나름대로 건강하게 살아왔다. 그러나 오늘날 현대의학에 밀려 외면당하며 사라지게 되었다. 이에 옛날부터 내려오는 의학서적인 『기사회생』과 『단방심편』을 바탕으로 민가에서 활용했던 민간요법들을 정리하고, 현대에 개발된 약재들이나 시술방법들을 정리했다.

신비한 동양철학 102 | 원공 선사 편저 |1권 448면·2권 416면 | 각 29,000원 | 신국판

참역학은 이렇게 쉬운 것이다② — 완결편

역학을 활용하는 방법을 정리한 책

『참역학은 이렇게 쉬운 것이다』에서 미처 쓰지 못한 사주를 활용하는 방법을 정리한다는 의미에서 다시 이 책을 내게 되었다. 전문가든 비전문가든 이 책이 사주라는 학문을 이해하는 데 도움이 되고, 사주에 있는 가장 좋은 길을 찾아 행복하게 살았으면 합니다. 특히 사주상담을 업으로 하는 분들도 참고해서 상담자들이 행복하게 살도록 도와주었으면 한다.

신비한 동양철학 104 | 청암 박재현 편저 | 330면 | 23,000원 | 신국판

인명용 한자사전

한권으로 작명까지 OK

이 책은 인명용 한자의 사전적 쓰임이 본분이지만 일반적으로 통용되는 기본적인 것 외에 7가지를 간추려 여러 권의 작명책을 대신했기에 이 한 권만으로 작명에 관한 모든 것을 충족하고도 남을 것이다. 그리고 작명하는데 한자에 관해서는 다양하게 활용할 수 있도록 하였고, 일반적인 한자자전의 용도까지 충분히 겸비하도록 하였다.

신비한 동양철학 105 | 임삼업 편저 | 336면 | 24,000원 | 신국판

■ **동방명리학연구원**
서울마포구 공덕동 404
풍림VIP빌딩 315호
전화 : (02)3272-2758
팩스 : (02)3272-2758
휴대폰 : 018-287-9429
자택 : (02)2605-9429

내가 보고 내가 바꾸는 DIY사주

1판 1쇄 발행일 / 2000년 11월 30일
3판 1쇄 발행일 / 2019년 6월 15일

발행처 / 삼한출판사
발행인 / 김충호
지은이 / 전 광

등록일 / 1975년 10월 18일
등록번호 / 제13-47호

서울 · 동대문구 신설동 103-6호
아세아빌딩 201호
대표전화 (02) 2231-4460
팩시밀리 (02) 2231-4461

값 39,000원
ISBN 89-7460-069-2 03180